Mark Edmundson
Sigmund Freud

Mark Edmundson

Sigmund Freud

Das Vermächtnis der letzten Jahre

Aus dem Englischen von
Erich Ammereller

Deutsche Verlags-Anstalt

Für Willie Denton-Edmundson

Inhalt

Wien

IM SPÄTHERBST DES JAHRES 1909 lebten in Wien zwei Männer, die beide auf ihre Weise die Welt verändern sollten. Sie waren in fast jeder Hinsicht das, was der Dichter William Blake »Feinde im Geiste« genannt hätte. Der eine war Sigmund Freud, der Begründer der Psychoanalyse und einer der bekanntesten und umstrittensten Denker des 20. Jahrhunderts. In jenem Herbst war Freud dreiundfünfzig Jahre alt, ein energischer Mann auf der Höhe seiner Kräfte. Der andere Mann, der für die Menschheit eine noch größere Bedeutung erlangen sollte, war damals noch jung.

Der junge Mann war in der Hoffnung nach Wien gekommen, dort als Architekt und Künstler sein Glück zu machen. Er lebte mit einem Freund in einer kleinen Wohnung, in der er seine Zeit mit Lesen, Zeichnen, Schreiben und Komponieren verbrachte und von zukünftigen Triumphen träumte. Als seine Mutter gestorben war, hatte er etwas Geld geerbt, von dem er ein genügsames Leben führen konnte, denn er aß nur wenig und zahlte eine geringe Miete. Der größte Luxus, den er sich gönnte, war der Besuch der Oper; insbesondere Wagner hatte es ihm angetan. Er musste einige Rückschläge einstecken: Gleich zweimal wurde er von der staatlichen Kunstakademie abgelehnt, was ihn sehr empörte. Mit seinen Lehrern war er nie gut zurechtgekommen, und die Dozenten der Kunstakademie bildeten da keine Ausnahme – sie machten sich über seine Arbeit lustig und ließen ihn wissen, dass er kein Talent besäße. Daraufhin beschloss der junge Mann, das Leben eines Bohemiens zu führen und sich – den korrupten österreichischen Institutionen zum Trotz – einen großen Namen als Architekt und vielleicht auch noch als Maler, Dichter und Komponist zu machen.

Bevor er nach Wien kam, hatte sich der junge Mann in eine Frau namens Stefanie verliebt, die er bei seinen Abendspaziergängen in seiner Heimatstadt Linz gesehen hatte. Obwohl er niemals ein Wort mit ihr gewechselt hatte, blieb er ihr treu. All den Ruhm, den er in der großen Stadt erwerben würde, wollte er ihr als Tribut zu Füßen legen. Aus diesem Grund war er sogar im dekadenten Wien darum bemüht, ein anständiges Leben zu führen. Er hielt sich nicht nur von den Prostituierten fern, sondern mied überhaupt die Frauen, obwohl diese ihn oftmals anziehend fanden. In der Oper starrten sie ihn an und sandten ihm Billetts, in denen sie ihn um ein Rendezvous baten. Der junge Mann war jedoch entschlossen, das, was er seine »Lebensflamme« nannte, rein zu halten.

Schon als kleiner Junge war er äußerst sensibel gewesen mit einer Neigung zu Wutanfällen und Weinkrämpfen. Er liebte Tiere und konnte es nicht ertragen, wenn er hörte, dass jemand grausam zu ihnen war, geschweige denn, dies selbst mit anzusehen. Er trank gar keinen Alkohol und war davon überzeugt, dass Tabak die Gesundheit eines Menschen ruiniere. Sich selbst verstand er als einen Humanisten mit dem Wesen eines Dichters. Eines seiner größten Vorhaben während der Wiener Zeit war es, geräumige und helle Wohnungen für die Arbeiter zu entwerfen, die in den Elendsvierteln der Stadt lebten, doch abgesehen von seinem Mitbewohner bekam niemand jemals diese Pläne zu Gesicht.

Bald ging der einzige Freund, den er in Wien hatte, in die heimatliche Provinz zurück. Daraufhin verließ auch der junge Mann die schäbige Wohnung, ohne der Vermieterin eine Nachsendeadresse zu hinterlassen. Er fühlte sich mehr und mehr verloren in der Stadt, war einsam, und sein Geld ging zur Neige. Für eine Weile lebte er auf der Straße, schlief in Hauseingängen und auf Parkbänken, möglicherweise bettelte er sogar manchmal. Schließlich kam er in einem Männerwohnheim unter, das so streng wie eine mönchische Anstalt geführt wurde. Dort lebte er bis ein Jahr vor Beginn des Ersten Weltkriegs, nicht ohne ein gewisses Vergnügen an der ihn umgebenden Einfachheit und Ordnung zu haben. Seinen Lebensunterhalt verdiente er sich mit dem Malen von Postkarten, die in einem Straßenkiosk verkauft wurden. Er las viel, ohne das Gelesene immer auch zu verstehen, und hielt Reden vor den anderen Bewohnern des Männerwohnheims. Dann stand er im Aufenthaltsraum und erging sich über die Juden, die Kommunisten und über die Bestimmung, die Deutschland über andere Nationen erhob. Manchmal erlaubte sich einer der anderen Heimbewohner einen Scherz mit ihm und band ihm heimlich den Gürtel seines Mantels an den Stuhl, auf dem er saß. Dann provozierte er ihn mit einer politischen Frage, worauf der junge Mann aufsprang und zu deklamieren begann, während er den Stuhl hinter sich herzog. Die Leute, die ihn kennenlernten, bezweifelten bisweilen, dass er ganz bei Verstand war. Keiner aber hätte sich träumen lassen, dass Adolf Hitler, denn niemand anders natürlich war der junge Mann, es einmal zu irgendetwas in der Welt bringen würde.

Während Hitler dieses jämmerliche Dasein in Wien führte, stand Freud in der Blüte seines Lebens. Er war ein kräftiger

13

Mann mit einem vollen Gesicht, einem wohlgenährten Leib und einem stattlichen, grau melierten Bart. Sein üblicher Gesichtsausdruck war eine Mischung aus Zufriedenheit und Ehrgeiz. Er hatte eine Habichtsnase, helle Augen und einen durchdringenden Blick. Mit seinen ein Meter siebzig war Freud kein großer Mann, aber er besaß eine ungeheure Ausstrahlung: Er schien dem Leben mehr als nur gewachsen zu sein. In seinen Fünfzigern wirkte Freud wie ein ›Feldmarschall des Intellekts‹ – weltmännisch, selbstbewusst und mit großstädtischem Humor.

Im Herbst des besagten Jahres tauchte Freud gerade aus einer längeren Phase der Isolation auf. Er hatte sich einer intensiven Selbstanalyse unterzogen, hatte sein erstes größeres Werk, *Die Traumdeutung*, veröffentlicht und war bei der Erforschung des Unbewussten auf gutem Wege. Freud schrieb nun ständig. Er glaubte, dass viele bisher rätselhafte Aspekte des menschlichen Lebens verständlich würden, sobald man die Natur des Es und seine konfliktreiche Beziehung zum Bewusstsein verstünde. Nicht nur was Träume anbelangte, hatte Freud mit überraschenden Erkenntnissen aufzuwarten, sondern auch im Hinblick auf Witze, Versprecher und Schreibfehler. Er hatte erhellende Ideen zur Kunst und zur Religion, zu den Quellen menschlicher Identität und zu vielem mehr. Nachdem Freud lange Jahre um Anerkennung gekämpft hatte, sammelten sich nun talentierte junge Männer um ihn und auch einige begabte Frauen. Er war im Begriff, so etwas wie eine Bewegung zu gründen.

Als junger Mann hatte Freud erklärt, sich mit den großen Fragen auseinandersetzen zu wollen. Insgeheim strebte er danach, ein Philosoph in der Art Diderots, Rousseaus oder Voltaires zu werden und etwas Originelles zu Problemen wie der Frage nach dem freien Willen, einem gelungenen Leben,

Gerechtigkeit, Liebe, Tod oder dem Schicksal beizutragen. Nun war er davon überzeugt, damit endlich einen Anfang machen zu können. Seine Erforschung der Dynamik des Unbewussten brachte ihn an die Schwelle großer Einsichten und verhalf ihm dazu, etwas Neues und Folgenreiches zu all den Fragen beizutragen, die seit Platon die abendländischen Denker immer wieder beschäftigt hatten. Am Anfang des 20. Jahrhunderts sah er seiner Zukunft so zuversichtlich und freudig entgegen, wie es seinerzeit wohl nur wenige Menschen um die fünfzig vermocht hatten.

Im Herbst des Jahres 1909, als Hitler einsam und ziellos durch Wien lief, kehrte Freud gerade von einem triumphalen Aufenthalt in den Vereinigten Staaten zurück. Begleitet von seinen wichtigsten Schülern Carl Gustav Jung, Sándor Ferenczi und Ernest Jones, hatte er eine Woche in New York verbracht und war anschließend nach Worcester, Massachusetts, gereist. Dort hielt er an der Clark University unter großem Beifall eine Reihe von Vorträgen. Unter seinen Zuhörern war nicht nur Amerikas berühmter Philosoph und Psychologe William James, sondern auch die Achtung gebietende anarchistische Intellektuelle Emma Goldstein, die mit Freuds Thesen in vieler Hinsicht übereinstimmte. Sogar einen Ehrendoktor verlieh ihm die Universität. An die Reise zurückdenkend, schrieb er: »In Europa fühlte ich mich wie geächtet, hier sah ich mich von den Besten wie ein Gleichwertiger aufgenommen. Es war wie die Verwirklichung eines unglaubwürdigen Tagtraums.« Mit gesteigertem Selbstbewusstsein und doppeltem Schwung kehrte Freud aus Amerika zurück, bereit, Großes zu leisten.

Mit der Arbeit, die Freud nach seinem Aufenthalt in Amerika tatsächlich in Angriff nahm, schlug er eine unerwartete Richtung ein. Bis 1909 war er, grob gesagt, von der

Dynamik des Begehrens fasziniert gewesen. Er wollte wissen, wie das Unbewusste, der Sitz und die Quelle unserer Wünsche, funktioniert, und vor allem, wie es sich in Neurosen, Träumen und Kunstwerken äußert. Während dieser Zeit neigte Freud dazu, die Wurzeln menschlichen Verhaltens in erotischen und – wenn auch in geringerem Maße – in aggressiven Triebregungen zu sehen. Bald beschäftigten ihn jedoch zunehmend das Problem der Autorität sowie die Instanz des Über-Ich, die in der Psyche des Menschen die Autorität vertritt.

Ein paar Jahre später sollte Freud eine Reihe von Büchern und Aufsätzen schreiben, die eine pervertierte Form von Autorität in den Brennpunkt rücken. Er sollte sich mit der Tyrannei beschäftigen, mit der menschlichen Machtgier und dem Verlangen des Menschen, beherrscht zu werden. In *Massenpsychologie und Ich-Analyse*, *Totem und Tabu*, *Die Zukunft einer Illusion* und vielen anderen Werken dachte Freud darüber nach, was Menschen auf Tyrannen so reagieren ließ, wie sie es taten, warum sie ihnen nämlich nicht nur gehorchten, sondern sie verehrten und liebten. In einem gewissen Sinn begann Freud also intensiv über den Mann nachzudenken, der Adolf Hitler einmal werden sollte, und über all die Tyrannen, die danach in seine Fußstapfen traten.

Wären sich Hitler und Freud in jenem kalten Spätherbst auf der Straße begegnet, was hätten sie wohl im jeweils anderen gesehen? Freud hätte Hitler vermutlich für jemanden aus dem gemeinen Volk gehalten. (Er war nicht gerade ein Freund des Pöbels.) Aber der bedauernswerte junge Mann hätte ihm wahrscheinlich auch leidgetan. Hitler seinerseits hätte einen Wiener Bürger gesehen (er verachtete die obere Mittelklasse) und wahrscheinlich hätte er gemerkt, dass Freud Jude war. Er hätte sich seines durchgewetzten Mantels und seiner heruntergekommenen Schuhe geschämt und wäre vor dem anderen zurückgewichen. Doch in seiner Verzweiflung hätte er ihm vielleicht trotzdem die bittende Hand entgegengestreckt, wer weiß. Und es ist sogar möglich, dass Freud ihm etwas gegeben hätte, im Allgemeinen war er recht gutherzig. Dies hätte aber nichts daran geändert, dass eine solche Begegnung den jungen Adolf Hitler innerlich vor Wut hätte schäumen lassen.

* * *

Aber die Zeit verging und die Welt veränderte sich. Fast dreißig Jahre später war aus dem einstigen Obdachlosen der deutsche Kanzler geworden und einer der mächtigsten Männer der Welt. Im Jahr 1933 hatte man ihn in das wichtigste Amt seines Landes gewählt. Fünfundzwanzig Jahre nachdem seine persönliche Situation scheinbar hoffnungslos gewesen war, erlangte Hitler damit genau die Machtposition, von der er geträumt hatte, damals, als er noch vor einer ungläubigen Menge im Männerwohnheim seine Reden hielt.

Während des Ersten Weltkriegs hatte Hitler zu sich selbst gefunden. Er wurde Meldegänger im deutschen Heer, wo ihm für seine Tapferkeit gleich zweimal das Eiserne Kreuz verliehen wurde. Nach dem Krieg schloss er sich in München einer kleinen Partei an, die anfangs nur eine Handvoll Mitglieder hatte, und verwandelte sie in ein mächtiges Bündnis. 1923 unternahm er den Versuch eines Staatsstreichs, scheiterte und wurde zu einer Gefängnisstrafe verurteilt. Während seines Gefängnisaufenthalts schrieb er das Buch *Mein Kampf*, in dem er sein vergangenes Leben beschrieb und sein Programm für die Zukunft Deutschlands darlegte. Es folgte ein Jahrzehnt, in dem Adolf Hitler erstaunliche Arbeit leistete. Er führte Wahlkämpfe, hielt Reden, beteiligte sich an Schlägereien, schloss und zerstörte Allianzen – bis er schließlich der mächtigste Mann Deutschlands war. Doch auch damit war sein Ehrgeiz noch nicht befriedigt: Er wollte die ganze Welt beherrschen. Im Jahr 1938 aber wollte er eines mehr als alles andere, und das war die Herrschaft über Österreich.

Bald schon sollte Hitler wieder auf dem Weg nach Wien sein, der Stadt, in der man ihm so übel mitgespielt, ihn so gedemütigt hatte. Aber diesmal kam er nicht mit einem Skizzenbuch unterm Arm und einem Hungerlohn in der Tasche, sondern mit Tausenden von Soldaten im Rücken. Auf der ersten Seite von *Mein Kampf* hatte Hitler angekündigt, dass Österreich Teil des Deutschen Reiches werden müsse; jetzt, da er die Macht in Händen hielt, war er entschlossen, dies herbeizuführen. Selbst noch in seinen mittleren Jahren, nachdem er Reichskanzler geworden war, rief sich Hitler immer wieder ins Gedächtnis, wie er in Wien die schlimmsten Jahre seines Lebens verbracht hatte. Er sagte, er sei als Muttersöhnchen in die Stadt gekommen und Wien habe ihn hart gemacht. Mit seinen Vertrauten scherzte er manchmal darüber, welche Befriedigung es doch wäre, einfach die komplette Stadt zu zerstören und sie dann von Grund auf neu zu errichten.

Auf Hitler warteten in jenem Winter des Jahres 1938 ein alter und schwer kranker Sigmund Freud und hundertfünfundsiebzigtausend weitere ›Rassenfeinde‹. Freud hassten die Nazis mit besonderer Inbrunst. Als sie 1933 in Deutschland seine Bücher verbrannten, erhob der vorsitzende Parteifunktionär mit lauter Stimme die Anklage: »Gegen seelenzerfasernde Überschätzung des Trieblebens, für den Adel der menschlichen Seele! Ich übergebe der Flamme die Schriften des Sigmund Freud.« Als Freud von der Bücherverbrennung erfuhr, bemerkte er: »Was wir für Fortschritte machen! Im Mittelalter hätten sie mich verbrannt, heutzutage begnügen sie sich damit, meine Bücher zu verbrennen.« Fünf Jahre später würden sich die Nationalsozialisten, die den Einmarsch in Österreich vorbereiteten, und jene, die dort in großer Zahl lebten, nicht mehr mit der Verbrennung von Büchern zufriedengeben.

Freud, so schien es, war zu keiner Art von Auseinandersetzung mehr bereit. Er war einundachtzig Jahre alt und wirkte noch kleiner, als er ohnehin war; er ging gebeugt, war zerbrechlich und bedenklich dünn. Sein Bart war völlig weiß geworden und sehr kurz gestutzt; er trug eine Brille mit einem schwarzen, ovalen Gestell, was ihm eine eulenhafte Erscheinung verlieh. Seine Haut, bleich und dünn wie Reispapier, spannte sich eng um sein Gesicht. Infolge der Kieferprothese, welche die bei mehreren Krebsoperationen entfernten Zähne und Knochen ersetzen sollte, vermochte er nicht mehr kraftvoll und deutlich zu sprechen. Seine Augen dagegen hatten nichts von ihrer Ausdruckskraft verloren, wie jeder, der ihn damals sah, bezeugen konnte. Freud starrte nicht auf die Dinge, sondern durch sie hindurch. Alles in allem hatte seine Gegenwart etwas Beunruhigendes: Unverkennbar ein alter Mann, sah Freud im Jahr 1939 wie der leibhaftige Tod aus.

Adolf Hitlers Aggression gegen Österreich und das Drama der letzten beiden Lebensjahre von Sigmund Freud begann damit, dass Hitler den österreichischen Kanzler Kurt von Schuschnigg nach Berchtesgaden auf den Berghof zitierte. Schuschnigg, ein kettenrauchender, introvertierter Intellektueller mit randloser Brille, war dem »Führer« nicht gewachsen. Hitler konfrontierte ihn mit mehreren ultimativen Forderungen. Er verlangte die Legalisierung der nationalsozialistischen Partei Österreichs. Er forderte, dass die Nationalsozialisten an der Regierung beteiligt würden. Er bestand auf einem Militärpakt zwischen den beiden Ländern. Zuletzt verlangte er, dass ein Volksentscheid über die Vereinigung Österreichs mit dem Großdeutschen Reich herbeigeführt würde. Schuschnigg war nervös und hätte unbedingt eine Zigarette gebraucht, doch er wusste, dass in Hitlers Gegenwart unter keinen Umständen geraucht werden durfte. Er hatte, als er nach Deutschland fuhr, durchaus kein leichtes Gespräch erwartet, im Gegenteil. (Vor seiner Abfahrt bemerkte er, dass es vielleicht besser wäre, sich von einem Psychiater begleiten zu lassen, der ihm bei der Auseinandersetzung mit Hitler helfen könnte.) Was Schuschnigg nun jedoch tatsächlich zu hören bekam, bestürzte ihn zutiefst.

»Sie werden doch nicht glauben, daß Sie mich auch nur eine halbe Stunde aufhalten können«, sagte Hitler. »Wer weiß – vielleicht bin ich über Nacht auf einmal in Wien; wie der Frühlingssturm! Dann sollen Sie etwas erleben! Ich möchte es den Österreichern gerne ersparen; das wird viele Opfer kosten.« Hitler hatte schon länger über die österreichische Frage gegrübelt und er hatte Schuschnigg einiges mitzuteilen. »Übrigens hat Österreich überhaupt nie etwas getan, was dem Deutschen Reich genützt hat. Seine ganze Geschichte«, ließ Hitler den Kanzler wissen, »ist ein ununterbrochener Volksverrat. Das war früher nicht anders wie heute.« Schuschnigg war zu verängstigt, um Hitler daran zu erinnern, dass er selbst doch auch in Österreich geboren worden sei. Mit zunehmender Wut fuhr Hitler fort: »Und das sage ich Ihnen, Herr Schuschnigg: ich bin fest dazu entschlossen, mit dem allem ein Ende zu machen. Das Deutsche Reich ist eine Großmacht, und es kann und wird ihm niemand dreinreden wollen, wenn es an seinen Grenzen Ordnung macht.«

»Ich habe einen geschichtlichen Auftrag, und den werde ich erfüllen, weil mich die Vorsehung dazu bestimmt hat. Ich bin felsenfest davon durchdrungen und glaube daran ... Schauen Sie sich in Deutschland um, Herr Schuschnigg, und Sie werden nur einen Willen finden.« Hitler erklärte dem österreichischen Kanzler, dass sein Triumph von niemandem verhindert werden könne. »[I]ch habe in der deutschen Geschichte das Größte geleistet, was je einem Deutschen zu leisten bestimmt war.« Als Schuschnigg Hitler gegenüber zu bedenken gab, dass Frankreich und England nicht unbeteiligt zusehen würden, wie er sich Österreich einverleibe, lachte dieser nur.

In den vergangenen zehn Jahren war es Hitler gelungen, seine Macht über das deutsche Volk zu festigen. Seiner Parteifeinde hatte er sich in einer schnellen, blutigen Säuberungsaktion, der sogenannten Nacht der langen Messer, entledigt. (Als Freud die Nachricht von der Säuberung vernahm, äußerte er den Wunsch, dass sich die Nazis bis auf den letzten Mann gegenseitig umbrächten. Dies sei nur eine Vorspeise, sagte er, wo bleibe der Hauptgang?) Mit Mussolini, dem einzigen von ihm geachteten nationalen Führer, hatte Hitler Freundschaft geschlossen, und er war zu der Gewissheit gelangt, dass die Demokratien schwach und unentschlossen waren und keinen Krieg gegen ihn riskieren würden. Wenn er nun einen Blick auf die Weltlage warf, so schienen sich ihm unbegrenzte Möglichkeiten zu bieten. Nie hatte sich Hitler so mächtig gefühlt, so sehr als Mann des Schicksals.

21

Freuds eigene Situation war sehr viel bedenklicher. Wegen der Krebserkrankung, die ihm schon seit fünfzehn Jahren zu schaffen machte, hatte er sich am 22. Januar notgedrungen einer weiteren Operation unterziehen müssen. Dieses Mal war nur schwer an den Tumor heranzukommen, weil dieser sich in der Nähe der Augenhöhle befand. Freuds Chirurg Hans Pichler musste hierfür ein besonderes Gerät herstellen. Nach zwei Tagen im Sanatorium kehrte Freud unter immer noch großen Schmerzen nach Hause zurück. Er wusste, dass der Krebs das Ergebnis seines ununterbrochenen Zigarrenrauchens war, und man hatte ihn viele Male beschworen, damit aufzuhören, doch Freud weigerte sich. Er liebte seine Zigarren viel zu sehr, bis zu zwanzig Stück rauchte er am Tag. Wenn es besonders schlimm war, benutzte er manchmal eine Wäscheklammer, um seinen steifen, schmerzenden Kiefer so weit zu öffnen, dass er noch eine Zigarre in seinen Mund hineinzwängen konnte.

Die Operation im Januar war außergewöhnlich brutal. Am 19. Februar, wenige Tage nach Hitlers Treffen mit Schuschnigg, folgte ihr eine weitere. Bei dieser Operation entfernte Pichler eine verdächtig aussehende Geschwulst in dem vom Krebs befallenen Bereich. Glücklicherweise fiel die Untersuchung der Gewebeprobe von der neuen Wucherung negativ aus. Diese Operation war weniger schmerzhaft als die vorangegangene, aber der Patient war einundachtzig und zumindest in physischer Hinsicht schon äußerst geschwächt. Es war keineswegs klar, wie viele derartige Torturen Freud noch würde aushalten können.

Freud verließ die Klinik, um sich in seiner Wohnung in der Berggasse 19 auszuruhen, die er mit seiner Frau Martha, deren Schwester Minna und seiner Tochter Anna teilte. Seit fünfzig Jahren wohnte er nun schon an diesem Ort; hier hatte er seine psychoanalytische Praxis aufgebaut, seine sechs Kinder großgezogen und die Bücher und Aufsätze geschrieben, die ihn weltberühmt gemacht hatten.

Die Berggasse verdient ihren Namen. Sie ist eine an vielen Stellen steile Durchgangsstraße, die am Tandelmarkt, Wiens Flohmarkt, beginnt und bis zur Votivkirche, einer neugotischen Kathedrale, reicht. Nach Wiens Maßstäben zu urteilen, wohnte Freud in einem respektableren, wenn auch nicht wirklich vornehmen Viertel. Das Haus in der Berggasse 19 war in den siebziger Jahren des 19. Jahrhunderts erbaut worden, der untere Teil des Gebäudes im Stil der Neorenaissance, der obere im Stil des Neoklassizismus. Zur Linken des Wohnhauses befand sich Siegmund Kornmehls Metzgerei, zur Rechten der Erste Wiener Konsum-Verein. Die Familie Freud lebte im Mezzanin, dem zweiten Stock des Gebäudes.

Obschon Freuds Wohnung von außen sehr konventionell anmutete, gab es in ganz Wien, ja in der ganzen Welt keinen Ort wie diesen. Im hinteren Teil der Wohnung hatte sich Freud ein aus zwei Zimmern bestehendes eigenes Reich geschaffen. Dorthin zog er sich an den schlimmen Tagen im Februar und Anfang März nach seinen beiden Operationen zurück, um seine schmerzenden Kiefer heilen zu lassen, seine Kräfte wiederherzustellen und abzuwarten, was Adolf Hitler vorhatte.

Sein ganzes Leben lang hatte Freud hart gearbeitet, fähig, trotz äußerster Schmerzen seine Studien voranzutreiben, doch nun verbrachte er die meiste Zeit auf der Couch, auf der sonst seine Patienten lagen. »Die Couch« war der berühmte Diwan, hinter dem er viele Jahre während zahlloser Sitzungen gesessen, Zigarre geraucht und aufmerksam zugehört hatte. Er könne es nicht ertragen, jeden Tag acht

Stunden lang angestarrt zu werden, hat er einmal gesagt, deshalb saß er immer außerhalb des Blickfelds seiner Patienten. Die Couch, bekannte Freud reumütig, sei »für die anderen« da, jetzt aber brauche er sie selbst.

Wie schwach und unsicher Freud in jenen Tagen auch wirken und wie sehr er sich von der selbstbewussten und ehrgeizigen Persönlichkeit, die 1909 durch die Wiener Straßen spaziert war, auch unterscheiden mochte – er war immer noch Sigmund Freud. Das bedeutete, er war ein äußerst rebellischer und leidenschaftlicher Mann, der Dinge sagte, schrieb und bisweilen auch tat, die seine Zeitgenossen schockierend fanden. Er war selbstständig und mutig, und zog letztlich nur sich selbst zurate, wenn es galt, eine Entscheidung zu treffen.

So rebellisch Freud indes auch sein konnte (und zu sein genoss!), so war er doch auch ein Mensch, der Konventionen sehr schätzte. Freud war an herkömmlichem Erfolg ebenso interessiert wie an Geld und an Ruhm, und es war ihm an einem untadeligen Ruf und der Führung eines tadellosen bürgerlichen Haushalts gelegen. (Kaum eine Wohnung war nichtssagender als die in der Berggasse 19 – bis man in Freuds Privatgemach gelangte.) Er wollte dazugehören und trotz seiner revolutionären Denkweise ›konventionellen‹ Erfolg haben.

Freuds leidenschaftliche Natur zeigte sich immer wieder in seinem Leben. Als er sich in seine zukünftige Frau, Martha Bernays, verliebte, da verliebte er sich wild und heftig. Er schrieb ihr maßlos bewundernde Briefe und war grenzenlos eifersüchtig. Fast wie ein mittelalterlicher Troubadour schuf er sich von Martha das Traumbild einer exotischen, erotischen und komplexen Persönlichkeit – die süße und anständige junge Frau, die er tatsächlich heiratete, entsprach dem allerdings nicht ganz. Während ihrer langen Verlobungszeit waren die beiden meist voneinander getrennt, und in seinen Briefen erwies sich Freud als ein romantischer Schriftsteller par excellence. »Martha ist mein«, rief er ihr in einem Brief zu, »das süße Mädchen, von dem alle nur in Verehrung sprechen, das beim ersten Zusammensein trotz allem Sträuben meinen Sinn gefangennahm, um das ich zu werben mich fürchtete, und das im hochsinnigen Vertrauen mir entgegenkam, den Glauben an meinen eigenen Wert mir erhöht und neue Hoffung und Arbeitskraft mir geschenkt hat, als ich ihrer am dringendsten bedurfte.«

Freud hatte auch einen Hang zur Schwärmerei für bestimmte Männer. Die Freundschaft mit seinen Mentoren Wilhelm Fließ und Josef Breuer hatte durchaus die Intensität einer Liebesbeziehung, und als er schließlich mit ihnen brach, hatte dies eine Dramatik, wie sie sonst nur am Ende einer großen Liebe steht. Auch in die Beziehung zu seinen Schülern ging er mit derselben Leidenschaftlichkeit. Carl Gustav Jung etwa, von dem er hoffte, er würde ihn in der Rolle des Anführers der psychoanalytischen Bewegung beerben – Freud bezeichnete ihn gerne als den »Kronprinzen« –, wurde von ihm aufrichtig geliebt. Als es zwischen den beiden schließlich zum Zerwürfnis kam und sie ihre eigenen Wege gingen, geriet Freuds Welt ins Wanken.

Nicht zuletzt aber war Freud ein leidenschaftlicher Denker. Man gewinnt bisweilen den Eindruck, als habe es keinen Einfall gegeben, den Freud nicht niedergeschrieben und veröffentlicht hätte. Er verkündete nicht nur die Existenz des Ödipuskomplexes und schockierte alle Welt mit der Ansicht, dass Kinder sexuell aktiv und empfänglich seien. (Derartige Auffassungen waren ja von so grundlegender Bedeutung für seine Anschauung vom menschlichen Leben, dass er sie schlechterdings verschweigen konnte.) Manchmal indessen, wenn sich die breiten Flügel seiner Vorstellungskraft ausdehnten, schien Freud unfähig, überhaupt irgendetwas für sich zu behalten.

Wie war es den Menschen gelungen, das Feuer zu beherrschen? Freud dachte, er wisse es. In vorgeschichtlicher Zeit sei das Feuer durch Blitze auf die Erde gelangt. Es hätten sich Äste entzündet und seien zu Boden gefallen. Normalerweise, wenn die Männer dies gesehen hätten, hätten sie sich den Flammen genähert und auf sie uriniert, bis diese schließlich gelöscht gewesen wären. Dies, so Freud, bereitete ihnen großes Vergnügen. »An der ursprünglichen phallischen Auffassung der züngelnden, sich in die Höhe reckenden Flammen kann nach vorhandenen Sagen kein Zweifel sein«, schrieb er. »Das Feuerlöschen durch Urinieren – auf das noch die späten Riesenkinder Gulliver in Liliput und Rabelais' Gargantua zurückgreifen – war also wie ein sexueller Akt mit einem Mann, ein Genuß der männlichen Potenz im homosexuellen Wettkampf.« Irgendwann sei schließlich ein Mann gekommen, dem es gelang, auf die Befriedigung seiner Triebregungen zu verzichten. Er habe das Feuer zu seiner Höhle zurückgebracht, Versuche damit angestellt und dabei herausgefunden, dass man es zum Heizen und Kochen verwenden könne. Auf diese Weise habe die Menschheit das Feuer gezähmt. Diese Fabel, die dem Prometheus-Mythos eine bemerkenswerte Wendung gibt, findet nicht etwa in einem Brief oder einem Gespräch Erwähnung, sondern in einer Fußnote zu Freuds in stilistischer Hinsicht vielleicht bestem Buch: *Das Unbehagen in der Kultur.* Warum schrieb Freud dergleichen nieder? Einfach deshalb, weil er dachte, es sei wahr, und was er für wahr hielt, das schrieb er auf und veröffentlichte es. Punktum!

In seiner Arbeit schlug Freud immer wieder andere Richtungen ein, korrigierte sich selbst und hatte neue Einfälle, die manchmal noch seltsamer und noch weniger einleuchtend waren als ihre Vorgänger. Irgendwann kam er trotz dürftigster Beweise zu dem Schluss, dass allem Leben eine Kraft innewohne, die er »Todestrieb« nannte. Alle Lebewesen, erklärte er, hätten das Verlangen, zu einem früheren Zustand zurückzukehren und auf eine für sie eigentümliche Weise danach zu streben, sich selbst zu zerstören und aufzulösen. Das Ziel allen Lebens, so Freuds berühmte These, sei der Tod. Wenn er sich umblickte und über die Welt nachdachte, gelangte er zu dem Schluss, dies müsse so sein, und statt diesen Gedanken für sich zu behalten, entwickelte er ihn weiter, ganz gleichgültig, welche Folgen dies für seinen Ruf und den der Psychoanalyse haben würde. Bis zum Ende seines Lebens sollte der Todestrieb für Freud eine offene Hypothese bleiben, für deren Bestätigung er aus seiner Sicht einfach nicht mehr genug Zeit hatte.

Als jedoch derselbe Sigmund Freud gefragt wurde, ob er seine Kinder auf Grundlage der psychoanalytischen Lehre erziehe, knurrte er und erwiderte, er erziehe sie, wie man Kinder eben erziehe, also ganz konventionell, und damit Schluss. Freud lebte sein ganzes Leben auf höchst konventionelle, bürgerliche Weise: Er war immer gut gekleidet, zahlte seine Steuern und war pünktlich. Während viele in ihm den Anwalt des Eros sahen, scheint sein eigenes Liebesleben ganz unaufregend gewesen zu sein. Vermutungen dahingehend, er habe eine Affäre mit seiner Schwägerin Minna Bernays gehabt, sind nichts als Spekulationen.

Hierher gehört auch Freuds Ansehen als Intellektueller. Freud kämpfte nicht nur deshalb um den Professorentitel, weil er dadurch mehr verdienen, sondern auch weil er an

Respektabilität gewinnen würde. Denn obschon Freud sicher wusste, dass die Bücher und Aufsätze, die er schrieb, ihresgleichen suchten und am ehesten noch mit literarischen Werken vergleichbar waren – »Die Triebe sind unsere Mythologie«, hat er einmal bemerkt –, bestand er immer darauf, Wissenschaftler zu sein, und reklamierte auch für die Psychoanalyse das Ansehen, das andere Wissenschaften genossen. Obwohl er dies manchmal bestritt, strebte er nach Ruhm und Ehre und freute sich im Stillen, wenn es ihm gelang, sie zu erringen. Zwar erklärte er immer wieder, wie sehr er es hasse, fotografiert zu werden, doch es gab in seinem Leben Zeiten, in denen er scheinbar kaum etwas anderes getan hat. Auf seinen Fotos bemüht er sich jedenfalls augenscheinlich, weise, stattlich und gebieterisch auszusehen.

Brillant war Freud immer dann, wenn seine beiden stärksten Triebkräfte, der Wunsch nach Auflehnung und der, vernünftig zu sein und sich Respekt zu verschaffen, sich gegenseitig belebten. Das Ergebnis davon war nämlich ein Denken, das in seiner Form streng und an Argumenten reich ist, das eine Vielzahl von Einwänden in Betracht zieht, sich aber gleichzeitig als erstaunlich originell präsentiert. Beispiele dafür finden wir in den Werken *Das Unbehagen in der Kultur*, *Massenpsychologie und Ich-Analyse*, *Totem und Tabu*, *Drei Abhandlungen zur Theorie der Sexualität*, *Die Traumdeutung* und *Jenseits des Lustprinzips*. In dieser Art sind auch einige seiner Essays verfasst, zum Beispiel »Das Ich und das Es«, »Zur Einführung des Narzißmus«, »Trauer und Melancholie« und »Das Unheimliche«, sowie einige Arbeiten zur psychoanalytischen Therapie und Technik. In ihnen erweist sich Freud nicht allein als ebenso kühn in seinen Begriffsbildungen wie ein Dichter, sondern auch als klarsichtig, klug und in einem eindrucksvollen Maße selbstkritisch.

Spätestens von dem Zeitpunkt an, da er seine berufliche Laufbahn einschlug, war er ein umsichtig und streng auf Konventionen bedachter Mensch und gleichzeitig beinahe so etwas wie ein Visionär. Der Schwerpunkt tendierte immer wieder von der einer Seite zur anderen, mal dominierte die eine, mal die andere, und bisweilen erzielten sie auch einen starken Synergieeffekt. Stets jedoch bewies Freud einen scharfen und schöpferischen Verstand. Abgesehen von der äußeren Erscheinung, unterschied sich der einundachtzig-jährige Freud nur unerheblich von dem einunddreißigjähri-gen. Kurz vor seinem Lebensende schrieb William Blake, der in seinem dichterischen Werk in gewisser Hinsicht Freuds Denken vorwegnahm, dass er selber »den Toren des Todes sehr nahe gewesen« sei; er sei »sehr schwach … aber nicht in Geist & Leben, nicht im Wirklichen Menschen, der Phan-tasie, die immerdar lebt«. 1938 war Freud körperlich sehr schwach, aber der Wirkliche Mensch in ihm war noch immer lebendig.

Am 20. Februar, dem Tag nach Freuds Operation, hielt Hitler vor dem Reichstag über die österreichische Frage eine Rede, die nicht nur in Deutschland, sondern auch in Österreich gesendet wurde. Die zahlreichen Konzessionen, zu denen er Schuschnigg in Berchtesgaden genötigt hatte, reichten nicht aus, erklärte der »Führer«. Immer noch würden in Österreich deutsche Bürger misshandelt: »Es wäre für eine selbstbewusste Weltmacht unerträglich, an ihren Grenzen Rassegenossen leiden zu sehen, nur weil sich diese zur deut-schen Rasse und ihrer Weltanschauung bekannten«, sagte er. Die Rede dauerte mehrere Stunden und Hitler steigerte sich dabei mehr und mehr in einen Wutanfall gegen die Unter-drücker der Deutschen hinein. Im Anschluss an die Rede versammelten sich österreichische Nationalsozialisten auf den Straßen Wiens und riefen: »Sieg Heil! Sieg Heil! Heil Hitler! Heil Hitler!« G. E. R. Gedye, ein Zeitungskorrespondent, beschrieb den Lärm, der von der deutschen Gesandtschaft zu hören war. »Aus der Ferne klang es zuerst wie ein rhythmisches Dröhnen, ähnlich dem Schlagen eines fiebernden Pulses, während es beim Näherkommen zum unartikulierten, aber disziplinierten Krächzen eines militarisierten Krähenschwarmes zu werden schien – ›A-a-a-h – Aah! A-a-a-ah – Aah – A-a-a-a-h – Aah!‹ – bis man schließlich die einzelnen Worte verstand.« Bald darauf waren die Braunhemden auf den Straßen und randalierten.

Am Tag der Hitlerrede schrieb Freuds Tochter Anna einen Brief an Ernest Jones, den Schüler Freuds, dem dieser neben Anna am meisten vertraute. Sie teilte ihm darin ihre Einschätzung der Lage mit: »In Wien war Panikstimmung, die sich jetzt wieder etwas beruhigt. Wir machen die Panik nicht mit. Es ist zu früh, man kann die Folgen des Geschehenen noch nicht voll beurteilen. Vorläufig ist alles, wie es war. Es ist vielleicht auch für uns leichter als für andere, die beweglicher sind, wir brauchen nicht viele Entschlüsse zu überdenken, denn es kommen für uns kaum welche in Betracht.« Ihr Vater, meinte Anna, sei zu alt und zu krank, um noch einen Fluchtversuch zu unternehmen, und sei wahrscheinlich ohnehin nicht dazu bereit, die Stadt zu verlassen.

Schon früher hatte Wien stürmische Zeiten erlebt, aber Freud hatte es niemals in Betracht gezogen wegzugehen. Dies war nicht das erste Mal, dass die Nationalsozialisten die Stadt bedrohten. Tatsächlich befand sich Wien schon seit dem Ende des Ersten Weltkriegs und dem Zusammenbruch der österreichisch-ungarischen Monarchie in einer prekären Situation. In den zwanziger Jahren herrschte eine gewal-

tige Inflation, gefolgt von einer Deflation und der großen
wirtschaftlichen Depression der dreißiger Jahre. 1934 kam
es in den Wiener Arbeitervierteln zu einem sozialistischen
Aufstand, der brutal niedergeschlagen wurde und bei dem
die Anführer gerade noch durch Wiens berühmte Abwässer-
kanäle fliehen konnten. Während der gesamten dreißiger
Jahre wuchs die zunächst kleine nationalsozialistische Partei
Österreichs an. Im Juli 1933 wurde sie von dem damaligen
Kanzler Engelbert Dollfuß verboten, aber zu diesem Zeitpunkt zählte die Partei, die aus Kaufleuten, kleinen Laden-
besitzern, Kriegsveteranen, jungen Hochschulabsolventen
und vielen Polizisten bestand, bereits siebzigtausend Mitglieder. Das die Nazis einigende Band waren ihr Antisemitismus (der dem in Deutschland in nichts nachstand), ihr
Antiklerikalismus (insbesondere ihre Feindschaft gegen die
katholische Kirche) und ihr Wunsch nach der Angliederung
Österreichs ans Deutsche Reich. Allein in den Monaten, in
denen sie verboten war, gewann die Partei zwanzigtausend
neue Mitglieder.

Im Sommer des Jahres 1934 drang eine kleine Gruppe
von SS-Leuten in der Uniform des österreichischen Heeres
ins Kanzleramt ein. Dort ergriffen sie Kanzler Dollfuß, der
durch eine Seitentür zu fliehen versuchte, und erschossen
ihn. Sie brachten das Rundfunkgebäude in ihre Gewalt und
gaben die Meldung heraus, dass die Regierung zurückgetreten
sei. Unter den österreichischen Nationalsozialisten herrschte
jedoch zu diesem Zeitpunkt – kurz nach der Nacht der langen
Messer – große Uneinigkeit, und die meisten weigerten sich,
an dem Putsch teilzunehmen. Hitler, der den Putsch zunächst
gebilligt hatte, sah sich nun gezwungen, sich davon zu dis-
tanzieren. Kurz darauf wurden die Mörder von Dollfuß im
Hof eines Bezirksgerichts hingerichtet, während einige andere

Verschwörer ins Gefängnis kamen. Für einige Zeit beruhigte sich in Wien die Aktivität der Nazis, doch seit 1938 nahm die Partei der österreichischen Nationalsozialisten wieder an Stärke zu. Die Nazis trugen ihre Hakenkreuzabzeichen an der Innenseite ihres Revers, bereit, sie zum rechten Zeitpunkt hervorzukehren. Sie grüßten einander mit »Heil Hitler« und manchmal hoben sie sogar die Hand zum Hitlergruß.

Aber auch jetzt noch, in einer immer gefährlicher werdenden Situation, hatte Anna Freud mit ihrer Vermutung recht, dass sich ihr Vater nicht dazu bereit erklären würde, Wien zu verlassen. Denn Freud liebte – und hasste – diese Stadt. In Wien hatte er fast sein ganzes Leben verbracht und, gegen einen nicht unbeträchtlichen Widerstand, seine Arbeit getan. Nicht nur weil er Jude war, hatte man ihm Schwierigkeiten gemacht, sondern auch wegen seiner Ideen. Zwar gab es kaum jemanden, der nicht seit Beginn seiner beruflichen Laufbahn als Arzt und Forscher seine außergewöhnlichen Talente erkannt hätte. Dennoch war sein Aufstieg auf der Karriereleiter langsam und mühevoll gewesen. Es dauerte lange, bis Freud den angestrebten Professorentitel erhielt, der ihm mehr Patienten und dadurch ein solides Einkommen sicherte. Auch das hatte damit zu tun, dass Freud Jude war. Er praktizierte zwar seinen Glauben nicht, verspürte aber dennoch keinerlei Neigung dazu, seine Ursprünge zu verleugnen, im Gegenteil, er bekannte sich zu ihnen mit großer Vehemenz.

Als Freud ein kleiner Junge war, erzählte ihm sein Vater, wie er einmal an einem Samstag einen Spaziergang mit einer neuen Pelzmütze auf dem Kopf gemacht habe. Da sei ihm ein Christ entgegengekommen und habe ihm den Hut vom Kopf geschlagen.»Jud, herunter vom Trottoir«, habe der

Christ gerufen. »Und was hast du getan?«, fragte Freud seinen Vater. Er wollte hören, wie dieser den Antisemiten in seine Schranken gewiesen habe. Stattdessen erhielt er zur Antwort: »Ich bin auf den Fahrweg gegangen und habe die Mütze aufgehoben.« Der vielleicht zehn- oder zwölfjährige Freud war empört. »Das schien mir nicht heldenhaft von dem großen, starken Mann, der mich Kleinen an der Hand führte«, erinnerte sich Freud Jahre später. »Ich stellte dieser Situation, die mich nicht befriedigte, eine andere gegenüber, die meinem Empfinden besser entsprach, die Szene, in welcher Hannibals Vater, Hamilkar Barka, seinen Knaben vor dem Hausaltar schwören läßt, an den Römern Rache zu üben.« Seitdem hatte Hannibal einen wichtigen Platz in Freuds Phantasien. Freud beschloss, sich niemals von den Antisemiten, die ihn und seine Familie in Wien umgaben, demütigen zu lassen. In Zukunft würde er es, wenn nötig, auf eine Auseinandersetzung mit den Nichtjuden ankommen lassen und niemals zur Seite treten.

Wie erwähnt bereitete nicht nur seine Identität als Jude Freud Schwierigkeiten, auch seine Ideen verursachten Skandale, sobald man auf sie aufmerksam wurde. Als Freud seine Abhandlungen zur Sexualtheorie veröffentlichte, in denen er behauptete, kleine Kinder hätten ein blühendes Sexualleben, wechselten achtbare Bürger die Straßenseite, wenn sie ihm begegneten. Freud reagierte darauf nicht nur, indem er das Buch weiter drucken ließ, sondern indem er es stets überarbeitete und auf den neuesten Stand brachte. Das tat er nur mit jenen Texten, die ihm besonders am Herz lagen, wie etwa seinem ersten Hauptwerk: *Die Traumdeutung*.

Wenn Freud in Wien auch niemals wirklich glücklich war, so wusste er doch, dass die Stadt ihm etwas bieten konnte, was er dringend brauchte: produktive Konflikte. Wie einige umstrittene, leidenschaftliche Dichter, Milton zum Beispiel, den Freud las und bewunderte, oder Blake, den Freud bewundert hätte, hätte er ihn gelesen, wusste er, dass er die beste Arbeit leistete, wenn er gegen Widerstand ankämpfen musste. Und Arbeit war für Freud das Wichtigste: Er bewertete jeden Tag danach, wie viel er geschrieben hatte und von welcher Qualität es war. Damit alles gut gehe, so bemerkte er einmal, brauche er einen engen Freund, dem er sich anvertrauen, und einen beherzten Gegner, dem er sich widersetzen könne. »Ein intimer Freund und ein gehaßter Feind waren immer notwendige Erfordernisse meines Gefühlslebens«, schrieb Freud, »ich wußte mir beide immer von neuem zu verschaffen.« Tatsächlich hatten Freuds intime Freunde die Güte, sich selbst in verhasste Gegner zu verwandeln. Aber Freud blühte auch dann auf, wenn sich ihm ein kollektiver Gegner widersetzte. Er schätzte eine ordentliche intellektuelle Auseinandersetzung und schrieb die Kraft, eine solche durchzustehen und außerdem noch konstruktiv für seine Arbeit zu nutzen, seiner jüdischen Herkunft zu. Die Juden, sagte er, seien daran gewöhnt, in Opposition zu leben, dies sei Teil ihres Vermächtnisses. Nur seiner »jüdischen Natur« verdanke er »die beiden Eigenschaften«, die ihm auf seinem »schwierigen Lebensweg unerläßlich geworden« seien. »Weil ich Jude war, fand ich mich frei von vielen Vorurteilen, die andere im Gebrauch ihres Intellekts beschränkten, als Jude war ich darauf vorbereitet, in die Opposition zu gehen.«

Aber als ein Krieger des Geistes war Freud für gewöhnlich weder rachsüchtig noch verbittert, sondern focht mit Mut und Elan, durchdrungen von einem Gefühl der »Kampfeslust«, wie heroische Kulturen es nannten. »Ich bin nämlich gar kein Mann der Wissenschaft, kein Beobachter, kein Experimentator, kein Denker«, schrieb er. »Ich bin nichts als ein Conquistadorentemperament, ein Abenteurer, wenn du es übersetzt willst, mit der Neugierde, der Kühnheit und der Zähigkeit eines solchen. Solche Leute pflegt man nur zu schätzen, wenn sie Erfolg gehabt, wirklich etwas entdeckt haben, sonst aber sie beiseite zu werfen. Und das ist nicht so ganz unrecht.«

In Wien fand Freud, was er benötigte: eine Vielzahl beherzter Gegner, ein paar Menschen, die aufgeschlossen genug waren, zu ihm zu kommen, wenn ihnen kein anderer Arzt helfen konnte, und eine kleine Anzahl von Studenten und später Schülern, die wirklich an seinen Ideen interessiert waren. Aber die Gegner, denen er im Winter des Jahres 1938 gegenüberstand, konnten ihm weitaus gefährlicher werden, als ihm nur die berufliche Anerkennung zu verweigern, seine Ideen zu denunzieren oder seinen Ruf zu ruinieren.

Am 9. März widersetzte sich der sanfte Kurt von Schuschnigg Adolf Hitler. Bei ihrer Besprechung in Berchtesgaden hatte Hitler nicht nur mit einer Invasion gedroht, sondern auch verlangt, dass Österreich einen Volksentscheid über die Vereinigung mit Deutschland abhalte. Hitler war sicher, dieses Plebiszit für sich zu entscheiden, und das aus gutem Grund, denn die nationalsozialistische Partei Österreichs gewann mit jedem Monat an Stärke.

Nach einigen Wochen, in denen sich der Sturm etwas beruhigt zu haben schien, hielt Schuschnigg eine Rede, in der er für Sonntag, den 13. März, die Abhaltung einer Volksabstimmung ankündigte. Er tat also genau das, was Hitler verlangt hatte. Die Ankündigung hatte allerdings einen Haken: Um an der Abstimmung teilnehmen zu können, musste man mindestens vierundzwanzig Jahre alt sein. Die österreichischen Nazis waren jung, ihre Partei war die Partei all derer, die es in der Welt noch zu etwas bringen und einer mächtigen Nation angehören wollten. Wenn die jungen Leute nicht abstimmen durften, ginge der Volksentscheid wahrscheinlich zugunsten der österreichischen Unabhängigkeit aus. Ein früher Termin für das Plebiszit würde außerdem gewährleisten, dass Hitler und Goebbels nicht die nötige Zeit für einen aufwendigen Propagandafeldzug hätten. In seiner Rede am 9. März blickte Schuschnigg im traditionellen Tiroler Anzug auf seine Zuhörer und fragte sie, ob sie sich für »ein freies, deutsches, unabhängiges, soziales, christliches und vereintes Österreich« entscheiden wollten. Die zwanzigtausend Mann starke Menge gab brüllend ihre Zustimmung. Schuschnigg beendete seine Ansprache mit einem Zitat des Tiroler Volkshelden Andreas Hofer, der seine Bauern gegen Napoleon zu den Waffen gerufen hatte: »Mander, s'ischt Zeit!« Für Hitler war dies ein unerträglicher Affront.

Hitler war aber nicht nur der österreichischen Nationalisten wegen besorgt, sondern auch mit Blick auf Mussolini, der als Österreichs Protektor galt. Er schrieb ihm daher umgehend einen Brief, in dem er das Recht forderte, mit seinem ehemaligen Heimatland so verfahren zu dürfen, wie er es für richtig halte. In seiner Verantwortung als Führer und Kanzler des Deutschen Reiches und als »Sohn der österreichischen Erde« habe er sich nun entschlossen, »Gesetz und Ordnung in seinem Heimatland wiederherzustellen und dem Volk zu ermöglichen, über sein eigenes Schicksal unmißverständlich, klar und deutlich zu entscheiden«. Hitler versicherte den Duce seiner standhaften Sympathie und schickte daraufhin Prinz Philipp von Hessen los, um den Brief so schnell wie möglich zu übergeben. Mit dem Brief, der die entscheidende Botschaft enthielt, und einem Korb mit Pflanzen für Mussolinis Gärten in Rom bestieg der Prinz ein Flugzeug nach Italien.

In Wien löste Schuschniggs Rede patriotischen Aktivismus aus: Am Donnerstagnachmittag rollten Lastwagen durch die Straßen, die die Volksabstimmung ankündigten und das Volk aufforderten, am Sonntag mit »Ja« zu stimmen. Österreichische Patrioten schwärmten über die ganze Stadt aus und riefen »Heil Schuschnigg!« und »Sonntag ist Wahltag: Wir stimmen mit Ja!«. Für kurze Zeit sah es so aus, als könnte Österreich dem deutschen Druck standhalten. Schon am Abend aber waren auch die Nationalsozialisten auf der Straße. In Viererreihen marschierten sie durch das Wiener Stadtzentrum und ließen ihren Schlachtruf ertönen: »Ein Volk! Ein Reich! Ein Führer!« Zunächst machten die österreichischen Patrioten gute Miene zum bösen Spiel, da sie mehr als dreimal so viele waren wie die Nazis. Dann aber begannen Raufereien, die Polizei schritt aufseiten der Nazis ein und begann auf die Nationalisten einzuschlagen. Nicht lange, und die Straßen gehörten den Sturmtruppen.

Als Hitler am Freitag immer noch nichts von Mussolini gehört hatte, traf er in den frühen Morgenstunden seine Entscheidung. Er ließ Weisung an seinen Generalstab ergehen mit dem Befehl zur Invasion: »Ich beabsichtige, wenn andere Mittel nicht zum Ziele führen, mit bewaffneten Kräften in Österreich einzurücken, um dort verfassungsmäßige Zustände herzustellen und weitere Gewalttaten gegen die deutschgesinnte Bevölkerung zu unterbinden.« Um fünf Uhr dreißig desselben Morgens erhielt Schuschnigg einen Anruf. Man ließ ihn wissen, dass die Deutschen ihre Grenze zu Österreich geschlossen hätten. Kurz darauf wurde ihm berichtet, dass in München deutsche Truppen mobilisiert würden. Um zehn Uhr trafen Forderungen aus Berlin ein: Schuschnigg müsse umgehend von seinem Amt zurücktreten, es an einen Nationalsozialisten übergeben und die Volksabstimmung um mindestens zwei Wochen verschieben.

Sollte er dies nicht tun, würden die Deutschen »entsprechend handeln«. Mit dem Rücken zur Wand stehend, sandte Schuschnigg ein Telegramm mit der Bitte um Hilfe an den britischen Premierminister Neville Chamberlain, der sich, wie es der Zufall wollte, gerade bei einem Essen in der Downing Street zu Ehren des deutschen Botschafters Joachim von Ribbentrop befand. Als man ihn mit den Nachrichten aus Wien konfrontierte, log Ribbentrop. Von einer Krise in Österreich wisse er nichts, sagte er. Die Berichte könnten sich leicht als Irrtum erweisen. Chamberlain entschied rasch, was er und England tun würden – nämlich nichts. Er wies Lord Halifax an, Schuschnigg dies in einem Telegramm mitzuteilen. »Die Regierung seiner Majestät kann keine Verantwortung übernehmen«, begann das Kommuniqué. Ribbentrop blieb den ganzen Nachmittag in der Downing Street, zufrieden damit, wie sich die Dinge zu Hause entwickelten. Winston Churchill, der bei dem Lunch ebenfalls anwesend war, erinnerte sich: »Die Ribbentrops zögerten weiter, so dass die meisten von uns sich entschuldigten und nach Hause gingen. Zu guter Letzt müssen auch sie sich wohl verabschiedet haben.« Dann aber fügte Churchill noch einen Satz hinzu: »An diesem Tage sah ich Ribbentrop zum letzten Mal, bevor er gehängt wurde.«

Ohne Hilfe aus England, Frankreich oder von sonst woher, so wurde Schuschnigg klar, konnte er nichts gegen die Deutschen unternehmen. Um vier Uhr an diesem Samstagnachmittag trat er zurück.

Kurze Zeit nach Schuschniggs Rede vom 9. März erhielt Freud Hilfe von gänzlich unerwarteter Seite, den Vereinigten Staaten von Amerika. Gegen kein anderes Land hatte

Freud eine so große Abneigung wie gegen Amerika. Obwohl man ihn dort bei seinem Besuch im Jahr 1909 so überaus freundlich empfangen hatte und trotz der frühen Erfolge der Psychoanalyse in den Vereinigten Staaten hat Freud das Land immer verachtet. Die soziale Katastrophe, die Amerika in seinen Augen darstellte, erschien ihm fast so schlimm wie jene, die sich gerade an der österreichischen Grenze anbahnte. Praktisch alles, was er über die Vereinigten Staaten wusste oder zu wissen glaubte, verärgerte ihn. Zunächst einmal seien die Amerikaner vom Geld besessen. Jedermann, so dachte Freud, fröne dort einem dumpfen Materialismus, sei ungebildet, ohne Raffinesse und unfähig, die feineren Freuden des Lebens zu genießen. Wenn Freud die Vereinigten Staaten anprangert, taucht fast immer das Wort »Dollar« auf. In Amerika herrsche eine erbitterte Konkurrenz zwischen den Menschen und man verehre den allmächtigen Dollar, und ihn allein, bemerkte er ein ums andere Mal. Jeder leide an der schrecklichen Krankheit »Dollaria«. In einem Brief an Ernest Jones schrieb er: »Die Amerikaner sind wirklich zu schlecht. Ich möchte aber kein Urteil darüber abgeben, warum sie so sind, ohne eine bessere Gelegenheit zur Beobachtung. Ich denke, die Konkurrenz ist bei ihnen viel schärfer; keinen Erfolg zu haben, bedeutet den bürgerlichen Tod für jeden, und sie haben keine privaten Ressourcen neben ihrem Beruf, kein Hobby, keine Spiele, Liebe oder andere Interessen eines gebildeten Menschen. Und Erfolg bedeutet Geld. Kann ein Amerikaner in Opposition zur öffentlichen Meinung leben, wie wir es zu tun bereit sind?« Es ist leider wahr: Wenn Freud darüber wettert, wie sehr die Amerikaner vom Reichtum besessen sind, klingt er manchmal wie ein Antisemit, der über die Geldgier der Juden schimpft. Falls sich Freud dieser Tatsache überhaupt bewusst war, so hat sie seinen Gefühlen gegenüber der amerikanischen Dollaria jedenfalls keinen Abbruch getan.

Freud war außerdem davon überzeugt, dass die Amerikaner prüde seien. Er glaubte, ihr Interesse am Geldverdienen absorbiere ihre Libido, die sie ansonsten auf den Genuss sinnlicher Freuden hätten richten können. All ihre Energie fließe in die Jagd nach dem Geld, so dass für die Jagd nach dem Vergnügen keine mehr übrig sei. Freud betrachtete die Psychoanalyse als Mittel zur Lockerung der »kulturellen Sexualmoral«, die vom Einzelnen einen viel zu hohen Triebverzicht fordere. Nach seinem Verständnis zögen es die Amerikaner vor, ihre erotischen Energien aufzustauen, um sie besser in das Streben nach Wohlstand umleiten zu können. Er geißelte sogar die Liebesaffären der Amerikaner, und zwar dafür, dass sie, ohnehin vermutlich seltene Vorkommnisse, kurz und flüchtig seien. Warum ließen die Amerikaner diese Leidenschaft und Intensität vermissen? Vermutlich weil sie so sehr auf die Gegenwart konzentriert waren, dass, wenn sie sich verliebten, die alten elterlichen Vorbilder nicht aktiviert werden konnten, das heißt, ihren erotischen Begegnungen der ödipale beziehungsweise ambivalente Aspekt fehlte.

Am verstörendsten an Amerika fand Freud jedoch das politische Leben. Die Amerikaner, so meinte er, litten unter dem »psychologischen Elend der Massen«. Ähnlich wie Tocqueville, aber mit erheblich geringerer Sympathie, betrachtete Freud Amerika als ein Land, in dem der Einzelne tendenziell von der Masse beherrscht und häufig unterdrückt wurde. Nicht nur gerate Amerika oftmals an den Rand der Pöbelherrschaft; es sei auch deshalb zur Mittelmäßigkeit verurteilt, weil sich dort immer der kleinste gemeinsame Nenner durchsetze. In Amerika gebe es keinen Platz für wahre Führer. Die durch die demokratische Propaganda geblendete Menge glaube, immer recht zu haben. Das Volk müsse niemals seine Lebensanschauung ändern oder weiterentwickeln. »Mein Mißtrauen gegen Amerika ist nicht zu besiegen«, schrieb er.

Wiesen seine Kollegen ihn darauf hin, dass abgesehen von Deutschland kein Land die Psychoanalyse so freundlich aufgenommen habe wie Amerika, so erwiderte Freud zwangsläufig, die Amerikaner verstünden nichts von der Psychoanalyse. Als er, Jung und Ferenczi 1909 in New York von Bord gegangen waren, soll Freud angeblich gesagt haben: »Wir bringen ihnen die Pest, und sie wissen es nicht einmal.«

Als jedoch die Nazis Wien bedrohten, waren es die Amerikaner, die Freud zu Hilfe eilten. Am 10. März erhielt er Besuch von John Wiley, dem Geschäftsträger der amerikanischen Botschaft in Wien. Wiley, ein Mann von Welt, den man niemals ohne seine außergewöhnlich lange Zigarettenspitze sah, erkundigte sich nach Freuds Wohl und dem seiner Familie und erklärte, dass die Vereinigten Staaten alles tun würden, um ihn zu schützen. Wiley arbeitete eng mit William Bullitt zusammen, dem amerikanischen Botschafter in Frankreich, der sich als guter Freund von Freud betrachtete. Bullitt war ein charmanter, leutseliger Mann, der einer reichen Familie aus Philadelphia entstammte. In der Welt der Diplomatie gab es niemanden, den er nicht kannte. Zeitweise hatte Bullitt für Woodrow Wilson gearbeitet, sich dann aber mit dem Präsidenten wegen des Versailler Vertrags überworfen. Nach dem Krieg geriet er dafür in Verruf, dass er Wilson und den Vertrag vor dem Senatskomitee für auswärtige Beziehungen kritisierte.

Bullitt hatte Freud Mitte der zwanziger Jahre aufgesucht, weil er von seinem selbstdestruktiven Verhalten geheilt werden wollte. 1930 erschien Bullitt dann erneut bei Freud, diesmal mit einer Idee für ein Projekt. Er wollte ihn für eine Zusammenarbeit an einem Buch über Woodrow Wilson gewinnen, einer psychologischen Studie, und Freud sagte überraschenderweise zu. Pläne wie dieser wurden ständig an ihn herangetragen, und sie kamen gewöhnlich aus Amerika. Der Verleger der *Chicago Tribune* bot Freud fünfundzwanzigtausend Dollar dafür an, dass er nach Chicago komme, um die beiden Mörder Leopold und Loeb zu analysieren. Der Produzent Samuel Goldwyn behauptete, er sei bereit, Freud hunderttausend Dollar zu geben, wenn er nach Hollywood käme, um an der Produktion von Filmen mitzuarbeiten. Wer wüsste schließlich mehr über das Lachen und die Liebe als Freud? Und darum ginge es doch bei einem guten Film. Freud lehnte beide Projekte ab. Solche Angebote schlug er fast immer aus, obwohl er gewöhnlich das Geld hätte brauchen können. Von Bullitt war Freud jedoch sehr angetan gewesen, weshalb er sich bereit erklärte, mit ihm zusammenzuarbeiten. Und tatsächlich wurde das Buch über Wilson später veröffentlicht. Nun wollte Bullitt für den Mann, den er so bewunderte, alles tun, was in seiner Macht stand. Hauptsächlich wegen Bullitt sollte Freud bald sogar die wohlwollende Aufmerksamkeit des amerikanischen Präsidenten, Franklin Delano Roosevelt, genießen.

Einen Tag nach Wileys Besuch, am 2. März 1938, tat Freud etwas, das ihm eigentlich zuwider war: Er hörte Radio. Sein Sohn Martin berichtet, dies sei überhaupt das einzige Mal gewesen, an das er sich erinnern könne. Die Stimme, die Freud vernahm, gehörte Kurt von Schuschnigg, aber aus ihr war aller Widerstand gewichen. Der Kanzler sagte den Volksentscheid über die österreichische Unabhängigkeit ab und trat von seinem Amt zurück. In der Hoffnung, dadurch ein Gemetzel zu vermeiden, forderte Schuschnigg die österreichische Armee auf, den deutschen Truppen keinen Widerstand zu leisten, wenn sie, was nun beinahe gewiss war, die Grenze überqueren würden. Der Kanzler teilte dem österreichischen Volk mit, »dass wir uns ... entschlossen haben, uns der angedrohten Gewalt zu beugen, da wir selbst in dieser schrecklichen Situation nicht bereit sind, Blut zu vergießen. Wir haben deshalb unsere Truppen angewiesen, keinen Widerstand zu leisten.« Aus den letzten Worten, die er an sein Volk richtete, sprach großer Kummer: »So nehme ich denn in dieser Stunde Abschied vom österreichischen Volke mit einem Gruß, der tief aus meinem Herzen kommt: Gott schütze Österreich.«

Kaum war die Rede beendet, erwachte Wien durch Gesänge und Schlachtrufe zum Leben: »Ein Volk! Ein Reich! Ein Führer!« und »Tod den Juden.« William Shirer, ein amerikanischer Reporter, sah, wie junge Männer Pflastersteine durch die Fenster jüdischer Geschäfte warfen. Die anwesende Menge stachelte sie an und brüllte vor Vergnügen, als die Scheiben zerbrachen und das Glas wie in großen Eisbrocken auf die Straße fiel.

»Als ich auf dem Weg zu meinem Büro den Graben überquerte«, erinnerte sich G. E. R. Geyde, »wälzte sich auch hier schon die braune Flut heran. Es war ein unbeschreiblicher Hexensabbat: Sturmtruppleute, von denen viele kaum der Schulbank entwachsen waren, marschierten mit umgeschnallten Patronengürteln und Karabinern, als einziges Zeichen ihrer Autorität die Hakenkreuzbinde auf dem Ärmel, neben den Überläufern aus den Reihen der Polizei. Männer und Frauen brüllten und schrien hysterisch den Namen ihres Führers, umarmten die Wachleute und zogen sie mit sich in den wirbelnden Menschenstrom; Lastwagen mit SA-Leuten, die ihre lang versteckten Mordwaffen nun offen trugen, hupten ohrenbetäubend und versuchten vergeblich, sich durch die Menge von Männern und Frauen einen Weg zu bahnen, die im Lichte der nun auftauchenden schwelenden Fackeln brüllten und tanzten. Die Luft war voll der Geräusche des heillosen Spektakels, und nur hin und wieder konnte man einzelne Schreie, wie ›Nieder mit den Juden! Heil Hitler! Sieg Heil! Juda Verrecke! An den Galgen mit Schuschnigg‹… unterscheiden.«

In ganz Österreich begannen die Nazis mobil zu machen. Eine SS-Truppe brachte die Zentrale der Tiroler Landesregierung unter Kontrolle. In Linz versammelten sich unweit von Hitlers Geburtsort zwanzigtausend Menschen, um die Nachricht von Schuschniggs Rücktritt zu bejubeln. Die nationalsozialistische Führung in Berlin ließ ihre gerade erst in die Regierungsämter eingesetzten Kollegen wissen, dass nun die Zeit gekommen sei für ein formelles Ersuchen an die deutsche Regierung, »einzuschreiten und die Ordnung wiederherzustellen« – jene Ordnung, welche die Deutschen zu zerstören im Begriff waren. Am selben Abend noch, um neun Uhr zehn, wurde das Kommuniqué mit der Bitte um deutsche Unterstützung veröffentlicht. Um zehn Uhr fünfundvierzig rief Prinz Philipp von Hessen, der auf Hitlers Geheiß nach Italien geflogen war, den »Führer« an, um ihm mitzuteilen, dass alles in Ordnung sei und der Duce den Einmarsch billige. »Dann sagen Sie Mussolini bitte, ich werde ihm das nie vergessen«, trug Hitler ihm auf, »nie, nie, nie, es kann sein, was will…«

Am nächsten Morgen, Samstag, den 12. März 1938, überschritten die deutschen Truppen, die sich auf der bayerischen Seite gesammelt hatten, um fünf Uhr dreißig die österreichi-

sche Grenze, ohne auf Widerstand zu stoßen. Der Anschluss
hatte begonnen.

Zu späterer Stunde an diesem Samstag trug Freud zwei
Worte in sein Tagebuch ein: »Finis Austriae«, das Ende
für Österreich. Am Morgen hatte Freuds Tageszeitung,
die *Neue Freie Presse*, bekannt gegeben, dass Arthur Seyß-
Inquart, ein »gemäßigter« österreichischer Nationalsozia-
list, die Regierungsmacht übernommen habe. Es war aber
die *Abendzeitung*, die Freud in Rage brachte. Freuds Sohn
Martin erinnert sich, wie sein Vater die Zeitung aus der
Hand des Dienstmädchens genommen und die Überschrift
gelesen hatte. Er habe sich für einen Augenblick hingesetzt
und überlegt. Dann habe der alte Mann das Blatt zerknüllt
und es in die Ecke geworfen. Freud war ein Mensch, der
sich stets und überall zu beherrschen wusste und nur selten
seine Gefühle zeigte. Eine solche Reaktion hatte Martin
von seinem Vater jedenfalls nie zuvor erlebt. Keiner wagte
es, Freud eine Frage zu stellen oder sonst etwas zu sagen.
Nach einer Weile hob Martin die Zeitung auf, entfaltete sie
und fing an zu lesen. Die Zeitung hatte die Proklamation
abgedruckt, mit der Hitler den Einmarsch rechtfertigte. Sie
schloss mit den Worten: »Lang lebe das nationalsozialistische Deutsch-Österreich.«

Freud mag über das, was sich gerade in Österreich ereig-
nete, wütend gewesen sein, ganz überraschend aber waren
die Ereignisse für ihn nicht gekommen. 1934, ein Jahr nach
Hitlers Machtergreifung, schrieb er an seinen Sohn Ernst:
»Die Zukunft ist ungewiss, entweder ein österreichischer
Faschismus oder das Hakenkreuz … unser Verhältnis zu den
beiden Möglichkeiten der österreichischen Zukunft kann nur
den Ausruf Mercurio's in *Romeo und Julia* zitieren: ›A plague
on both your houses‹.« 1936 waren die Aussichten noch düs-

terer geworden. »Österreichs Weg zum National-Sozialismus scheint unaufhaltbar«, schrieb er an Arnold Zweig. »Alle Schicksale haben sich mit dem Gesindel verschworen. Mit immer weniger Bedauern warte ich darauf, daß für mich der Vorgang fällt.«

1937, ein Jahr vor dem Einmarsch der Deutschen, hatte Freud im Hinblick auf die kommenden Ereignisse kaum noch einen Zweifel. »Unsere politische Situation scheint sich immer mehr zu trüben«, teilte er Ernest Jones mit. »Das Eindringen der Nazis ist wahrscheinlich nicht aufzuhalten, die Folgen auch für die Analyse sind unheilvoll, die einzige Hoffnung bleibt, daß man es selbst nicht mehr erleben wird. Es ist eine ähnliche Lage wie 1683, als die Türken vor Wien standen. Damals kam eine Entsatzarmee über den Kahlenberg, heute – nichts dergleichen zu erwarten… Fällt unsere Stadt, so werden die preußischen Barbaren Europa überschwemmen.« Der Brief endet mit einer träumerischen Hoffnung auf Veränderung: »Ich möchte wie Ernst in England leben«, schrieb Freud, »und wie Sie nach Rom reisen.«

Die deutschen Truppen, die an jenem Samstagmorgen in Österreich einmarschierten, wurden jubelnd empfangen. Auf den Straßen wimmelte es von Menschen, die gekommen waren, um sie zu begrüßen und ihnen Blumen zuzuwerfen. Schließlich befahl man den Wehrmachtssoldaten, ihre Schutzbrillen aufzusetzen, um ihre Augen vor den Blumen zu schützen. In ganz Österreich trugen nun die Mitglieder der einst verbotenen Nationalsozialistischen Partei ihre Hakenkreuzabzeichen sichtbar am Revers und begrüßten einander auf offener Straße mit dem Hitlergruß. Hitler selbst flog nach München und fuhr von dort, begleitet von SS-Leibwächtern, in einem Mercedes mit offenem Verdeck zur österreichischen Grenze. Um zehn vor vier nachmittags erreichte er seinen Geburtsort Braunau am Inn, wo bereits eine stürmisch jubelnde Menschenmenge auf ihn wartete. Vier Stunden später traf er in Linz ein. Kirchenglocken läuteten und Menschenmassen vor dem Rathaus stimmten Sprechchöre an: »Ein Volk! Ein Reich! Ein Führer! – Ein Volk! Ein Reich! Ein Führer!«

Vom Balkon des Rathauses rief Hitler der Menge zu, dass jeder weitere Versuch, sein Volk zu spalten, vergebens wäre. Am Grab seiner Eltern legte er Blumen nieder, und nach einem Besuch seines Elternhauses ging er ins Hotel zurück, um von der Zukunft zu träumen.

Der Empfang, den man ihm in Linz bereitet hatte, erschütterte Hitler zutiefst. Er hatte gehofft, dass die Österreicher dem Anschluss zustimmen würden. Sein Plan war ein Staatenbund mit Deutschland als dominierendem Partner. Aber weit davon entfernt, sich Hitlers Vorstellungen zu widersetzen, waren die Menschen, die ihn auf der Straße und vor dem Rathaus begrüßten, vor Begeisterung geradezu ekstatisch. Sie salutierten vor ihm, als sei er der Erlöser. Sie wussten, dass Hitler sie aus ihrer Armut und Ohnmacht sowie von der Hauptursache ihrer Probleme, den Juden, befreien würde. In jener Nacht im Hotel nun sah Hitler klar, dass er viel mehr als einen Staatenbund erreichen konnte: Er konnte Österreich dem Deutschen Reich einverleiben und mit seinen Einwohnern und Ressourcen anstellen, was er wollte. Er konnte mit Österreich tun, was er irgendwann einmal mit allen anderen souveränen Staaten vorhaben würde, nämlich sie zu abhängigen Provinzen des Deutschen Reiches zu machen. Das nächste Ziel von Hitlers glühendem Ehrgeiz war nun Wien mit seinen hundertsiebzigtausend jüdischen Männern, Frauen und Kindern, unter denen sich auch Sigmund Freud befand.

»Wien war an diesem Morgen kaum wiederzuerkennen«, schrieb Shirer über jenen Samstag. »An nahezu jedem Haus hingen Hakenkreuzfahnen. Woher kamen sie so rasch?«

Finis Austriae – die Worte, die Freud in sein Tagebuch eingetragen hatte, besaßen für ihn eine besonders schmerzliche Bedeutung. Sie bedeuteten das Ende einer Kultur, die in Wien ihr Zentrum hatte, kosmopolitisch war. Eine Kultur, die zumindest scheinbar tolerant war, nicht ohne Eleganz, die der Kunst und den Wissenschaften huldigte und den Juden relative Sicherheit bot. Als Freud ein kleiner Junge gewesen war, hatten einige Juden sogar als Minister der österreichisch-ungarischen Doppelmonarchie gedient. Rückblickend erinnerte sich Freud, dass zu jener Zeit jüdische Schuljungen mit dem Portefeuille eines Ministers in ihrem Schulranzen herumgelaufen seien, einem Zeichen für ihre mögliche Berufslaufbahn. Ebenso wie einst einfache Soldaten der napoleonischen Armee mit dem Marschallsstab in den Krieg gezogen waren. Freuds Leben hatte sich in einer Stadt entfaltet, die man als Wittgensteins Wien bezeichnet hat. Es war eine Stadt, die vom Ende des Ersten Weltkriegs und der Auflösung der Monarchie bis März 1938 ein Zentrum des künstlerischen Lebens und der Gelehrsamkeit bildete. Es war die Stadt von Karl Kraus, dem vielleicht glänzendsten Satiriker seiner Zeit, und von Robert Musil, dem Verfasser des Romans *Der Mann ohne Eigenschaften*, einem Meisterwerk der Moderne. Hier hatte Arnold Schönbergs Zwölftonmusik ihren Durchbruch erlebt, hier hatte Adolf Loos als Wegbereiter der architektonischen Moderne gewirkt und Ludwig Wittgenstein hatte einen neuen Abschnitt in der Geschichte der Philosophie eingeleitet, indem er seine Disziplin von Grund auf zu erneuern versuchte.

Überall in Wien war von neuen und folgenreichen Ereignissen zu berichten, Innovationen auf dem Gebiet der Kunst und des Geisteslebens, die für ein aufmerksames und intelligentes Publikum bestimmt waren. Zweifellos war eine solche Atmosphäre bisweilen auch für Freud eine Quelle der Inspiration. Aber während viele seiner Zeitgenossen, vielleicht sogar die Begabtesten und Originellsten, Klarheit, Eleganz und mathematische Präzision in vollkommenen Aphorismen, geometrisch genauen architektonischen Entwürfen und philosophischen Abhandlungen suchten, in denen nur das gesagt werden sollte, was sich klar sagen ließ, bewegte sich Freud in eine andere Richtung. Sein Werk unterschied sich auf dramatische Weise von dem internationalen, apollinischen Stil, der für die in Wien sich ereignenden Revolutionen weithin charakteristisch war.

Statt einer rationalen Zukunft war Freuds Denken einer dunklen Vergangenheit zugewandt. »Vor allem aber wollte er, daß wir nie vergessen, / schwärmerisch begeistert von der Nacht zu sein«, wie Auden es in seiner schönen Elegie für Freud formulierte. Freud versenkte sich in Altes und Atavistisches, ihn fesselte das Unheimliche und bisher Unentzifferbare, und er war von Dingen fasziniert, die die meisten Angehörigen der künstlerischen und intellektuellen Avantgarde Wiens lächerlich gefunden hätten. (Wittgenstein, ihr vielleicht begabtester und originellster Kopf, den man zu Recht für seine intellektuelle Redlichkeit rühmte, fand Freuds Werk verführerisch und missverständlich. Er bezeichnete es als eine »sehr mächtige Mythologie«.) Nach der *Traumdeutung* schrieb Freud ein Buch über Versprecher und Flüchtigkeitsfehler und kurz darauf ein weiteres über den Witz. In seinen berüchtigten *Abhandlungen zur Theorie der Sexualität* dachte er über den kindlichen Eros nach.

Die Kindheit, Märchen, Träume, die Exzentrik alltäglichen Verhaltens, das Kranke, Nebensächliche und Missverstandene – das war es, was Freud faszinierte. Denn zivilisatorischer Fortschritt war für Freud nur möglich, wenn man sich dem Verdrängten stellte, das in den Kellern und Grüften der Psyche verborgen war.

Vielen Vertretern des Wiener Bürgertums galt Wittgensteins Wien als der Nabel der Kunstwelt und das Herz des intellektuellen Lebens. In den dreißiger Jahren entwickelte sich Wien zu einem Ort, der von extremen sozialen und politischen Turbulenzen erschüttert wurde. Die Depression von 1929 hatte Wien besonders hart getroffen: Im Mai des Jahres 1931 erklärte sich Wiens größte Handelsbank, die Creditanstalt, für zahlungsunfähig. Im Februar 1933 war ein Viertel der Arbeiterschaft ohne Beschäftigung. Ein Jahr später fand der österreichische Februaraufstand der Sozialdemokraten und Bolschewiken des »roten Wien« statt, der von der Regierung Dollfuß brutal niedergeschlagen wurde. Nicht einmal ein halbes Jahr später, im Juli 1934, war der Augenblick des versuchten Staatsstreichs gekommen, bei dem Dollfuß von den Nationalsozialisten getötet wurde und Hitler mit seinen Truppen beinahe einmarschiert wäre.

Während Freuds finanzielle Situation Anfang und Mitte der dreißiger Jahre relativ gesichert war, da er einige ausländische Patienten hatte, die ihn gut bezahlten, waren es für viele Wiener um ihn herum leidvolle Jahre. »Die menschlichen Kosten der Depression waren unberechenbar«, schreibt Peter Gay: »Persönliche Tragödien waren überall alltäglich, vielversprechende Karrieren wurden vernichtet, Armut kam über Nacht, gebildete Männer verkauften Schnürsenkel oder Äpfel an den Straßenecken, stolze Bürger nahmen Almosen von ihren Verwandten.«

Die Wiener sahen sich mit einer Welt konfrontiert, wie sie Marx meisterhaft beschrieben hat, eine Welt des wild gewordenen Kapitalismus, in der nur noch Geld zählt, eine Welt, in der es keine Sicherheiten gibt, da nichts Bestand hat, was keinen Profit abwirft. Marx eigene Worte dafür hätten wohl viele Menschen als eine zutreffende Charakterisierung Wiens in der Zeit vom Ende des Ersten Weltkriegs bis zum Einmarsch von Hitlers Truppen empfunden: »Die fortwährende Umwälzung der Produktion, die ununterbrochene Erschütterung aller gesellschaftlichen Zustände, die ewige Unsicherheit und Bewegung zeichnet die bürgerliche Epoche vor allen anderen aus. Alle festen, eingerosteten Verhältnisse mit ihrem Gefolge von altehrwürdigen Vorstellungen und Anschauungen werden aufgelöst, alle neugebildeten veralten, ehe sie verknöchern können. Alles Ständische und Stehende verdampft.«

In Freuds Denken verband sich das Alte mit dem Neuen. Was Freud über die Psyche der Menschen sagte, war von einer geradezu schockierenden Neuheit und als solches Teil der Wiener Kulturrevolutionen. Er griff jedoch auch auf die Weisheit vergangener Zeiten zurück, die sich ihm durch die Lektüre von Sophokles, Shakespeare und Milton erschloss und die er mit den eigenen klinischen Beobachtungen verknüpfte. Schließlich schöpfte Freud aus Märchen, Volksweisheiten und dem gesunden Menschenverstand, der seiner Meinung nach der Wahrheit oft näher war, als die Gebildeten glauben wollten.

Der Krise seiner Zeit begegnete Freud sehr einsichtsvoll: Wir müssen in die Vergangenheit blicken, um die Zukunft erkennen zu können, schien er zu sagen. Hitler und die Nationalsozialisten reagierten auf eine Welt, in der »alles Ständische und Stehende verdampft«, indem sie alles unter die

Herrschaft eines Führers, einer Partei, einer Rasse und einer Nation brachten. Sie wollten die Welt, die in viele unkontrollierbare Teile auseinanderzufliegen schien, einem einzigen großen Willen unterwerfen. Die Österreicher, die an jenen Märztagen anfingen, das Hakenkreuzabzeichen offen zu tragen, damit alle Welt – und vor allem ihre jüdischen Nachbarn – es sehen konnte, hegten viele Hoffnungen. Eine der wichtigsten war sicher jene, von der Welt, die Marx so treffend beschrieben hatte, erlöst zu werden. Sie hofften auf eine Welt tröstlicher, wenn auch brutaler Vereinfachung. Hitler, der am Montag, den 14. März 1938, auf dem Weg nach Wien war, schien vielen der beste Mann zu sein, um die Probleme der modernen Welt zu lösen.

Freud begann nun seinerseits, Vorkehrungen zu treffen. Am Abend, bevor der »Führer« die Stadt erreichen sollte, berief Freud in der Berggasse ein Treffen der Wiener Psychoanalytischen Gesellschaft ein. Er schüttelte jedem einzelnen Mitglied die Hand und sagte schlicht: »Da kann man nichts machen.« Man entschloss sich, die Gesellschaft aufzulösen, hielt sich aber die Möglichkeit offen, sie an jenem Ort wieder neu zu gründen, an dem sich Freud niederlassen würde, vorausgesetzt, er konnte – und wollte – Wien überhaupt verlassen.

Als die Nationalsozialisten 1933 an die Macht gelangt waren, hatten sie, anders als erwartet, das Berliner Psychoanalytische Institut nicht geschlossen, sondern es selbst übernommen. Sie entließen die jüdischen Analytiker und stellten es unter die Leitung eines gewissen M. H. Göring, eines Vetters des späteren Reichmarschalls Hermann Göring. Die Nationalsozialisten, die mit der Psychoanalyse vertraut waren, vertraten im Allgemeinen die Ansicht, dass Freud mit allem, was er sage, durchaus recht habe. Die Psychoanalyse sei tatsächlich eine Wissenschaft. Sie machten nur eine Einschränkung, nämlich dass es sich dabei um eine jüdische Wissenschaft handele, was nicht nur bedeute, dass sie von einem Juden entwickelt worden sei, sondern dass ihre Entdeckungen auch allein auf Juden zuträfen. Die Juden, so schien es ihnen, waren Menschen, die unter dem Ödipuskomplex litten, deren Unbewusstes gewalttätig und sexuell aufgeladen war und die einen Hang zur infantilen Sexualität hatten. Nur kurze Zeit nach der Übernahme durch die Nazis hielt Carl Gustav Jung in dem neuen Berliner Institut eine Reihe von Vorlesungen, in denen er einige theoretische Betrachtungen zur Einzigartigkeit der arischen Psyche im Gegensatz zur dem, was er als die jüdische Psyche bezeichnete, anstellte. Die arische Psyche habe ein größeres Potenzial als die jüdische, so Jung. Dies sei der Vor- oder Nachteil einer der Barbarei noch nicht ganz entfremdeten Jugendlichkeit. Die theoretische Arbeit des Göring-Instituts sollte darin bestehen, eine umfassende Theorie der arischen Psyche zu entwickeln, da die jüdische Psychologie ja schon so weit entwickelt sei.

Am Nachmittag des 14. März kehrte Adolf Hitler in die große Stadt seiner Jugend zurück. Er fuhr in einem Wagen mit offenem Verdeck, stehend, mit seiner linken Hand an der Windschutzscheibe, während er mit seiner rechten den Gruß der ihm zujubelnden Menschenmassen erwiderte. Vor fast jedem größeren Gebäude wehte die deutsche Fahne. Überall waren Hakenkreuze zu sehen und die Menschenmenge kreischte. Doch Hitler war nicht recht bei der Sache. Er vermittelte den Eindruck, als nehme er die Menschen gar nicht wirklich wahr. Es schien, als grüße er nur halbherzig und flüchtig, während er sich an der Scheibe festhielt.

Erstaunlich ist dabei aber, wie gänzlich ungeschützt sich der »Führer« der Menschenmenge und möglichen Attentätern aussetzte. Hitler bewegte sich mit geradezu schlafwandlerischer Sicherheit, offenbar in der Gewissheit, dass niemand in Wien ihm übelwollte.

Hitlers Wagen hielt vor dem Hotel »Imperial«. Damals im Männerwohnheim hatte er oft geträumt, dieses Hotel zu betreten. Nun war es mit einem riesigen roten Banner geschmückt, das ein Hakenkreuz zierte. Selbst dann noch, als Hitler im Hotel verschwunden war und sich in die Königssuite begeben hatte, blieben die Menschen davor stehen und riefen unaufhörlich: »Nach Hause gehen wir nicht, bevor der Führer spricht!« Die Menge sang bis zum Einbruch der Nacht, und Hitler zeigte sich immer wieder auf seinem Balkon.

Am späten Abend erging er sich in Erinnerungen an die Gefühle, die das Hotel »Imperial« vor dreißig Jahren in ihm ausgelöst hatte. Er verfiel in einen seiner erstaunlichen, nicht enden wollenden Monologe. Hitler, wie es eine Figur in einem Roman von Don DeLillo formuliert, »nannte sich einen einsamen Wanderer aus dem Nichts. Er lutschte Brustpastillen, sprach zu Menschen in endlosen Monologen, frei assoziierend, als fließe die Sprache aus einer Unermeßlichkeit jenseits der Welt und er sei nur das Medium der Offenbarungen.«

»Ich konnte die hellen Lampen und Kronleuchter in der Halle sehen«, erzählte Hitler seinen Begleitern, »aber ich wußte, daß ich nicht hineingehen durfte. Eines Nachts hatten sich auf der Straße hohe Schneewehen aufgetürmt, und ich konnte mit Schneeräumen ein wenig Geld verdienen. Ironischerweise mußten die fünf oder sechs Männer, zu denen auch ich gehörte, die Straße und den Bürgersteig vor dem Hotel Imperial freischaufeln.« An diesem Abend gaben dort Angehörige der kaiserlichen Familie, der Habsburger, eine Gesellschaft, und Hitler erinnerte sich gut an sie. »Ich sah Karl und Zita aus der kaiserlichen Karosse steigen und über den roten Teppich würdig in das Hotel schreiten. Wir armen Teufel schaufelten den Schnee zur Seite und nahmen jedesmal, wenn irgendwelche adeligen Gäste eintrafen, die Mützen ab. Sie sahen sich nicht einmal nach uns um, und trotzdem ich rieche immer noch das Parfum, das uns in die Nasen wehte. Wir bedeuteten für sie oder für Wien nicht mehr als der Schnee, der die ganze Nacht herabrieselte; und das Hotel war nicht einmal so anständig, uns eine Tasse Kaffee herauszuschicken.« Die von drinnen kommende, fröhliche Musik trieb ihm nicht nur die Tränen in die Augen, sondern schürte auch seinen Groll über die ihm widerfahrende Ungerechtigkeit. »In jener Nacht habe ich beschlossen, eines Tages in das Hotel Imperial zurückzukehren und über den roten Teppich in das erleuchtete Innere zu gehen, wo die Habsburger tanzten. Ich wußte nicht, wie und wann das geschehen würde. Aber ich habe auf diesen Tag gewartet, und heute abend bin ich hier.«

Am nächsten Tag, dem 15. März, den Freud in trauriger Erinnerung behalten sollte, erwachte Hitler ohne die Magenkrämpfe, die ihn in Linz geplagt hatten. Er hatte einen empfindlichen Verdauungsapparat, und ungewohnte Nahrung konnte ihm übel mitspielen. Am Nachmittag versammelten sich zweihundertfünfzigtausend Wiener auf dem Heldenplatz, und Hitler verkündete in überschwänglichen Worten, dass Österreich nun Teil des Deutschen Reiches sei und von nun an Ostmark heißen werde. Die älteste Ostmark des deutschen Volkes solle von nun an das jüngste Bollwerk der deutschen Nation werden. Schließlich gratulierte er sich vor der riesigen Menschenmenge selbst: »Als der Führer und Kanzler der deutschen Nation und des Reiches melde ich vor der Geschichte nunmehr den Eintritt meiner Heimat in das Deutsche Reich.«

Die deutschen Truppen hatten kaum die österreichische Grenze überschritten, als in Wien schon die ersten Juden Überfällen zum Opfer fielen. Bald wurden sie überall auf den Straßen von SA-Banden aufgehalten, die sie schlugen und demütigten. Die Nazis brachen in jüdische Wohnungen und Geschäfte ein, verprügelten die dort Anwesenden und nahmen sich, was ihnen gefiel. Auf den Straßen brach eine Art von schwarzem Karneval aus, in dem der ganze aufgestaute Rassenhass der letzten Jahrzehnte explodierte. Shirer, der amerikanische Journalist, sah, wie jüdische Bürger, unter dem Gejohle von SA-Leuten und verhöhnt von der Menschenmenge ringsum, auf Händen und Knien rutschend, nationalistische Parolen von den Bürgersteigen schrubben mussten. »Zahlreiche Juden begehen Selbstmord«, berichtete Shirer. Hunderte von jüdischen Männern und Frauen wurden aufgegriffen und gezwungen, für die Nazis Latrinen zu reinigen, oft mit bloßen Händen. SA-Trupps trieben ältere Juden mit weißen Bärten in die Synagogen und zwangen sie, auf Knien »Heil Hitler!« zu rufen.

Der in Schwechat, einem Wiener Vorort, lebende Franz Danimann erinnert sich, was mit den jüdischen Geschäftsleuten in seinem Bezirk passierte. Sie wurden von den Nazis auf die Straße gestoßen, man gab ihnen Zahnbürsten und befahl ihnen, damit den Boden zu putzen. Endlich würden die Juden lernen, was Arbeit sei, sagten die Nazis. »Es waren ans Herz gehende Szenen. Die Opfer, oft ältere Leute und gerade in dieser Situation nicht ohne Würde,

knieten sich hin, um zu tun, was ihnen geheißen wurde.
Trotzdem gelang es ihnen, auch in dieser Situation ihre
Würde zu behalten.«

Danimann, ein Soziademokrat und selber kein Jude,
sprach einen der SA-Leute an und fragte ihn, ob er sich
nicht für sein Verhalten schäme. Der SA-Mann antwortete:
»Ah so, das sind deine Freunde? Na komm her, für dich
haben wir auch noch ein Bürsterl. Knie dich gleich daneben
und mach mit!« Danimann sprang auf sein Fahrrad und fuhr
davon. Wenig später wurde er festgenommen; 1942 kam er
nach Auschwitz.

Shirers Frau Tess befand sich zu dieser Zeit im Kranken-
haus, weil sie ein Kind erwartete. Dort traf sie eine jüdische
Frau, die um ihren Schwager trauerte, der am Tag vor Hitlers
Ankunft in Wien Selbstmord begangen hatte. Sie verließ die
Klinik in Trauerkleidung, das Kind an sich gepresst. Eine
andere Frau, die ebenfalls kurz vor der Entbindung stand,
erfuhr, dass die Nazis das Geschäft ihres Ehemanns beschlagnahmt und ihre gemeinsame Wohnung geplündert hatten.
»Nun fürchtet sie, daß der Ehemann getötet oder verhaftet
wird«, erzählte Tess Shirer, »und weint die ganze Nacht.«

Ein paar Tage zuvor waren Shirer und sein Kollege
Edward R. Murrow am späten Abend in eine Bar gegangen,
um noch etwas zu trinken. Sie setzten sich, aber Murrow war
offensichtlich nervös. Er schlug Shirer vor, woanders hinzu-
gehen. »Warum?«, fragte Shirer. »Ich war gestern abend etwa
zur gleichen Zeit hier«, antwortete Murrow. »Ein Mann mit
jüdischem Aussehen stand an der Theke. Nach einer kleinen
Weile zog er ein altmodisches Rasiermesser aus der Tasche
und schnitt sich die Kehle durch.«

Viele Juden versuchten, die Stadt zu verlassen, aber nur
kurze Zeit nachdem die deutschen Truppen die Grenzen

überquert hatten, strömten junge österreichische SA-Leute zu den Bahnhöfen aus und fingen die meisten von ihnen ab. Sie wurden zurück nach Wien geschickt und dort in Gewahrsam genommen. Dann drangen die SA-Leute in die Wohnungen der verhafteten Juden ein und nahmen mit, was sie brauchen konnten. Alles in allem internierten die Nazis in den ersten Tagen nach dem Anschluss 21 000 Menschen in Dachau. Bis zum Ende des Jahres wurden alle bis auf 1500 von ihnen wieder auf freien Fuß gesetzt, doch sie wurden größtenteils bald wieder aufgegriffen und in Konzentrationslager geschickt.

Aus diesen ersten Tagen der Annektierung Österreichs gibt es einige einprägsame Fotografien. Auf einem dieser Bilder ist ein groß gewachsener Mann zu sehen, dessen zugeknöpftes Jackett sich über seinem Bauch spannt. Er trägt Schnürschuhe, eine Bundhose mit Kniestrümpfen und einen leichten Hut und sieht so aus, als würde er gerne bergsteigen und Bier trinken. Sein Gesicht zeigt einen Ausdruck äußersten Widerwillens, so, als betrachte er sich als eine Art Aufseher, der die Ausführung einer wichtigen, aber widerlichen Aufgabe überwachen muss. Hinter dem Mann zu seiner Rechten steht eine kleine Gruppe von Schaulustigen, die beifällig zusehen. Ein etwa zehn Jahre alter Junge, das Gesicht der Hauswand zugewandt, kniet vor dem Mann. Die geschmeidige Haltung des Jungen, der ein Knie geradezu anmutig nach außen dreht, steht in deutlichem Kontrast zu der Schwerfälligkeit und steifen Ausstrahlung des Mannes. In seiner linken Hand hält der Junge eine Dose Farbe, in seiner rechten Hand einen Pinsel, womit er auf die Hauswand das Wort »Jude« malt. Es ist die Fassade des Geschäfts seines Vaters, die er auf Geheiß des unbeweglich dastehenden Mannes anstreicht, damit jedermann weiß, dass dies ein jüdischer Laden ist, und ihn deshalb meidet. Ein anderes Bild: eine Menschenmenge in einer Rangelei mit der Polizei. Die Polizisten haben sich untergehakt, um einen Kordon zu bilden. Sie werden von der Masse bedrängt und können nur mühsam die Ordnung aufrechterhalten. Die Polizisten sind gut ausstaffiert, sie tragen Reitstiefel und schneidige Militärkäppis. Einer von ihnen lenkt sie, so gut er kann. In vorderster Front der Menschenmenge stehen hauptsächlich Frauen. Einige lächeln, manche lachen, andere scheinen geradezu ekstatisch zu sein. Ganz offensichtlich tun die Polizisten nur so, als missbilligten sie die Begeisterung der Menge, in Wirklichkeit genießen sie diese und spielen bloß die Rolle der Staatsgewalt, da sie genauso fröhlich und erregt sind wie die Masse der Menschen. Hinter ihnen hängt eine etwa sechs Meter lange Hakenkreuzfahne an einem Laternenpfahl. Die Menschen warten auf Hitler und seine Ansprache. Ihre Begeisterung und gespielte Aufsässigkeit ist dieselbe, die dreißig Jahre später, in einer anderen Welt, junge Leute bei Rockkonzerten zeigen sollten.

Die Nationalsozialisten warfen jüdische Bürger ins Gefängnis, sie konfiszierten jüdische Geschäfte, die über Generationen hinweg aufgebaut worden waren, sie brachen in Wohnungen ein, warfen ihre Bewohner hinaus und zogen selbst dort ein. Sie beleidigten und bespuckten Mütter und Väter vor den Augen ihrer Kinder. Aber sie setzten die Juden auch kleineren Demütigungen aus, indem sie ihnen zum Beispiel verboten, sich auf bestimmte Parkbänke zu setzen, und schränkten ihre Bewegungsfreiheit ein. Die Nazis waren wie besessen von der Vorstellung von Schmutz und Ansteckung. Sie verlangten, dass die Juden Straßen und Toiletten reinigten, und sie wollten den Kontakt von Juden und Nicht-juden weitgehend unterbinden, damit diese nicht durch jene infiziert würden. Dieser Sauberkeits- und Hygienewahn, der sich in Österreich so gewaltsam Bahn brach, sollte die Nationalsozialisten am Ende vollkommen beherrschen, bis die Juden schließlich nicht mehr nur zu Säuberungsaktio-nen herangezogen wurden, sondern die Welt von den Juden selbst gesäubert werden sollte.

Viele Beobachter waren von den Ereignissen nach dem Anschluss schockiert. Sie hatten sich nicht vorstellen kön-nen, dass es Menschen gäbe, die zu einer solchen Brutalität in der Lage wären. Die Deutschen, so schien es, hatten sich den Antisemitismus viel langsamer zu eigen gemacht. Nach Hitlers Machtübernahme hatte es fünf Jahre gedauert, bis die Deutschen vom Rassenwahn beherrscht waren. Sogar jetzt noch, im März 1938, war es für Juden wahrscheinlich siche-rer, in Berlin zu leben als in Wien. (Ein Beobachter erklärte, dass die Deutschen ausgezeichnete Nationalsozialisten seien, aber sehr schlechte Antisemiten, die Österreicher dagegen zwar keine guten Nazis, dafür aber als Antisemiten unüber-trefflich.) Die Wiener, die angeblich zu den tolerantesten Menschen in ganz Europa zählten, ließen sich innerhalb nur weniger Tage zu fanatischen Gewalttaten gegen die Juden hinreißen. Stefan Zweig, ein Freund von Freud, war von den Märzereignissen entsetzt: »[A]lles, was krankhaft schmut-zige Haßphantasie in vielen Nächten sich orgiastisch ersin-nen, tobte sich am hellen Tage aus.«

Es ist nicht schwer zu verstehen, weshalb Zweig so schockiert war. Die gebildeten Einwohner Wiens waren nicht nur stolz auf die Kultur ihrer Stadt, sie hielten sie auch für ein Zen-trum aufgeklärter Toleranz. In der Stadt lebten Menschen der unterschiedlichsten Volksgruppen zusammen, hier fand man nicht nur Deutsche, sondern auch Tschechen, Slowaken, Polen, Ruthenen, Slowenen, Serbokroaten, Ungarn, Rumänen und Italiener. Gewiss, es gab eine Reihe antisemitischer Schriften mit Geschichten und Karikaturen, die Juden auf eine, gelinde gesagt, geschmacklose Weise darstellten. Von 1897 bis 1910 hatte Wien mit Karl Lueger einen antisemitischen Bürgermeister, den Hitler zutiefst bewunderte und den »gewaltigsten deutschen Bürgermeister aller Zeiten« nannte. (Freud verachtete Lueger und feierte eine seiner politischen Niederlagen mit einer unerlaubten Zigarre.) Dennoch bot das Wien der Jahre vor dem Anschluss, den meisten liberalen Beobachtern zufolge, relativ paradiesische Lebensverhältnisse für die Juden.

Einen Leser von Freuds Schriften hätten die Ereignisse im März 1938 dennoch nicht besonders überrascht. Freud war sich des menschlichen Hangs zum Sadismus genau bewusst und glaubte, dass sogar die scheinbar zivilisiertesten Völker Gewalt- und Vergewaltigungsphantasien nährten. Tief in unserem Herzen sind wir seiner Auffassung nach alle Verbrecher. Als Beweis dafür gelten ihm unsere Träume. Die Kräfte, die unsere beunruhigendsten Träume in Schach halten – das Ich, die Vernunft und die Kultur –, sind zwar mächtig, aber sie werden geschwächt, wenn diese unbewussten Wünsche durch äußere Ereignisse entzündet werden. Was wir nachts träumen, so glaubt Freud, können wir unter bestimmten Umständen in unserem wachen Leben in die Tat umsetzen. In seinen Reflexionen über den Anschluss zeigt er sich verärgert und ungeduldig, manchmal reagiert er mit geradezu schwarzem Humor, aber niemals schockiert. Dafür hatte er das Unbewusste schon viel zu lange erforscht.

Nicht einmal Hitler schien ihn besonders zu überraschen. Es klingt seltsam, ist aber wahr: Freud war stets entrüstet, wenn er an Amerika denken musste, während er Hitler und die Nationalsozialisten oft einfach als Tatsachen des Lebens hinzunehmen schien. Das mag daran liegen, dass er sich als Schriftsteller, Denker und Therapeut ein Vierteljahrhundert lang mit dem Phänomen der Autorität beschäftigt hatte, insbesondere mit jener Art von Autorität, wie sie Hitler verkörperte. Nachdem der Anschluss Österreichs bereits einige Zeit zurücklag, bemerkte Freud gegenüber Arthur Koestler, die Gewalt der Nationalsozialisten sei »ein Abreagieren der von der Zivilisation verdrängten Aggression«. »Etwas von dieser Art war früher oder später unvermeidlich«, meinte er. »Ich bin nicht sicher, ob ich sie von meinem Standpunkt aus tadeln kann.«

Bis 1914 war Freud gebannt von der Frage nach der Funktionsweise des Unbewussten. Er hatte sich mit Träumen, Volksmärchen, Versprechern, Witzen, kindlichen Phantasien und Kunstwerken beschäftigt. Gleichzeitig hatte er sich in verschiedene Fallstudien vertieft. Er hatte die Geschichte des Wolfs- und Rattenmannes erzählt sowie die von Dora, Emma und all den anderen. Freuds Schriften sind durchgehend von einem starken Pessimismus geprägt. Aber seine Ansicht, dass die oft unbeachteten Phänomene des menschlichen Lebens nicht bedeutungslos seien und darin eine gewisse Hoffnung auf die Befreiung von seelischem Elend liege, enthält doch auch ein gewisses Maß an Optimismus. Wenn ein Mensch seine Wünsche besser kenne, müsse er weniger Entsagung von sich fordern und könne auf diese Weise etwas freier werden und zu mehr Ruhe finden. Wir müssen nicht jeden verdrängten Wunsch ausagieren – Freud war viel zu sehr Realist, als dass er das für wünschenswert gehalten hätte. Aber indem wir Worte für unsere tiefsten Wünsche fänden und uns das Verdrängte bewusst machten, könnten wir zu einem höheren Maß an Selbstakzeptanz und damit zu größerer Ausgeglichenheit finden und – wer weiß? – vielleicht sogar von Zeit zu Zeit zu einer Ahnung von Glück. Wo Es war, sagte Freud, solle Ich werden, und deutete damit auf einen Weg zur Selbstfindung, der gewiss nicht zur Erlösung, aber doch zu einem besseren Leben führen kann. Dieser Freud hat, wie Peter Gay scharfsinnig bemerkt, die Welt gelehrt, dass es am Menschen mehr zu verstehen gebe und weniger zu verurteilen, als die meisten gedacht hätten.

Von einem solchen Optimismus finden sich nach 1914 allerdings immer weniger Spuren in Freuds Werk, denn dieser war inzwischen, wie er glaubte, auf ein grundsätzliches Problem im menschlichen Leben gestoßen: das Problem der Autorität. Freud war zu der Überzeugung gekommen, die Menschen seien nach Autorität, bisweilen sogar nach zerstörerischer Autorität, geradezu süchtig. Seltsamerweise sei es häufig unser stärkster Wunsch, eine Autoritätsfigur zu finden, die uns völlig beherrsche. Wir wollen beherrscht werden, wollen uns unterwerfen.

Die Sehnsucht nach einem Führer offenbarte sich Freud in verschiedenen Erfahrungsbereichen, aber nirgends so mächtig und gefährlich wie im Bereich der Politik. 1921, als Hitlers politische Karriere gerade begann, veröffentlichte Freud die Studie *Massenpsychologie und Ich-Analyse*, eine Untersuchung des Verhaltens von Massen, die sich vor allem auf die Rolle des Führers konzentriert. Danach sieht sich der Einzelne einer verstörenden, undurchschaubaren und manchmal chaotischen Welt gegenüber, in der alles, was Bestand zu haben schien, sich in Luft auflöst. Werte, wenn es sie überhaupt gibt, verändern sich ständig. Dann aber taucht plötzlich der Führer auf, dem alle Ungewissheit fremd zu sein scheint. »Seine intellektuellen Akte waren auch in der Vereinzelung stark und unabhängig«, schrieb Freud, »sein Wille bedurfte nicht der Bekräftigung durch den anderer.« Während andere von Zweifeln erschüttert werden, ist sich der Führer der absoluten Richtigkeit seiner Vision bewusst. Sein Ich hat nur wenige Gefühlsbindungen; er liebt nur sich selbst und schenkt anderen bloß ein Minimum an Zuneigung und Anerkennung. »Noch heute«, fuhr Freud fort, »bedürfen die Massenindividuen der Vorspiegelung, daß sie in gleicher und gerechter Weise vom Führer geliebt werden, aber der Führer selbst braucht niemand anderen zu lieben, er darf von Herrennatur sein, absolut narzißtisch, aber selbstsicher und selbständig. Wir wissen, daß die Liebe den Narzißmus eindämmt.«

Indem Freud die zentrale Rolle des Führers und den dynamischen Charakter seiner Beziehung zur Masse hervorhob, radikalisierte er die Thesen seines Vorgängers Gustav Le Bon, die laut Freud die Macht des kollektiven Bewusstseins an und für sich selbst überbetont hatten. Wenn sich eine Masse bilde, so hatte Le Bon geglaubt, entstehe ein besonderes Bewusstsein, das sich vom individuellen Bewusstsein unterscheide, jedoch nicht durch die Anwesenheit des Führers bestimmt sei. Freud zufolge können Massen alleine durchaus gefährlich werden. Wie zwei seiner Lieblingsschriftsteller, Charles Dickens und Mark Twain, stand er ihnen misstrauisch gegenüber. Er behauptete jedoch, dass Massen nur dann langfristig eine tödliche Bedrohung darstellten, wenn in ihnen eine bestimmte Persönlichkeit die Rolle des Führers übernehme und sie auf eine unnachgiebige und gleichzeitig großzügige Weise lenke.

Freuds Charakterisierung des Führers nimmt auf unheimliche Weise vorweg, wie Hitler ab den zwanziger Jahren von seinen Anhängern beschrieben werden sollte. Hier war endlich ein Politiker mit einer kompromisslosen Weltsicht und einem klaren Programm. Er wusste, wen und was er hasste: die Juden, den Versailler Vertrag (den er als »Dolchstoß« bezeichnete) und die Marxisten. Er wusste, was er wollte: die Einigung des deutschen Volkes, eine starke Wehrmacht, die vollständige Unterwerfung der Menschen durch den Staat und ein Weltreich. Nur dann könne Deutschland zu sich selbst finden, so meinte er, wenn es zu einem großen Führer aufblicke, in dem es den erhabenen Ausdruck seines Willens fände. Er sei dieser Führer, ihn habe die Vorsehung dazu auserwählt. Ein solcher Führer müsse nicht von Mal zu Mal das Volk oder seine gewählten Stellvertreter befragen. Nein, sein Verhältnis zu den Menschen sei ein nahezu mystisches, da er selbst ihren Willen und ihre höchsten Ziele verkörpere, ob ihnen diese Zielen nun bewusst seien oder nicht. Für Hitler gab es keine Zweifel; er kannte die Wahrheit und verkündete sie mit absoluter Gewissheit.

Gleichzeitig war Hitler natürlich eine lächerliche Figur. Der Mann, der mit so viel Inbrunst das Ideal des Ariers beschwor, war selbst klein von Statur, dunkelhaarig, unscheinbar und trug einen grotesken Oberlippenbart. Er sprach in abgehackten Sätzen, und wenn er etwas schrieb, war es voller Rechtschreibfehler und grammatikalischer Mängel. Seine Vorstellung von einem guten Leben bestand darin, mit seinen Lakaien beim Essen zu sitzen, süße Kuchen zu verzehren und sich über seine Lieblingsthemen auszulassen: seine Kriegserlebnisse und die Treue von Hunden. Am Abend sah er sich Operettenverfilmungen an und danach sprach er wieder über seine Kriegserlebnisse und pries die

Treue von Hunden. Privat konnte er erstaunlich emotional sein – er neigte zum Weinen – und war sich seiner Sache oft nicht sicher. Doch wenn nötig, spielte Hitler die von Freud beschriebene Rolle des Mannes, der die Wahrheit kannte und den keine Zweifel erschüttern konnten, auf unübertreffliche Weise. (Hitlers Biograf John Toland stellt die Vermutung an, dass dieser vielleicht Freuds *Massenpsychologie* gelesen und sich ihrer als Handbuch für seine Auftritte bedient habe. Dafür gibt es jedoch keinerlei überzeugende Beweise, genauso wie es keine wirklichen Beweise dafür gibt, dass Hitler jemals intellektuell anspruchsvolle Bücher gelesen beziehungsweise verstanden hätte. Er behauptete zwar, Schopenhauer zu bewundern, hatte jedoch von dessen Werk *Die Welt als Wille und Vorstellung* so gut wie nichts begriffen.) Vor allem junge Menschen und Frauen fühlten sich von Hitler in besonderer Weise angezogen. Wenn sie ihm zuhörten, so hatten sie, wie Goebbels bemerkte, offenbar das Gefühl, es sei ein neuer Messias erschienen.

Am selben Tag, als Hitler zu den Wiener Bürgern sprach und ihnen und der Welt verkündete, er habe Österreich ins Reich heimgeholt, drang eine Bande von Nazis in den Internationalen Psychoanalytischen Verlag ein, der Freuds Bücher veröffentlichte. Er befand sich in der Berggasse 7, nur wenige Häuser von Freuds Wohnung entfernt. Als die Nazis kamen, war Freuds Sohn Martin, ein Rechtsanwalt, bereits dort. Er versuchte, wichtige Unterlagen wegzuschaffen, die unter anderem belegten, dass Freud wie andere Wiener Juden auch Geld auf ausländischen Konten deponiert hatte, was inzwischen als illegal galt. Wenn die Nazis dies entdeckten, würden sie das Vermögen gewiss konfiszieren und vielleicht sogar Freud und seine Familie verhaften.

Martin war noch nicht lange im Verlag, als eine Gruppe von etwa zehn Mann hereinstürmte. Sie waren schäbig gekleidet, nicht in Uniform, aber bewaffnet. Fast alle trugen Gewehre, bis auf einen kleinen, erschöpft wirkenden Mann, der mit einer gezogenen Pistole den Raum betrat. Als Martin sich weigerte, ihnen bei ihrem Treiben behilflich zu sein, drückte ihm dieser Mann die Pistole in den Bauch und sagte: »Warum erschießen wir ihn nicht und sind so fertig mit ihm? Wir sollten ihn auf der Stelle erschießen.« Schnell öffneten die Nazis den Safe, leerten seinen Inhalt auf den Tisch und begannen darin herumzuwühlen.

Es war eine gefährliche, aber auch ziemlich groteske Situation. Die Männer, die Martin Freud da gegenüberstanden, waren offenbar keine überzeugten oder gar fanatischen Nationalsozialisten, sondern antisemitische Schlägertypen, die aus der überall in Wien herrschenden Verwirrung größtmöglichen Gewinn für sich ziehen wollten. Die Jagd nach Juden und jüdischem Eigentum war eröffnet und dabei wollten sie nicht leer ausgehen. Irgendwann bat Martin die Männer um eine Tasse Tee. Nach kurzer Beratung einigten sie sich darauf. sie ihm schließlich zuzugestehen unter der Voraussetzung, dass er Tasse und Untertasse hinterher selbst abspüle. Martin schlug vor, dass der Hausmeister den Abwasch besorgen solle. »Es folgte eine weitere Diskussion. Sie waren dann einverstanden, weil der Hausmeister (der ohne Zögern sofort ein Nazi geworden war) ja noch in meinen Diensten stand; und so bekam ich meine Tasse Tee.«

Plötzlich trat Ernest Jones ins Büro. Sobald er vom Anschluss gehört hatte, war er von London nach Wien geflogen und in den Verlag geeilt, um herauszufinden, was er tun konnte. Wie er schnell einsehen musste, konnte er gar nichts tun, da die Männer nicht auf ihn hörten. So verließ er den Verlag wieder, um »sich an eine verantwortliche Nazipersönlichkeit zu wenden«, wie Martin Freud es optimistisch formuliert.

Am frühen Nachmittag ließ man Martin Freud dann allein mit einem der Nazis als Bewacher zurück, einem melancholisch wirkenden Mann mittleren Alters, der aussah wie ein arbeitsloser Oberkellner. Dieser erzählte ihm von der Härte und den Entbehrungen, die er in den letzten Jahren zu erleiden gehabt hatte. Es wurde Martin schnell klar, dass er hauptsächlich eines wollte, nämlich Geld. Martin gab ihm das, was sich in seinen Taschen befand, einige Goldmünzen und ein Bündel von Geldscheinen. Der Mann war so dankbar, dass er Martin mehrfach gestattete, die Toilette aufzusuchen. Der Weg dorthin führte Martin durch einen Flur an den Dokumenten vorbei, die er hatte vernichten wollen. Bei jedem Gang zur Toilette gelang es ihm, einige der Papiere zu zerreißen und hinunterzuspülen.

Wie sich später herausstellte, wohnte auf der anderen Straßenseite des Verlags ein Nazi, der die Vorgänge dort genau beobachtete. Er sah, wie sich die anderen Männer wieder in das Zimmer schlichen, um die auf dem Tisch liegenden Goldmünzen und Geldscheine an sich zu nehmen, sobald Martin und sein Bewacher hinausgingen. Das war eine Schande für die Partei und durfte nicht geduldet werden. Der empörte Nazi alarmierte die Parteizentrale, und nach einiger Zeit eilte der Bezirksleiter des SA-Hauptquartiers in den Verlag. »Jung und aufrecht, strahlte er eine Autorität aus, die eine sofortige Wirkung auf den lärmenden Haufen zeigte, der mich so lange geplagt hatte«, erinnert sich Martin Freud. »Sie traten auf sein scharfes Kommando hin an. Nachdem er ein oder zwei Männern befohlen hatte, dazubleiben, um das Chaos im Büro aufzuräumen, marschierte der Rest ab.« Martins Bewacher, in dessen Taschen man beim Filzen Martins Geld gefunden hatte, ließ man, in einer Ecke stehend, zurück.

Als die Nazis aufbrachen, traf gerade Anna Freud ein und kam in den Genuss aller Aufmerksamkeiten, die das Reich zu vergeben hatte. Der Bezirksleiter gab Anna und Martin einen Pass, mit dem sie am nächsten Tag in die Parteizentrale gelangen konnten, ohne auf dem Weg dorthin aufgehalten und belästigt zu werden. Zuletzt schickte er den melancholischen Oberkellner weg, dem er sein Gewehr, nicht aber das Geld zurückgab, das dieser von Martin bekommen hatte.

Die Geschehnisse dieses Nachmittags hatten, wie schon gesagt, etwas von einer absurden Komödie, sie hätten aber leicht auch sehr gefährlich werden können. In ganz Wien waren ähnliche Banden unterwegs, die bewaffnet waren und Hakenkreuze trugen. Meistens begingen sie nur Diebstahl, doch es wurden auch einige Juden verprügelt und manche sogar ermordet. Und all dies war nur das Vorspiel.

Als Freud am Abend erfuhr, dass man Martin bedroht hatte, war er gewiss beunruhigt. Aber der Gedanke, dass auch seine Tochter Anna in Gefahr gewesen war, muss für ihn geradezu unerträglich gewesen sein.

Freud liebte Anna in einem fast unbeschreiblichen Maß. Sie war seine Cordelia und, wie er oftmals sagte, auch seine Antigone. Anna war sein großer Trost im hohen Alter und ebenso seine Hoffnung für die Zukunft. Zwar wollte Freud keineswegs ewig leben, im Gegenteil, er war müde und krank und schien bisweilen durchaus bereit, diese Welt zu verlassen. Doch er wollte in der Überzeugung scheiden, dass die von ihm gegründete Bewegung Bestand haben werde. Von der Fortsetzung seines Werks geradezu besessen, war er zuletzt zu der Ansicht gelangt, dass vielleicht Anna diejenige sei, die am meisten dafür tun konnte.

Die Wertschätzung für sein jüngstes Kind war nicht immer so groß gewesen. Anna war weder hübsch noch frühreif, aber sie war pflichtbewusst, nachdenklich und gründlich. In der Arbeit zeigte sie sich, ähnlich wie Freud, als äußerst leistungsfähig. Mit der Zeit wurde ihm klar, dass Anna das, was ihr an schneller Auffassungsgabe fehlte, durch ein tiefer gehendes Verständnis wettmachte. Sie versenkte sich in sein Werk und seine Welt. Schon als junges Mädchen hatte sie den Seminaren beigewohnt, die Freud für seine Schüler in der Berggasse gab, und war bald so vertraut mit seinem Denken wie seine anderen Anhänger. Man kann nicht sagen, dass sie jemals ein kreatives Verhältnis zu Freuds Weltbild gehabt hätte. Sie nahm es ganz in sich auf und machte sich seine Begriffe zu eigen. Dass das Gedankengebäude des Vaters in irgendeiner Hinsicht revisions- oder entwicklungsbedürftig sein könne, scheint ihr nie in den Sinn gekommen zu sein.

Die unbedingte Autorität, die Freud Anna gegenüber besaß, hatte er sich zum Teil dadurch erworben, dass er sie selbst analysierte. Im Rückblick auf ihre Analyse sagte Anna, ihr Vater habe ihr nie gestattet, sich mit Halbheiten zu begnügen. Er nötigte sie, stets die ganze Wahrheit zu sagen, auch was ihr Liebesleben anging. Sie ließ ihn an ihren sexuellen Phantasien teilhaben und berichtete ihm von ihren Erfahrungen mit Masturbation, was sich Freud mit dem ihm eigentümlichen Gleichmut anhörte. Dafür, dass er sie analysierte, war Anna ihm dankbar und sie fühlte sich ihm deshalb noch stärker verbunden als zuvor. Von da an erwies sich Freud seiner Tochter gegenüber als extrem fürsorglich, vor allem was Fragen der Sexualität betraf. Sogar dann noch, als Anna bereits ihr zwanzigstes Lebensjahr erreicht hatte und

Männer auf sie aufmerksam wurden (einschließlich Ernest Jones, ein notorischer Frauenheld), verkündete Freud ständig, dass sie zu jung sei und auf keinen Fall schon so weit, ihre Familie zu verlassen. Als Anna einmal während ihrer Analyse in Ferien fuhr, schrieb Freud an Lou Andreas-Salomé:»Ich bedaure sie längst, daß sie noch im Hause bei den Alten sitzt..., aber andererseits, wenn sie wirklich fortginge, würde ich mich so verarmt fühlen wie z. B. jetzt, wie wenn ich das Rauchen aufgeben müßte.«

Neben der zu ihrem Vater war Annas engste Beziehung die zu Dorothy Burlingham, einer Amerikanerin, die 1925 nach Wien gekommen war, wo sie zunächst von Theodor Reik und dann von Freud selbst analysiert wurde. Sie ließ auch ihre vier Kinder analysieren und war von dem Ergebnis so beeindruckt, dass sie sich selbst zu einer Kinderanalytikerin ausbilden ließ. Dorothy Burlingham hing sehr an der Familie Freud und besonders an Anna. 1927 reisten die beiden gemeinsam durch Italien. So nahe Dorothy Anna aber auch kam und so dauerhaft ihre Freundschaft war, so sicher ist es dennoch, dass die beiden keine sexuelle Beziehung hatten. Anna gehörte allein ihrem Vater.

Spätestens seit 1938 hatte Anna in Freuds Leben gewissermaßen die Rolle ihrer Mutter übernommen. Sie kümmerte sich um Freud, besorgte seine Medikamente, half ihm, seine Kieferprothese herauszunehmen und zu reinigen, und tat alles, damit er sich wohlfühlte. Außerdem gab Anna ihm intellektuellen Rückhalt, da er mit ihr wie mit nur wenigen anderen über seine Ideen sprechen konnte. Freud nahm ihre tatkräftige Unterstützung bei seinen alltäglichen Verrichtungen gerne in Anspruch, aber er holte sich bei ihr auch Rat in theoretischen Fragen. Anna war zu seiner großen Stütze geworden. An seinen Sohn Ernst, der als Architekt in London lebte, schrieb er zwei Monate nach dem Anschluss: »Anna ist ausgezeichnet in Stimmung, Leistung und in allen menschlichen Beziehungen. Es ist erstaunlich, zu welcher Klarheit und Selbständigkeit sich ihre wissenschaftliche Arbeit entwickelt hat. Wenn sie mehr Ehrgeiz hätte … aber vielleicht ist es besser so für ihr späteres Leben.«

Freud liebte seine Tochter um ihrer selbst willen und für das, was sie ihm täglich gab, aber sein enges Verhältnis zu ihr hatte auch eine pragmatische Seite: Freuds Genie bestand unter anderem darin, zu wissen, dass es nicht ausreichte, Genie zu besitzen. Er hatte eine umfassende und großartige Vision davon, was das menschliche Leben ausmachte und, zumindest indirekt, wie es gelebt werden könnte, doch das hatten andere auch. Deshalb stellte sich die dringliche Aufgabe, dafür zu sorgen, dass diese Vision Bestand hatte. In der jüngeren deutschen Geistesgeschichte konnte Freud auf zwei Denker zurückblicken – Schopenhauer und Nietzsche – deren Leistungen mit seiner eigenen vergleichbar waren, ja, die beide vielleicht noch origineller gewesen waren als er selbst. Aber würden die Ergebnisse ihrer Arbeit weiterleben? Beide hatten der Universität früh den Rücken gekehrt und keiner von beiden hatte eine Schule begründet oder eine bedeutende Anzahl von Schülern gehabt, die sicherstellten, dass ihre Ideen sie überlebten. Diesen Fehler wollte Freud nicht begehen.

Seit mindestens dreißig Jahren war Freud bereits auf der Suche nach geistigen Erben, jungen Männern wenn möglich, die sich ganz für seine Sachen engagieren und sein Vermächtnis fortsetzen würden. Er versammelte begabte Persönlichkeiten um sich wie Karl Abraham, Sándor Ferenczi und Carl Gustav Jung. Er ließ sie an seinem Tisch Platz nehmen, an dessen Kopfende er selbst saß, wie ein von seinen Rittern umgebener Monarch. Später schenkte er einigen von ihnen einen Ring als Zeichen ihrer Gemeinschaft. Er nannte sie seine Söhne. (Seine wirklichen Söhne waren, wie Freud zugeben musste, solide und vernünftige junge Männer, doch fehlte ihnen die Art der intellektuellen Begabung, wie er sie schätzte.) Freud verhielt sich mit anderen Worten ein wenig so wie der von ihm in *Totem und Tabu* beschriebene Urvater und er war dem auratischen Führer, den er in seiner *Massenpsychologie* charakterisiert hatte, nicht ganz unähnlich. Er hatte das Kommando über eine Horde von Ersatzsöhnen. Was er in *Totem und Tabu* über die Dynamik der Stammesautorität gesagt hatte, erwies sich also auch in der angeblich zivilisierten Welt Wiens als wahr oder fast wahr.

In *Totem und Tabu* erreicht die Stammesgeschichte ihren Höhepunkt, wenn sich die Söhne erheben, den Vater töten und dann verzehren, da sie glauben, er besitze magische Kräfte, die sie sich einverleiben wollen. Die Schuldgefühle, die ihre Tat erzeugt, veranlasst sie jedoch dazu, sein Bild zu idealisieren und ihn in späterer Zeit wie einen Gott zu verehren. Auf diese Weise begründen sie die Religion. Man könnte das Buch als eine einigermaßen melodramatische Beschreibung der Dynamik von Freuds eigenem Verlangen nach Autorität lesen. Freud gelang es in der Tat, seine ›Adoptivsöhne‹ in seinen Bann zu ziehen, und zwar nicht allein durch seine Originalität und die Brillanz seines Intellekts, sondern auch durch seine Bereitschaft, die Rolle des Patriarchen zu spielen. Schließlich rebellierten die Söhne, zumindest die talentiertesten unter ihnen. Jung, der »Kronprinz«, war der hoffnungsvollste Erbe und zugleich der rebellischste, denn er beanspruchte, ein selbstständiger Denker zu sein. Er widersprach Freud in vielen Fragen, besonders aber im

Hinblick auf die Natur des Unbewussten. Nach Jungs Auffassung war das Unbewusste nicht der Sitz verdrängter und gefährlicher Wünsche, sondern ein Hort kollektiver Weisheit und die Quelle der Mythologie, die dem Einzelnen helfen konnten, sich von der Unterdrückung seines Gefühlslebens zu befreien.

Dass Jung, der sein ganzes Wissen Freud verdankte, verkündete, das Unbewusste sei vernünftiger und kreativer als das Bewusstsein, muss Freud als großen Affront empfunden haben. Man sehe sich doch bitte an, was auf den Straßen Wiens vor sich gehe, wo sich das Unbewusste austobe, ohne von einer vernünftigen Autorität gezügelt zu werden, mag er sich in jenen Märzwochen gedacht haben. Auch noch viele Jahre nach dem Bruch mit Jung setzte er sich gedanklich viel mit dessen Thesen auseinander.

Tatsächlich konnte Freud es nicht gut ertragen, wenn seine Anhänger in theoretischen Fragen anderer Meinung waren als er. Es wird erzählt, ein Schüler habe einmal in einem Seminar eine These Freuds in Frage gestellt. Als Freud den Einwand zurückwies, habe der Schüler erwidert, dass ein Zwerg, der auf den Schultern eines Riesen sitze, doch weiter sähe als dieser selbst. Das möge wohl stimmen, habe der Begründer der Psychoanalyse aufgebracht geantwortet, aber auf eine Laus auf dem Kopf eines Astronomen treffe dies nicht zu.

Carl Gustav Jung war ein kreativer Kopf, ein Visionär und Mystiker, der Freud in gleichem Maße beeindruckte und beunruhigte. Indem er mit Jung brach und sich für Anna als Verwalterin seines Vermächtnisses entschied, nahm Freud einen signifikanten Richtungswechsel vor. Er entschied sich für die Vorsicht und gegen die Phantasie, für Kontinuität und gegen kreative Veränderung. Der Titel von Anna Freuds bekanntestem Buch *Das Ich und die Abwehrmechanismen* ist sehr treffend, denn Anna wurde immer mehr zu einem Abwehrmechanismus, und zwar nicht allein für Freuds Ich, sondern für sein gesamtes Erbe.

Mit der Zeit sollte sie dem Werk ihres Vaters, das mitunter fast ebenso spekulativ und kühn war wie manches von dem, was Jung geschrieben hatte, die Form einer in sich geschlossenen, stabilen und vernünftigen Lehre geben. Freud liebte Anna um ihrer selbst willen; er wünschte sich leidenschaftlich, dass sie glücklich würde, so viel ist gewiss. Aber er liebte in ihr auch die Garantin für die einzige Unsterblichkeit, an die er, der erklärtermaßen gottlose Jude, glauben konnte.

Noch am selben Tag erschien abermals eine Gruppe Nazis in der Berggasse, diesmal an der Wohnungstür der Familie Freud, wo sie auf Martha trafen. Martha musterte sie von oben bis unten, trat dann zur Seite und ließ die Männer in die Wohnung. Als eine gute Wiener Hausfrau fragte sie die Eintretenden höflich, ob sie nicht lieber ihre Gewehre im Schirmständer an der Tür abstellen wollten, was diese aber ablehnten.

Als die Nazis an jenem Märztag in der Berggasse eintrafen, hielt sich Freud im hinteren Teil der Wohnung, in seinem privaten Reich, auf. Um wieder zu Kräften zu kommen, lag er nun selber häufig auf seiner berühmten Couch, abgestützt durch ein halbes Dutzend Kissen, unter ihm ein schwerer, prächtig gewebter orientalischer Teppich. An der Wand hing ein zweiter Teppich, der Freud, dem Konvaleszenten, das gab, was er für gewöhnlich seinen Patienten geben sollte: das Gefühl von Wärme und Geborgenheit. Vor der Couch brannte ein kleiner Kachelofen, um die Kälte des Wiener

Winters abzuwehren. Neben dem Ofen saß, schnarchend oder hechelnd, Freuds geliebter Hund Lün, ein Chow-Chow, und erfüllte die Luft mit ihrem eindringlichen Hundegeruch.

Freud war umgeben von seiner umfangreichen Antiquitätensammlung und von Gegenständen, die bedeutenden Kulturen der Vergangenheit Tribut zollten. Über seinem Kopf hing eine große, farbige Abbildung des Felsentempels von Ramses II. bei Abu Simbel. Rechts neben der Couch, unmittelbar hinter ihm in der Ecke, stand ein römischer Porträtkopf, über dem zwei Fragmente pompejanischer Wandmalereien hingen. Auf der einen war ein Zentaur zu sehen, auf der anderen der große Gott Pan. Links von der Couch gab es weitere Bilder, unter anderem eine Reproduktion des berühmten Gemäldes von Ingres, auf dem Ödipus die Sphinx befragt. Zu Freuds fünfzigstem Geburtstag hatten ihm seine Schüler ein Medaillon geschenkt, auf dem er statt Ödipus die Befragung vornimmt.

Blickte Freud nach rechts, sah er ein Regal voll mit Antiquitäten, kleinen Statuen, Büsten und Vasen aus dem alten Ägypten, Griechenland und Rom sowie aus China und Indien. Freud besaß mehr als zweitausend solcher Sammlerstücke und sie waren überall in seinen Zimmern aufgestellt, sogar auf dem Boden.

Auf dem Regal standen ein großes chinesisches Kamel aus der Zeit der Tang-Dynastie, eine klassische griechische Büste aus Terrakotta und mehrere Buddhastatuen aus dem Fernen Osten. Links im Regal stand eine Statue der ägyptischen Kriegsgöttin Neith, die Freud besonders faszinierte. All die Antiquitäten, vor allem die berühmte Couch, mit der man wie auf einer Barkasse die Reise durch ferne spirituelle Reiche antrat, ließen das Behandlungszimmer wie die Höhle eines Schamanen aussehen. Es war ein mystischer Raum, heimgesucht von der Vergangenheit und erfüllt von dem Versprechen, dass einem hier die Augen geöffnet würden.

Neben dem Behandlungs- lag das Arbeitszimmer, in dem Freud seine Bücher und Aufsätze schrieb und oft bis zum späten Abend Besucher empfing. In diesem Raum, der ebenfalls von Antiquitäten überquoll, war Freuds Bibliothek untergebracht. Sie umfasste etwa zweitausendfünfhundert Bände, und zwar nicht nur deutsche und englische Werke (Freuds Englisch war ausgezeichnet), sondern auch italienische, französische und spanische. Die Bücher behandelten alle möglichen Themen, einschließlich religiöser, ethnologischer und historischer Fragen. Daneben gab es eine Vielzahl literarischer Werke, zum Beispiel von Goethe und Schiller, deren Stil er sehr bewunderte, aber auch von Shakespeare, Milton und Mark Twain. Freud hatte außerdem eine große Anzahl von Büchern über Archäologie gesammelt – eine Wissenschaft, für die er sich leidenschaftlich interessierte. Er habe mehr archäologische Studien gelesen als psychologische Werke, sagte Freud einmal, und das ist durchaus wahrscheinlich, denn bis es ihm gelang, ihr Feld neu zu erschließen, hatte er keine hohe Meinung von der Psychologie gehabt.

Auf den voll gestopften Bücherregalen hatte Freud die Fotografien von einigen der Frauen aufgestellt, die in seinem Leben wichtig waren. Nach der Geburt ihres letzten Kindes Anna schliefen Freud und Martha nicht mehr miteinander. Freud huldigte von da an der Enthaltsamkeit, einer Enthaltsamkeit jedoch, die von Eros erfüllt war. Eines der aufgestellten Fotos war das von Lou Andreas-Salomé, der wohl berüchtigsten Frau der europäischen Geisteswelt des 19. Jahrhunderts. Sowohl Rilke als auch Nietzsche hatten Lou den Hof gemacht, und Nietzsche, der im Allgemeinen nicht viel von Frauen hielt, ging so weit, um ihre Hand anzuhalten. Lou wurde schließlich eine Schülerin von Freud und selbst Psychoanalytikerin. Von Prinzessin Bonaparte besaß Freud zwei Fotografien. »Unsere Prinzessin«, wie Freud sie häufig nannte, war eine Nachkommin Napoleons und ebenso wie Lou eine praktizierende Analytikerin geworden. An sie hat Freud seine berühmteste Frage gerichtet: »Die große Frage, die nie beantwortet worden ist und die ich trotz dreißig Jahre langem Forschen in der weiblichen Seele nicht habe beantworten können, ist die: ›Was will das Weib?‹« Die dritte Frau in Freuds erotischem Dreigestirn war die Pariser Sängerin und Schauspielerin Yvette Guilbert, auch sie eine Schönheit, der Toulouse-Lautrec ein berühmtes Porträt widmete. Wenn sie nach Wien kam, versuchte Freud, der gewöhnlich nur selten ausging, stets ihre Konzerte zu besuchen.

Im Zentrum seines Arbeitszimmers stand Freuds Schreibtisch. Daran saß er für gewöhnlich, wenn er den ganzen Tag Patienten empfangen hatte, rauchte seine Zigarren (ohne die konnte er nicht denken) und verfasste seine Aufsätze und Bücher. An dem Tisch stand ein ungewöhnlicher, modernistisch anmutender Stuhl, der wie ein Homunkulus aussah und von Felix Augenfeld eigens für Freud entworfen worden war. Wenn er dort las, pflegte er sein Bein in Korkenziehermanier um den Stuhl zu schrauben.

Auf dem Tisch lag höchstwahrscheinlich das Manuskript von Freuds Buch über Moses, mit dessen Fertigstellung er schon seit Langem kämpfte. Einige Jahre zuvor hatte Freud einen kurzen – und seltsamerweise zunächst anonym veröffentlichten – Aufsatz über Michelangelos Mosesskulptur geschrieben. Der Aufsatz lässt klar erkennen, dass es zwischen Freud und Moses eine wichtige, aber noch ungeklärte

Verbindung gab, die er herausarbeiten wollte. Nun waren ungefähr zwei Drittel des Buches geschrieben, das zu den kühnsten und spekulativsten Werken gehörte, die er jemals in Angriff genommen hatte. Zeit seiner beruflichen Karriere hatte er Dinge gesagt, die die Öffentlichkeit nicht hören wollte, aber keine seiner Veröffentlichungen enthielt so viel Sprengstoff wie dieser Band, den er sich als eine Art von historischem Roman vorstellte. Er fragte sich, ob er dieses seltsame Projekt, das vielleicht so etwas wie die geistige Hinterlassenschaft seiner Psychoanalyse werden konnte, jemals abschließen würde.

Auf der Stirnseite des Tisches standen etwa fünfunddreißig Figurinen, die Freud, wenn er dort saß, wie ein Chor entgegenblickten und vielleicht von all seinen Sammlerstücken diejenigen waren, die er am inspirierendsten fand. Sie waren von unterschiedlicher Größe, manche von der Länge seines Füllfederhalters, andere von der Höhe eines der selten benutzten Weingläser. Freud enthielt sich nämlich jeden Rauschmittels, da er alle Arten von Rausch höchst verdächtig fand, gleichgültig, ob es sich dabei um Alkohol, Religion oder Verliebtheit handelte. In seinem Arbeitszimmer waren die ägyptischen Figuren vorherrschend: Osiris, Isis und Neith. Nur wenige Kulturen gaben so viele Rätsel auf und bargen so schwer zu lösende Geheimnisse wie die ägyptische, was Freuds Interesse im besonderen Maße weckte. Hinter dem Tisch stand eine Urne, ein süditalienischer Glockenkrater aus dem vierten Jahrhundert v. Chr., auf dem der Gott Dionysos abgebildet war. In dieser Art von Weinmischgefäß sollte einmal Freuds Asche aufbewahrt werden.

* * *

79

Als die Nazis an ihrer Tür erschienen, hielt es Martha Freud nicht für nötig, ihren Mann zu rufen. Sie fühlte sich durchaus in der Lage, selbst mit den Eindringlingen fertig zu werden.

Martha und Sigmund waren inzwischen seit über fünfzig Jahren verheiratet. Sie hatte sechs Kinder großgezogen, sie gepflegt, wenn sie krank waren, ihnen durch persönliche Krisen geholfen und daneben in ihrem wohl funktionierenden Haushalt einen Bereich geschaffen, in dem der Professor – so wurde Freud von allen, die ihn kannten und bewunderten, genannt – ungestört seiner intellektuellen Arbeit nachgehen konnte. Martha erledigte ihre Aufgaben planvoll und pünktlich, was in der entspannten Atmosphäre Wiens eher seltene Tugenden waren. In ihrem Haus hielt sie auf Sauberkeit, und die Mahlzeiten ließ sie pünktlich auf die Minute servieren. Sie war als junges Mädchen nicht sonderlich hübsch gewesen, und mittlerweile war sie zu einer farblosen Erscheinung von stämmiger Statur geworden. Den Zweck ihres Daseins sah sie darin, Freuds Werk zu ermöglichen, was aber dieses Werk war, davon hatte sie so gut wie keine Ahnung. Sie las ein wenig zu ihrem Vergnügen, aber nur nach dem Abendessen, wenn sie die Hausarbeit erledigt hatte, und intellektuelle Gespräche führte sie mit ihrem Ehemann nie. Das war die Domäne seiner männlichen Freunde, von Anna und bisweilen auch die von ihrer Schwester Minna, die für solche Dinge geeigneter schien.

Nachdem sie die Nazis gebeten hatte, ihre Gewehre in den Schirmständer zu stellen, forderte sie die Herren höflich auf, Platz zu nehmen, doch auch das lehnten diese ab. Als sie anfingen, die Wohnung zu durchsuchen, ging Martha Freud ihr Haushaltsgeld holen und legte es auf den Tisch. Die Herren mögen sich bedienen, sagte sie, und diesmal taten sie, wie ihnen geheißen. Außerdem nahmen sie die Pässe der gesamten Familie an sich.

Da Martha sah, dass sich die Nazis nicht mit dem Haushaltsgeld zufriedengeben würden, begleitete sie die Männer zum Tresor und entnahm die sich darin befindenden sechstausend Schilling. Die Plünderer machten sich sofort über das Geld her und teilten es auf. Alles schien nach ihrem Plan zu gehen, aber dann, so berichtet Ernest Jones, passierte etwas Unerwartetes.

Aus seinem Sanktum im hinteren Teil der Wohnung kam Sigmund Freud. Gebrechlich, unsicher auf den Beinen und in gebeugter Haltung betrat er den Raum und blickte die Männer an. Besser gesagt, er starrte sie mit jenem durchdringenden Blick an, mit dem er schon oft seine Widersacher verstört hatte. Es war der Blick, mit dem er auf erbitterte Kritik an seinem Werk reagierte und aufflammende Rebellionen seiner Anhänger niederschlug und den er einem Patienten zuwarf, wenn dieser es wagte, nach einer psychoanalytischen Sitzung eine herabsetzende oder entmutigte Bemerkung zu machen. Diesen Blick richtete er nun auf die Nazis, woraufhin die Männer angeblich die Flucht ergriffen haben sollen.

Jones zufolge lag in diesem Blick etwas von einem alttestamentarischen Tadel. Moses mag die Juden ähnlich angesehen haben, als er vom Berg Sinai mit den zehn Geboten zurückkam und sah, wie sie das Goldene Kalb anbeteten. Freud glaubte, die Mosesstatue von Michelangelo stelle den Propheten genau in jenem Augenblick dar. Sie solle Macht symbolisieren, aber nicht die Macht, wie sie sich im Ausbruch des Zorns zeigt, sondern die Macht dessen, der seinen Zorn beherrscht. Nach Freuds Deutung hat der Moses des Michelangelo die Gesetzestafeln nicht zerschlagen. Er stellt vielmehr den Zorn in seiner sublimierten Form dar.

Nachdem die Nazis gegangen waren, erkundigte sich Freud bei Martha, wie viel Geld die Männer genommen hätten. Auf Marthas Auskunft hin bemerkte der nie um eine schlagfertige Erwiderung verlegene Freud:»Meine Güte, ich habe niemals so viel für einen einzelnen Besuch bekommen.«

Unterdessen nahmen sich Freuds amerikanische Freunde seiner an. An dem Tag, als die Nazis seine Wohnung und den Verlag durchsuchten, sandte John Wiley, der Geschäftsträger der amerikanischen Botschaft in Wien, ein Telegramm an Cordell Hull, den amerikanischen Außenminister:»Fürchte Freud trotz Alter und Krankheit in Gefahr.« Er schickte nicht nur einen Durchschlag der Nachricht an William Bullitt, dem Freud bei dem Buch über Wilson geholfen hatte, sondern sprach auch mit Präsident Roosevelt über die Situation. Der Präsident der Vereinigten Staaten erfuhr, dass Marie Bonaparte Freud gerne bei sich in Paris aufnehmen würde, wenn er ein französisches Einreisevisum erhielte. Roosevelt stellte sicher, dass Hull dem amerikanischen Botschafter in Deutschland, Hugh Robert Wilson, eine Nachricht sandte. Sie lautete unter anderem:»Wiley berichtete gestern telegraphisch aus Wien, er fürchte, daß Dr. Freud trotz Alter und Krankheit in Gefahr sei. Der Präsident hat mich angewiesen, Sie zu ersuchen, die Angelegenheit persönlich und informell mit den zuständigen Beamten der deutschen Regierung zu besprechen, und er wünscht, daß Sie die Hoffnung ausdrücken, daß von den zuständigen Behörden Anordnungen getroffen werden, damit Dr. Freud und seine Familie die Genehmigung erhalten, Wien zu verlassen.« Rasch erfuhr Cordell Hull, dass man in Freuds Wohnung eingebrochen war, sein Geld gestohlen und seinen Pass konfisziert hatte, was die Amerikaner dazu veranlasste, ihre Bemühungen noch zu verstärken.

Nicht weniger aktiv als die amerikanischen Diplomaten war Ernest Jones in seinem Bestreben, Freuds Sicherheit während der ersten Tage des Anschlusses zu garantieren. Er war es, der den Verlag aufgesucht hatte, um Martin Freud zu helfen, und er war auch dabei, als die Nazis Hals über Kopf die Berggasse verließen. Neben Anna zeigte sich Ernest Jones wie gesagt als Freuds treuester Schüler. Auf Fotos von ihm ist zu erkennen, was für eine elegante Erscheinung er gewesen ist. Er besaß eine entschlossen wirkende, männliche Physiognomie und die Aura einer beinahe amerikanisch anmutenden Geschäftstüchtigkeit. Früh in seiner Karriere hatte Jones aus England, dem Land seiner Geburt, weggehen müssen, da man ihn des unzüchtigen Verhaltens gegenüber Kindern bezichtigt hatte, die bei ihm in Behandlung waren. Jones hielt dagegen, die Kinder hätten nur ihre eigenen Phantasien auf ihn projiziert. Von England aus ging er nach Toronto, wo er anfing, Vorlesungen über die Psychoanalyse zu halten. 1911 war er an der Gründung der Amerikanischen Psychoanalytischen Vereinigung beteiligt. Zwei Jahre später kehrte er nach England zurück, um dort als Analytiker zu praktizieren.

Niemals hatte Freud einen loyaleren Anhänger als Ernest Jones. Zwar gab es die eine oder andere Frage, in der er nicht mit Freud übereinstimmte, besonders was die weibliche Sexualität betraf, dennoch huldigte er voll und ganz dessen Genie. Jones war ein großartiger Organisator, der es ausgezeichnet verstand, Konferenzen zu planen und sicherzustellen, dass wichtige psychoanalytische Arbeiten übersetzt und veröffentlicht wurden. Er war jedoch, wie er selbst immer wieder einräumte, kein origineller Denker. Er verteidigte Freud und arbeitete dessen Ideen aus, aber er hatte diesen nur wenig Eigenes hinzuzufügen. Es schien, als wolle er

Freud schützen, so wie Huxley über das geistige Vermächtnis Darwins, des großen Evolutionstheoretikers, wachte. Jones ließ Freuds stets wissen, wer Herr und wer Diener der gemeinsamen Sache war. In einem Brief an Freud schrieb er: »Der Originalitätskomplex ist nicht stark ausgeprägt bei mir. Mein Ehrgeiz geht eher dahin, Bescheid zu wissen, ›hinter den Kulissen‹ zu stehen, statt etwas herauszufinden. Mir ist klar, dass ich zur Originalität wenig Talent habe; wenn ich irgendein Talent habe, so liegt es eher darin, dass ich vielleicht rasch zu begreifen vermag, was ein anderer erklärt: was zweifellos auch seinen Nutzen hat... Für mich ist die Arbeit wie eine Frau, die ein Kind trägt; für Männer wie Sie, nehme ich an, ist sie mehr wie die männliche Befruchtung.« Woraufhin sich Jones auf für ihn typische Weise für den Stil seines Kniefalls entschuldigt. »Das ist grob formuliert, aber ich denke, Sie werden mich verstehen.« Jones war unermüdlich für die Freud'sche Sache tätig. Er war überhaupt unermüdlich. Hatte er seine Pflichten als Verteidiger des Freud'schen Denkens erfüllt, fand er auch noch die Zeit, an einer Abhandlung über sein Lieblingshobby, den Eiskunstlauf, zu schreiben. (Darin empfahl er, man solle zu Hause im Schlafzimmer üben, umgeben von einer großen Anzahl von Kissen.)

Nur wenige Menschen, die sich in dieser Zeit in Wien aufhielten, konnten mehr für Freud tun als Ernest Jones. Um die Besatzung zu überleben, bedurfte Freud jedoch nicht nur der Hilfe gegen die Nazis, sondern man musste ihn auch dabei unterstützen, seine Gefühlswiderstände zu überwinden. Als sich Jones nach dem Überfall auf den Verlag und die Wohnung mit Freud zusammensetzte, um mit ihm über seinen Weggang aus Wien zu sprechen, wurde rasch klar, dass dieser entschlossen war, in Wien zu bleiben. Jones beharrte darauf, dass Freud nicht nur an sich denken dürfe und es viele Menschen gebe, denen sein Wohl am Herzen liege, die unbedingt wollten, dass er am Leben bleibe. Darauf antwortete Freud: »Allein. Ach, wenn ich nur allein wäre, dann wäre ich schon lange mit dem Leben fertig.« Freud war es leid, für andere Menschen zu leben, er war erschöpft, und es wäre ihm vielleicht nicht unlieb gewesen, mit allem Schluss machen zu können. Er sagte Jones, dass er zum Reisen zu schwach sei und nicht einmal in ein Eisenbahncoupé einsteigen könne und dass ihm außerdem kein Land die Einreise bewilligen würde. Jones hielt dagegen, dass Frankreich ihn sicher aufnähme und England wahrscheinlich auch. In die Enge getrieben, erklärte Freud, wenn er sein Heimatland verließe, wäre dies, wie wenn ein Kapitän sein Schiff verlasse. Als Jones dies hörte, erzählte er die Geschichte von dem zweiten Offizier der *Titanic* namens Lightoller. Dieser war durch eine Kesselexplosion an die Oberfläche geschleudert worden, als die *Titanic* unterging, und hatte deshalb überlebt. Als er später bei der gerichtlichen Untersuchung gefragt wurde, in welchem Moment er das Schiff verlassen habe, antwortete er: »Ich habe das Schiff nie verlassen, Sir, das Schiff verließ mich.« Folglich würde Freud nicht Österreich verlassen, sondern Österreich hatte ihn verlassen.

Vielleicht übernahm Jones nun das Kommando, nachdem ihm Freud ein Leben lang gesagt hatte, was er zu denken habe. Es sind schon seltsamere Dinge passiert. Viel wahrscheinlicher ist jedoch, dass die Vorkommnisse des 22. März, der einer der schlimmsten Tage in Freuds Leben werden sollte, den größten Einfluss auf seine Pläne hatten. An diesem Tag, an dem er beinahe Anna verloren hätte, sollte er jedoch einen weiteren Verbündeten an seiner Seite haben, der Jones in nichts nachstand.

Es handelte sich dabei um Prinzessin Marie Bonaparte, die Frau, die Freud »unsere Prinzessin« nannte und von der er Fotografien in seinem Arbeitszimmer aufgestellt hatte. Sie war, wie schon erwähnt, eine Nachkommin Napoleons, eine Großenkelin seines Bruders Lucien, und außerdem mit Prinz Georg verheiratet, dem Bruder Konstantin I., des griechischen Königs und Cousins von Christian X., dem dänischen König. Die Prinzessin war außerordentlich wohlhabend und kannte in Europa jeden, zumindest jeden ihres Standes. In ihrer Jugend war sie von aufsehenerregender Schönheit gewesen und hatte zahlreiche Liebhaber gehabt.

Jetzt, in ihren mittleren Lebensjahren, war sie eine Frau von makelloser Schönheit und unermüdlich in ihrer Ergebenheit gegenüber Freud. Er hatte die Prinzessin zwei Monate lang analysiert und dabei täglich zwei Stunden mit ihr verbracht. Zwar war es ihm nicht gelungen, die sexuellen Probleme der Prinzessin – sie bezeichnete sich selbst als »frigide« – zu lösen, aber am Ende der Analyse hatte sie die Fähigkeit entwickelt, konzentriert und produktiv zu arbeiten. Sie wurde selber Analytikerin und schrieb eine Vielzahl von Aufsätzen und Büchern, darunter eine detaillierte Studie zu Edgar Allan Poe. Mit Freud blieb sie in ständigem Briefkontakt, schickte ihm Geld, um dem stets gefährdeten Verlag aus der Patsche zu helfen, und nutzte überhaupt alle ihr zur Verfügung stehenden Mittel im Interesse des Professors und seiner Sache.

Die Prinzessin war von ihrer ersten Begegnung an von Freud begeistert gewesen. Sie sagte ihm, er vereinige in sich die Fähigkeiten von Einstein und Pasteur. »Glauben Sie wirklich?«, erwiderte Freud. »Das schmeichelt mir sehr, aber ich kann Ihre Meinung nicht teilen. Nicht etwa, weil ich zu bescheiden bin, sicher nicht. Ich habe eine hohe Meinung von meinen Entdeckungen, nicht von mir selbst. Die großen Entdecker haben nicht immer einen scharfen Verstand. Wer hat die Welt mehr verändert als Columbus. Und was war er? Ein Abenteurer.« Freud war seinerseits sehr angetan von der Prinzessin. Er teilte ihr mit, dass sie bisexuell sei und die Welt durch die Augen eines Mannes wie auch durch die einer Frau sehen könne. »Lou Andreas-Salomé«, erklärte er der Prinzessin in kokettem Ton, »ist ein Spiegel – sie besitzt nicht Ihre Männlichkeit, nicht Ihre Aufrichtigkeit, nicht Ihren Stil.« Die Prinzessin sei »überhaupt nicht prüde«, stellte Freud fest. Dann fügte er hinzu: »Niemand versteht Sie besser als ich. Doch in meinem Privatleben bin ich eher kleinbürgerlich… Ich sähe es nicht gerne, wenn sich einer meiner Söhne scheiden ließe oder eine meiner Töchter eine Liaison hätte.« Später, so die Prinzessin, habe sie es gewagt, »Freud zu sagen, dass er sexuell überdurchschnittlich sein muß«. »Davon«, erwiderte dieser, »werden Sie nichts erfahren.«

Was seine finanziellen Bedürfnisse anging, war Freud sehr viel offenherziger als in Bezug auf seine erotischen Sehnsüchte. Er erzählte der Prinzessin, er habe 1918 alle seine Ersparnisse verloren, 150 000 Kronen, die in seine Lebensversicherung investiert gewesen seien. »Er zuwenig, ich zuviel«, schrieb die Prinzessin in ihr Tagebuch, über Freuds Geldprobleme sinnierend. »Würde er mich als Patientin behalten, wenn ich ruiniert wäre?«

Gewiss hätte er das getan. Er respektierte und mochte die Prinzessin, und er fühlte sich auf eine für ihn eigentümliche Weise erotisch von ihr angezogen. Nur wenige Male, so scheint es, zeigte er sich ihr gegenüber für längere Zeit unduldsam, dann nämlich, als sie darauf bestand, sich zwei letztlich erfolglosen Operationen an ihrer Klitoris zu unterziehen, um intensiver erregt werden zu können. Ein paar Tage nach dem Anschluss kam die Prinzessin nach Wien, ließ sich in der griechischen Gesandtschaft nieder und begann ihre Mahlzeiten bei der Familie Freud einzunehmen. Wie Ernest Jones war sie bereit, alles in ihrer Macht Stehende zu tun, um Freud vor den Nazis zu schützen. Und als 1938 das nationalsozialistische Großmachtstreben gerade begann, konnte es einer Persönlichkeit wie der Prinzessin noch gelingen, die Nazis einzuschüchtern. Sie waren von ihrem Vermögen und ihrer Herkunft so beeindruckt, dass ihnen die Prinzessin zumindest für den Moment relativ ungestraft die Stirn bieten konnte.

Als am 17. März die Prinzessin in der Berggasse 19 eintraf, berichtete Hugh Robert Wilson, dass er zu dem deutschen Staatssekretär im Auswärtigen Amt, Ernst von Weizsäcker, Kontakt aufgenommen und ihm erklärt habe, wie sehr er um Freud besorgt sei.»Ich sagte ihm, daß ich ein Telegramm aus Washington erhalten habe, in dem man mir mitteilte, daß Dr. Freud, nun ein alter kranker Mann, Wien mit seiner Familie zu verlassen wünsche, um nach Paris zu fahren, wo er Freunde habe, die sich seiner annehmen würden. Ich fügte hinzu, daß er in den Vereinigten Staaten allgemein gut bekannt sei und daß eine ihm und seiner Familie gewährte Ausreisegenehmigung nur einen günstigen Eindruck auf die öffentliche Meinung in Amerika machen könne.« Von Weizsäcker teilte dem Botschafter mit, er werde tun, was er könne.

Die Person jedoch, die vielleicht den größten Einfluss auf Freuds mögliches Schicksal hatte, war weder Jones oder die Prinzessin noch irgendwer vom diplomatischen Dienst der Amerikaner, sondern die sehr viel rätselhaftere Gestalt Doktor Anton Sauerwalds. Nach dem Anschluss bestimmten die Nazis einen, wie sie es erfinderisch nannten,»Kommissar« für jedes jüdische Geschäft in Wien, und Sauerwald war der für Freud und den Psychoanalytischen Verlag zuständige Mann. Sauerwald war fünfunddreißig, als er beauftragt wurde, die Vermögenswerte des Verlages zu »liquidieren« und die Erlöse der nationalsozialistischen Regierung zu übertragen. Er hatte in Wien Naturwissenschaften, Medizin und Jura studiert und 1929 seinen Abschluss gemacht. Kurz darauf machte er sich selbstständig und eröffnete in Wien ein chemisches Labor. Mitte der dreißiger Jahre betrieb Sauerwald dann ein doppeltes Spiel. Er erhielt von der österreichischen Regierung den Auftrag, Ermittlungen über die zahlreichen Bombenanschläge in und um Wien anzustellen, von denen viele auf das Konto der damals illegalen Nationalsozialistischen Partei gingen. (An manchen Tagen explodierten bis zu vierzig Bomben.) Sauerwald erledigte seinen Auftrag mit erstaunlichem Erfolg. Er lieferte sehr rasch seine Berichte über die Art und Menge des verwendeten Sprengstoffs ab und erwarb sich bei der Wiener Polizei schnell einen glänzenden Ruf wegen der Genauigkeit seiner Untersuchungen. Diese war allerdings allein darauf zurückzuführen, dass Sauerwald den Sprengstoff für die Nazis in seinem eigenen Labor herstellte. Am Nachmittag baute er die Bomben und am nächsten Morgen schrieb er seine Berichte darüber.

Als Sauerwald die Aufsicht über den Verlag übernahm, verhielt er sich zunächst so, wie man es von einem fanatischen Nationalsozialisten erwartete. Er beleidigte die Belegschaft, vor allem die nichtjüdischen Mitarbeiter des Verlages, von denen er immer wieder wissen wollte, weshalb sie sich mit den jüdischen »Schweinen« einließen. Sauerwald prahlte und stieß Beschimpfungen aus, aber mit der Zeit begann er sich zu langweilen. Dann tat er etwas Unerwartetes: Er fing an, die im Verlag befindlichen Bücher und Aufsätze von

Freud zu lesen, und entdeckte dabei Dinge, die ihn sehr überraschten.

Am Dienstag, den 22. März, kamen Mitglieder der Gestapo in die Berggasse 19 und nahmen Anna fest. Sie waren davon überzeugt, dass die Internationale Psychoanalytische Vereinigung als Fassade für eine antifaschistische Bewegung diente. Natürlich wollte man vor allem Freud selbst verhaften, aber Anna erklärte ihnen, ihr Vater könne die Wohnung nicht verlassen, da er krank und zu schwach zum Treppensteigen sei. Sie sei jedoch bereit, an seiner Stelle mitzukommen und ihre Fragen über die Psychoanalytische Vereinigung zu beantworten. Dies gelte auch für Marie Bonaparte, die sich ebenfalls in der Wohnung befinde. Aber obschon die Prinzessin darum bat, weigerten sich die Nazis, sie ebenfalls zu verhaften, vielleicht, weil sie das öffentliche Aufsehen scheuten, das sie mit der Verhaftung einer Persönlichkeit aus königlichem Hause erregen würden. Dagegen willigten sie ein, Anna mitzunehmen. Bevor sie die Wohnung verließ, gab ihr Max Schur, Freuds Hausarzt, Veronal, ein Gift, mit dem sie sich hätte umbringen können, falls die Gestapo sie gefoltert hätte. Freud wusste nichts von dem Veronal, doch hätte er es gewusst, wäre er gewiss über Schur erzürnt gewesen. Aber vor allem war er nun wütend auf die Nazis. Überall in Wien verschwanden Juden. Manche von ihnen wurden umgebracht, viele wurden in das Konzentrationslager Dachau verschleppt.

Anna behielt trotz allem einen kühlen Kopf. Ihr Bruder Martin erinnerte sich, wie Anna, »eskortiert von vier schwerbewaffneten SS-Männern, in einem offenen Wagen davongefahren wurde. Ihre Situation war gefährlich. Doch weit davon entfernt, Furcht oder auch nur Teilnahme zu zeigen, saß sie in dem Wagen wie eine Frau in einem Taxi, die sich auf dem Weg zu einem Einkaufsbummel befindet.« Wenig später wurde Anna im Hauptquartier der Gestapo verhört.

Niemand weiß genau, was Anna bei ihrer Begegnung mit der Gestapo sagte oder nicht sagte. Sie hatte jedoch ihren Vater jahrelang beobachtet, und dieser hatte sich für einen Notfall wie diesen eine perfekte Coverstory für sie und sich ausgedacht. Als man sie danach befragte, ob ihr Vater politisch aktiv oder subversiv tätig sei und ob seine Ideen eine Beleidigung für das Reich darstellten, konnte sie bei ihren Antworten auf die entsprechenden Sprachregelungen und Begriffe zurückgreifen. Ihre Antworten waren in einem radikalen Maße irreführend und gleichzeitig vollkommen wahr.

Mein Vater, so könnte sie gesagt haben, hat sich stets wissenschaftlich betätigt. Er hat sich jahrelang nahezu unter Laborbedingungen darum bemüht, die Dynamik menschlichen Verhaltens zu erforschen. Die Schlussfolgerungen, zu denen er dabei gelangte, hat er in einer objektiven und klaren Sprache niedergeschrieben. Manche davon sind gewiss vorläufiger Natur, aber wie er selbst oft betont hat, wartet er auf weitere Entwicklungen in der Biochemie, die seine Funde bestätigen beziehungsweise modifizieren werden.

Mein Vater ist außerdem ein approbierter Arzt, dessen Können jedermann bestätigen kann. Er kümmert sich um kranke Menschen, vor allem um solche, denen niemand sonst helfen kann. Er hat an der Universität gelehrt und bekleidet den Rang eines Professors.

Die Tagespolitik interessiert meinen Vater kaum. Wie andere auch liest er Zeitung und beobachtet, was passiert. Aber mit seinen einundachtzig Jahren ist er viel zu alt dafür, als österreichischer Nationalist das Volk aufzuhetzen, und er ist dafür auch viel zu krank, nachdem er sich immer wieder

Krebsoperationen an seinem Kiefer hat unterziehen müssen. Als 1914 der Erste Weltkrieg begann, hat er seine Söhne pflichtbewusst an die Front geschickt; er bangte um ihre Sicherheit und hoffte auf einen Sieg für Österreich-Ungarn und seinen Verbündeten Deutschland.

Zugegeben, mein Vater ist Jude. Aber sein Engagement für das Judentum ging nie darüber hinaus, dass er alle paar Wochen den B'nai-Brith-Orden besuchte und mit einigen anderen alten Männern Tarock spielte. Er ist kein Zionist und auch kein jüdischer Rebell. Und wie Sie aus seinen Schriften ersehen können, falls Sie Gelegenheit haben sollten, diese zu lesen, ist er alles andere als ein Kommunist. Es ist wahr, dass mein Vater sein jüdisches Erbe nie verleugnen würde, denn mehr als alles andere ist er ein ehrlicher Mensch. Wenn er gesund ist, führt er ein streng geregeltes Leben. Nach dem Frühstück empfängt er bis zum Mittagessen Patienten; danach macht er einen Spaziergang, lässt sich seinen Bart stutzen und liest seine Zeitung. Anschließend empfängt er bis zum Abendessen erneut Patienten und arbeitet dann weiter bis zum späten Abend.

Mein Vater hat sein ganzes Leben pausenlos gearbeitet und für diese Arbeit, die, wie gesagt, allein wissenschaftlicher Natur ist, hat er mit der Zeit viele Bewunderer und Freunde gefunden, von denen einige durchaus einigen Einfluss besitzen. Er ist ein alter, friedlicher und alles in allem harmloser Mann, und bei allem Respekt sollte man die Ruhe seiner letzten Lebensjahre nicht leichtfertig stören, da eine solche Störung nicht ohne Folgen wäre.

Zu Hause auf seine Tochter wartend, ging Freud unterdessen auf und ab und rauchte eine verbotene Zigarre nach der anderen. Aufs Äußerste besorgt, war er unfähig, ein Wort zu sprechen. Außerdem wusste er, dass nichts, was er hier, im Kreise seiner Familie, hätte sagen können, zu irgendetwas gut gewesen wäre. Im Alltag war Freud instinktiv ein Pragmatiker: War etwas seiner Sache nicht dienlich, so tat er es auch nicht. Aber ohne Zweifel hat er sich während dieser schlimmen Stunden größte Sorgen gemacht. Anna bedeutete ihm so viel. In allen intellektuellen Fragen war sie seine Vertraute, niemals brachte Freud eine Idee zu Papier, ohne sie vorher mit Anna besprochen zu haben. Auf ihr ruhten alle seine Hoffnungen für die Zukunft. Außerdem war sie seine Krankenschwester, was zu einer schmerzlichen Intimität zwischen ihnen führte. Anna war es, die ihm dabei half, die riesige Prothese herauszunehmen, das »Ungeheuer«, wie sie dieses Ungetüm nannten, das wie ein Stein in seinem Mund lag. Sie kannte die bitteren Geheimnisse seines Körpers, des Körpers eines alten, von Krankheit geschlagenen Mannes, den sie dennoch bedingungslos liebte. Würde er in dieser Welt ohne sie länger leben können als König Lear, nachdem er Cordelia verloren hatte? Würde Anna vielleicht nicht mehr zurückkommen?

Im Hauptquartier der Gestapo erzählte Anna sicherlich eine nichtssagende, aber akzeptable Geschichte über ihren Vater. Im Stillen hat sie aber sicher auch darüber nachgedacht, in welchem Zusammenhang das Werk ihres Vaters tatsächlich zu den Nationalsozialisten stand.

Mein Vater, so mag sie sich gedacht haben, als man sie immer wieder mit denselben stumpfsinnigen Fragen konfrontierte, kennt euch viel besser, als ihr euch selber kennt. Seit Jahren schon hat er sich Gedanken über euren lächerlichen Führer gemacht, diese Mischung aus Monster und Clown, und über all die anderen, die vor und nach ihm das verkörpert haben und verkörpern werden, was er repräsentiert. Denn das Verlangen nach einem solchen Mann hat es immer schon gegeben und wird es immer geben. Mein Vater weiß, warum ihr einen Führer braucht. Er sieht die Leere in euren Herzen, die sich nach der Ankunft eines Messias sehnen. Und so seltsam dies klingen mag, er versteht dieses Verlangen. Er weiß, dass es etwas nur allzu Menschliches ist.

Für ihn ist Hitler keine besondere Erfindung der Deutschen, etwas, das nur sie hervorbringen konnten. Mein Vater hat begriffen, dass euer Hitler etwas ist, wonach sich ein jeder, ob Mann, Frau oder Kind, sehnt. Er ist die Antwort auf nahezu alle Fragen, die die Menschen bewegen, ebenso wie er aber auch die Zerstörung all dessen ist, was dem menschlichen Dasein Wert verleiht. All die glühende Freude, die ihr empfunden habt, als ihr euren glorreichen Führer, diese Apotheose des Willens, durch Wien habt fahren sehen, sagte mein Vater voraus. An euch ist nichts Neues, wunderbar Revolutionäres, wie ihr glaubt, ihr seid vielmehr Teil einer endlosen Wiederkehr desselben traurigen Durstes nach Wahrheit, derselben Sehnsucht nach dem König und seiner Autorität. Indem er dies begriffen und für jeden, der es sehen will, offengelegt hat, ist es meinem Vater gelungen, etwas Neues, der Welt bisher Verborgenes ans Licht zu bringen.

Möglicherweise intervenierte jemand zugunsten von Anna, vielleicht kam Hilfe von der amerikanischen Botschaft. Anna konnte sich an einen Anruf erinnern, der die Stimmung zu verändern schien. Er kann von den Amerikanern oder den Italienern gekommen sein. Edoardo Weiss, ein italienischer Psychoanalytiker, der Mussolini kannte, behauptete, der Duce persönlich sei eingeschritten, um Anna zu helfen. Vier Jahre zuvor hatte Freud diesem auf

Wunsch von Weiss ein Buch geschenkt. Dem unter dem Titel *Warum Krieg?* veröffentlichen Briefwechsel zwischen Albert Einstein und Freud hatte dieser eine Widmung beigefügt, die lautete:»Von einem alten Mann, der im Diktator den Kulturheros erkennt.« Vermutlich bezog sich Freud mit diesen Worten auf die von Mussolini geförderten Ausgrabungen in Italien. (Sollte Mussolini das Buch tatsächlich gelesen haben, so nahm er es sich offenbar nicht zu Herzen.) Aller Wahrscheinlichkeit nach befreite sich Anna aber selbst aus der Falle, die ihr die Nazis gestellt hatten. Letzteren war inzwischen klar geworden, wie wenig sich die Welt darum scherte, was gerade in Österreich geschah, und wie sehr sie tun konnten, was sie wollten.

Freud lief währenddessen weiter in seiner Wohnung umher, rauchte ohne Unterlass und brachte beim Mittagessen keinen Bissen hinunter. Er schien niemanden um sich herum wahrzunehmen. Als Anna schließlich am frühen Abend zurückkehrte, völlig erschöpft von der erlittenen Tortur, reagierte der beherrschte Freud anders, als man es von ihm kannte: Der große Stoiker zeigte Gefühle, er war den Tränen nah.

Zu keiner Zeit war Freud wohl dem Entschluss, Selbstmord zu begehen, so nahe wie in jenen schwarzen Tagen um Annas Verhaftung herum. Zweierlei Arten erwog er, um sich umzubringen. Zum einen konnte die ganze Familie Gift nehmen, wie dies zahlreiche Juden in Österreich und Deutschland taten. Freud war schließlich selbst Arzt und wusste, wie man möglichst schmerzfrei aus dem Leben scheiden konnte. Doch obschon Freud über diese Möglichkeit nachdachte, sprach er sich am Ende doch eindeutig gegen sie aus. Als Anna darauf zu sprechen kam, ob es nicht besser wäre, sich das Leben zu nehmen, antwortete Freud verärgert: »Warum? Weil sie gerne möchten, daß wir das tun?«

Freud hätte jedoch auch auf eine andere Weise Selbstmord begehen können, indem er nämlich einfach dageblieben wäre und sich geweigert hätte, seinen Platz zu räumen. Es hätte dann leicht passieren können, dass man Freud und seine ganze Familie nach Dachau gebracht und dort ermordet hätte. Ungeachtet seines Alters und seines Gesundheitszustands ließ sich Freud letztlich doch durch Jones und die Prinzessin, die Zukunft der psychoanalytischen Bewegung und die Aussicht auf eine weitere Schlacht in seinem Kampf gegen die Tyrannei dazu bewegen, Wien zu verlassen. Das Buch über Moses war noch nicht fertig, das zentrale dritte Kapitel, in dem Freud seine Kritik an einer pervertierten Autorität und ihrer unheimlichen Faszination durch weitere Überlegungen ergänzen wollte, musste noch zu Ende geschrieben werden.

Außerdem hatte Freud eine sehr klare Vorstellung davon, was Selbstmord in Wirklichkeit bedeutet. Er hatte Scharfsinniges darüber geschrieben, was Menschen dazu treibt, Hand an sich zu legen. In »Trauer und Melancholie« behauptet er, die Hauptursache für den Selbstmord liege in einer bestimmten Art von Gefühlsstörung. Sie besteht darin, dass das Über-Ich auf Kosten des entleerten Ich zu stark geworden ist. Die psychische Instanz, die die Autorität vertritt, wirft dem Ich seine vielfältigen Unzulänglichkeiten vor. Aber nur dann, wenn das Ich zu schwach ist und sich nicht zu verteidigen vermag, kapituliert es vor dem Über-Ich und bringt sich um. Wenn Freud Selbstmord beginge, indem er Gift nähme oder einfach nicht aus Wien wegginge, würde er Schwäche zeigen. Er würde zeigen, dass sein Selbstgefühl beziehungsweise Selbstbewusstsein, sein Vertrauen in sich selbst und sein Stolz auf das, was er erreicht hat, nicht stark genug sind, sich gegen jene Kräfte zur Wehr zu setzen, die ihm bedeuteten, dass sein Leben, *sein Leben*, nicht mehr lebenswert sei. Er würde vielleicht sogar vor dem Bild kapitulieren, das sich die Nazis von ihm machten, das Bild eines Unruhe stiftenden Juden, der widerwärtige Bücher geschrieben hat. Bei dem Treffen mit seinen Kollegen am Tag vor Hitlers Ankunft in Wien hatte Freud zu ihnen gesagt:»Unmittelbar nach der Zerstörung des Tempels in Jerusalem durch Titus erbat Rabbi Jochanan ben Sakkai die Erlaubnis, die erste Thoraschule in Jabne zu eröffnen. Wir sind im Begriff, dasselbe zu tun. Schließlich sind wir durch unsere Geschichte, Tradition und manche auch durch persönliche Erfahrung an Verfolgung gewöhnt.« Zu diesem Zeitpunkt war Freud noch nicht endgültig entschlossen, Wien zu verlassen. Nach dem Vorfall mit Anna scheint Freud jedoch zu der Überzeugung gekommen zu sein, dass sein Kampf noch nicht zu Ende war und es Dinge gab, die er noch erledigen musste. Nun galt es allerdings, aus Wien herauszukommen.

Der 28. März 1938 war für Freud und seine Familie ein Tag guter Nachrichten. Ernest Jones hatte sich in England für Freud eingesetzt und von der britischen Regierung nicht nur für ihn und seine Familie, sondern auch für andere aus der Welt der Wiener Psychoanalyse die Erlaubnis erhalten, nach England zu emigrieren. Alles in allem konnten achtzehn Erwachsene und sechs Kinder ausreisen, genauso viele, wie Freud gefordert hatte. Dieses Wunder gelang Jones zum Teil durch den Einfluss seines Schwagers William Trotter, einem Sekretär der Royal Society. Über Trotter schaffte es Jones, dem Präsidenten der Gesellschaft, dem Physiker Sir William Bragg, vorgestellt zu werden. Jones und Sir William trafen am 23. März zusammen. Jones war erstaunt darüber, wie naiv doch ein namhafter Physiker sein konnte. Als er ihm von Freuds Not berichtete, fragte ihn der Wissenschaftler: »Meinen Sie wirklich, daß die Deutschen den Juden gegenüber feindselig sind?« So begrenzt Sir Williams moralische Vorstellungskraft indes auch sein mochte, er gab Jones sofort einen Brief an den Innenminister Sir Samuel Hoare mit, in dem er Freuds Immigrationsgesuch unterstützte. (Jones kannte Hoare schon flüchtig, da beide demselben Eiskunstlaufklub angehörten.) Daraufhin traf Jones mit einem Mitarbeiter von Hoare zusammen. Zwei Tage später konnte er in seinem Tagebuch vermerken: »Traf Hoares Sekretär A. S. Hutchinson re Immigration. Mit Erfolg! Erster Regen seit 24 Tagen. Was für ein erstaunlicher März.«

England war also bereit, Freud und seine Familie aufzunehmen. Dies bedeutete jedoch noch lange nicht, dass auch die Nazis ihrerseits bereit sein würden, sie ausreisen zu lassen. Davor waren noch weitere Hindernisse zu überwinden. Die meisten demokratisch regierten Länder nahmen die jüdischen Flüchtlinge alles andere als gastfreundlich auf. Das galt auch für jene Juden, die in der Lage waren, einen hohen Preis für ihre Freiheit zu zahlen, wie dies bei Freud und seiner Familie dank der Hilfe von Prinzessin Bonaparte der Fall war. Freud brauchte von den Nationalsozialisten eine Unbedenklichkeitserklärung, die ihm bestätigte, dass die Regierung keine weiteren Ansprüche an die Familie hatte. Um diese Erklärung zu bekommen, musste er zunächst eine hohe Flüchtlingssteuer zahlen, was ihn dazu zwang, einen Großteil seines persönlichen Besitzes zu veräußern. Doch die Frage, ob das oder irgendetwas sonst die Nazis zufriedenstellen würde, blieb weiterhin offen.

Seit Längerem schon waren sich die Nationalsozialisten des verderblichen Einflusses von Freud bewusst gewesen. Am 10. Mai 1933 waren junge Nazis in die wichtigsten Bibliotheken Deutschlands eingedrungen und hatten große Mengen jener Bücher ins Freie geschleppt und angezündet, die Goebbels am meisten verachtete. »Brenne Karl Marx! Brenne Sigmund Freud!«, riefen sie. Sie verbrannten Bücher von Heine und Remarque, von Mann, Zweig und Gide. »Dies ist ein gewaltiger und symbolischer Akt«, erklärte Goebbels. »Nie hatten junge Menschen wie heute das Recht, sich zu beklagen; die Lehre gedeiht, der Geist ist erwacht, oh Jahrhundert, es ist eine Freude, zu leben!« Auf dem Scheiterhaufen landeten auch Heines berühmte Zeilen: »Wo immer man Bücher verbrennt, wird man früher oder später lebende Menschen verbrennen.«

Bevor die Nationalsozialisten in Österreich die Macht übernahmen, hatte Martin Freud einige Exemplare der Werke seines Vaters in die Schweiz geschafft und damit mutmaßlich in Sicherheit. Die Nazis fanden jedoch die zugehörigen Transportunterlagen und forderten, dass die Bücher auf Kosten des Verlags zurückgeschickt würden. Dies geschah, woraufhin sie natürlich von den Nazis zerstört wurden.

Während die Freuds mit den Nazifunktionären verhandelten, wurde Doktor Anton Sauerwald allmählich ungeduldig. In der Sache Freud kam man nur langsam voran, und es war immer noch nicht entschieden, wie seine eigene politische Zukunft aussehen würde. In den Tagen vor dem Anschluss hatte Doktor Sauerwald nach außen das Abzeichen der Vaterländischen Front getragen, um seine Treue zu Schuschnigg zu demonstrieren, während er an der Innenseite seines Revers das Hakenkreuz trug, dessen Tag bald kommen sollte. Ebenso wie er die Naziterroristen mit Bomben versorgt und gleichzeitig für die Polizei ermittelt hatte, wer für die Attentate verantwortlich war, spielte er auch jetzt wieder auf beiden Seiten mit. Nun, da die Nationalsozialisten an der Macht waren, befand sich Sauerwald jedoch im Nachteil, weil er nicht wie andere beanspruchen konnte, ein »illegaler« Nazi, das heißt, schon vor dem Anschluss ein Parteimitglied gewesen zu sein, was einem jetzt hohes Ansehen verlieh. Die illegalen Nazis wurden nämlich bevorzugt; sie waren in wirtschaftlicher Hinsicht privilegiert, konnten Karriere machen und bekamen Gelegenheit, ihre jüdischen Nachbarn auszuplündern. Nach dem Anschluss hatte Sauerwald den Antrag auf Mitgliedschaft in der Partei gestellt, wurde jedoch auf eine Warteliste gesetzt, da die Anwerbephase abgeschlossen war. Nun saß er da und wartete auf gute Nachrichten aus der Parteizentrale.

Unterdessen las Sauerwald die Werke von Sigmund Freud. So gut wie alles, was Freud über die Psychoanalyse geschrieben hatte, war ihm zugänglich, und da er viel Zeit hatte, vertiefte er sich ganz in seine Schriften. Nicht ohne Grund war er neugierig auf Freud, denn nicht nur war dieser in Wien berühmt und berüchtigt, sondern Sauerwald hatte auch bei einem guten Freund von Freud studiert, bei Professor Herzig, der Letzteren wärmstens empfahl. Deshalb stürzte sich Sauerwald nicht bloß in die Lektüre von Freuds Werken, sondern sah auch die privaten Unterlagen durch, die sich unter den Akten des Verlags befanden – einschließlich derjenigen, die Martin Freud in der Wiener Kanalisation hatte verschwinden lassen wollen.

Freud seinerseits war ebenfalls nicht untätig, als er in den März- und Apriltagen auf Nachrichten wartete. Wann immer es seine Konzentration erlaubte, arbeitete er an dem Moses-Buch. »Der ›Moses‹ gibt meine Phantasie nicht frei«, hatte er drei Jahre vorher Arnold Zweig in einem Brief mitgeteilt. Daran hatte sich nichts geändert. Zu Ernest Jones sollte er schließlich sagen, die Verpflichtung, das Buch fertig zu schreiben, plage ihn »like a ghost not laid«, wie ein Geist also, der nicht ausgetrieben worden sei. Anstoß war unter anderem seine Überzeugung, dass in der Figur des Moses das Geheimnis der jüdischen Identität zu finden sei. »Ich habe vor einigen Jahren begonnen, mir die Frage vorzulegen, wie der Jude den ihm eigentümlichen Charakter erworben hat, und habe nach meiner Gewohnheit bei den ersten Ursprüngen eingesetzt«, bemerkte er. »Ich bin nicht weit gekommen. Ich war überrascht zu finden, daß schon das erste, sozusagen embryonale Erlebnis des Volkes, der Einfluß des Mannes Moses und der Auszug aus Ägypten, die ganze weitere Entwicklung bis auf den heutigen Tag festgelegt hat.« Was Freud hier jedoch unerwähnt lässt, ist die Tatsache, dass man seiner Ansicht nach den jüdischen Charakter verstehen musste, um den Charakter des Menschen überhaupt zu verstehen. Und nur so könne man wissen, was dieser für die Zukunft verhieß – wie prekär auch immer diese Verheißung sein mochte. Denn von den Juden habe die Welt, so Freud, eine bedeutende Gabe erhalten, die gleichzeitig eine große Gefahr bedeute, nämlich den Glauben an einen unsichtbaren Gott.

Zur gleichen Zeit widmete sich Freud auch noch einer anderen literarischen Beschäftigung. Zusammen mit Anna arbeitete er an der Übersetzung aus dem Französischen von Marie Bonapartes Buch über ihren Hund Topsy. Das Buch, das die Prinzessin 1937 veröffentlicht hatte, trug den Titel *Topsy, chow-chow au poil d'or*, also Topsy der goldhaarige Chow-Chow. Auch Freud war ein Hundeliebhaber. Ebenso wie die Prinzessin hatte er sein Herz an diese langhaarigen, hübschen und hochintelligenten Hunde verloren, diese

»kleinen löwenähnlichen Geschöpfe«, wie sie Freuds Patientin, die amerikanische Lyrikerin Hilda Doolittle, nannte. Freuds erster Chow-Chow, eine Hündin, die ihm 1928 Annas Freundin Dorothy Burlingham geschenkt hatte, hörte auf den Namen Lin Yug. Schon nach fünfzehn Monaten ging Lin Yug jedoch auf einer Fahrt nach Wien am Salzburger Bahnhof verloren. Ein paar Tage später fand man sie überfahren auf den Schienen. Im März 1930 erwarb Freud seinen berühmtesten Chow-Chow Jofi, die Schwester von Lin Yug. Jofi war Freuds ständige Begleiterin. Während seiner analytischen Sitzungen saß sie am Fuße der Couch und hechelte rhythmisch. Manchmal wurde ihr mehr Aufmerksamkeit zuteil als Freuds Patienten. So berichtete Hilda Doolittle davon, dass sie am Ende einer Sitzung verärgert gewesen sei, da Jofi die ganze Zeit herumgelaufen sei und sich der Professor mehr für seinen Hund interessiert habe als für ihre Geschichte. Vielen Patienten fiel die Mischung aus Freuds Zigarrenduft und Jofis Hundegeruch auf, die dem Behandlungszimmer eine eigentümliche und, wenn auch nicht nur angenehme, so doch zumindest unvergessliche Atmosphäre verlieh. Ungeachtet ihres Geruchs liebte Freud seine Hündin über alles. Nach einer besonders schmerzhaften Operation schrieb er an Marie Bonaparte:»Ich hätte Ihnen gewünscht mitanzusehen, welche Sympathie Jofi mir während dieser Leidenstage bezeugt, nicht anders, als ob sie alles verstünde.« Freuds tiefe Zuneigung zu Hunden ist mit der seines berühmten Wegbereiters Schopenhauer vergleichbar, der gesagt hatte, je mehr er vom Menschen sehe, desto mehr liebe er Hunde. Wie bei Schopenhauer erwuchs auch bei Freud die Leidenschaft für Hunde aus einer gewissen Menschenfeindlichkeit.

Am 11. Januar 1937 wurde Jofi ins Spital gebracht, weil sie wegen zweier Zysten an den Eierstöcken operiert werden musste. Obwohl sie die Operation gut überstand, starb sie drei Tage später an einem Herzanfall. Freud war völlig niedergeschlagen.»... über 7 Jahre Intimität kommt man nicht leicht hinweg«, bekannte er in einem Brief an Arnold Zweig. Einen Tag später bekam Freud die Hündin Lün, seinen dritten Chow-Chow. Ursprünglich hatte Lün Freud gehört, aber als sich herausstellte, dass Jofi es nicht ertrug, eine Rivalin zu haben, hatte er sie zu Dorothy Burlingham gebracht. Im März 1938, als die Nazis in Wien einmarschierten, hatte Lün bereits die unangefochtene Herrschaft in Freuds Haushalt übernommen. Der Empfang des Manuskripts zu dem Buch, das die Prinzessin über Topsy, die offiziell Teaupi hieß, geschrieben hatte, bereitete ihm große Freude.»Ich liebe es«, schrieb er an sie,»es ist so rührend echt und wahrhaft. Es ist ja keine analytische Arbeit, aber der Wahrheits- und Wissensdrang des Analytikers steckt auch hinter dieser Schöpfung.«

Was Hunde betraf, vertrat Freud die seltsame Überzeugung, sie seien ihrer Natur nach die reinsten, von der Zivilisation gänzlich unberührten Geschöpfe. Das Buch der Prinzessin kommentierend, schrieb er:»Es sind wirklich die Gründe, weshalb man ein Tier wie Topsy (oder Jofi) mit so merkwürdiger Tiefe lieben kann, die Zuneigung ohne Ambivalenz, die Vereinfachung des Lebens von dem schwer erträglichen Konflikt mit der Kultur befreit, die Schönheit einer in sich vollendeten Existenz. Und bei aller Fremdartigkeit der organischen Entwicklung doch das Gefühl einer innigen Verwandtschaft, einer unbestrittenen Zusammengehörigkeit. Oft, wenn ich Jofi gestreichelt, habe ich mich ertappt, eine Melodie zu summen, die ich ganz unmusikalischer Mensch als die Arie aus dem ›Don Juan‹ erkennen mußte: ›Ein Band der Freundschaft / Bindet uns beide ...‹.«

Das in seinem Stil höchst impressionistische, bisweilen melodramatische Buch der Prinzessin war eigentlich nicht die Art von Lektüre, von der sich Freud angezogen fühlte. »Topsy«, ruft die Prinzessin an einer Stelle aus, »der größte Philosoph wird mit der stärksten Anspannung seines Denkens doch nie herausfinden können, was für Bilder sich in deinem goldenen Schädel gestalten.« Gewöhnlich hatte es Freud lieber, wenn ein Schriftsteller so wie er selbst scharfsinnig und verhältnismäßig nüchtern war. Aber Freud mochte das Buch sehr, und das nicht nur aus Zuneigung zur Prinzessin beziehungsweise aus Liebe zu den Chow-Chows, sondern wegen der Geschichte, die es erzählt, der Geschichte einer Krankheit. Topsy hatte Krebs, wie Freud; beide hatten einen Tumor in ihrer Mundhöhle. Ebenso wie Freud wird Topsy operiert und später mit Röntgenstrahlen und Radium behandelt. Der Prinzessin war es etwas peinlich, ihren Hund in eine Klinik zu bringen, in der normalerweise nur Menschen behandelt wurden, und es tat ihr in der Seele weh, Topsy einer so harten Kur unterziehen zu müssen. Da sie ihren Hund jedoch über alles liebte, ließ es sich nicht vermeiden.

Das Buch endet so, wie es sich die Prinzessin und Freud erhofft hatten: Topsy wird geheilt. »Sie läuft am Strand hin, schlürft den Meereswind ein. Topsy, wenn ich dich so laufen sehe nach deiner Heilung, fühle ich mich so stolz, daß ich gleichsam durch magische Mächte dein kleines Hundeleben verlängern konnte, als ob ich die Ilias geschrieben hätte.« Topsy erholte sich, nach ihrem Kampf mit dem Krebs ging es ihr wieder gut. Sie lief im Garten herum, schnupperte den Meereswind, war wie neugeboren. Freud, der mit Anna in seinem Arbeitszimmer saß und mit ihr die Übersetzung diskutierte, bekam dadurch indirekt die Gelegenheit, über seine eigene Genesung und vielleicht sogar über neuen Lebensmut nachzudenken. Indem er mit Anna die Geschichte von Topsy erzählte, konnte er gleichsam über die Möglichkeit eines wiedergewonnenen Lebens sinnieren. »Weiß Topsy, daß sie übersetzt wird?«, fragte Freud die Prinzessin in einem Brief. Am 9. April, als Hitler nach Wien zurückkehrte, um Begeisterung für die anstehende Volksabstimmung zu schüren, trug Freud einen schlichten Satz in sein Tagebuch ein: »Topsy's Übersetzung beendet.«

Für Hitler liefen die Dinge in diesen ersten Aprilwochen glänzend. Der Erfolg in Österreich hatte seine Popularität bei den Deutschen noch weiter gesteigert. Viele national gesinnte Bürgerliche, die zuvor an Hitler gezweifelt hatten, waren nun ebenfalls von ihm begeistert. Bei der Reichswehr, die Hitler skeptisch gegenübergestanden hatte, wuchs die Überzeugung, dass infolge seiner übergroßen Beliebtheit jeglicher Widerstand gegen ihn zwecklos wäre. Obwohl nicht wenige Offiziere der Ansicht waren, Hitler würde sie alle in den Ruin führen, kamen sie zu dem Schluss, dass man zumindest fürs Erste nichts gegen ihn tun könne. Unterdessen feierte sich Hitler in seinen Reden als den Mann, den die Vorsehung geschickt habe, um die deutsche Wiedergeburt herbeizuführen. Er war so sehr von seinem Erfolg überzeugt, dass er sich entschloss, die von Schuschnigg für den 13. März anberaumte Volksabstimmung über die Vereinigung von Österreich und Deutschland nunmehr doch abhalten zu lassen. Der »Führer« wollte der Welt zeigen, dass das, was er in Österreich getan hatte, ganz und gar rechtmäßig war und die Österreicher in ihm einen Schicksalsgesandten sahen.

Am 8. April kehrte Hitler nach Linz zurück, um für das Referendum zu werben. Da tauchte im Foyer seines Hotels Gustl Kubizek auf, sein bester und vielleicht einziger Freund aus seiner Wiener Zeit vor dem Ersten Weltkrieg, damals, als er sich dort notdürftig durchgeschlagen hatte. Die beiden hatten sich dreißig Jahre nicht gesehen. Am nächsten Tag trafen sie sich zum Mittagessen im Weinzinger Hotel und blickten aus dem Fenster auf die Donau und die sie überspannende eiserne Brücke, die Hitler immer abscheulich gefunden hatte. »Dieser häßliche Steg!«, rief Hitler aus, »noch immer steht er da. Aber nicht mehr lange, das sage ich Ihnen, Kubizek.«

Was eigentlich aus Kubizek geworden sei, wollte er wissen. Ein großer Musiker, wie er gehofft hatte? Nein, leider nur ein Gemeindebeamter in Eferding, wo es jedoch ein Orchester gebe, das sogar Symphonien aufführe.

»Was, Kubizek, sogar Symphonien führen Sie in diesem kleinen Eferding auf?«, staunte Hitler. »Das ist ja großartig. Welche Symphonien haben Sie denn aufgeführt?«

Kubizek erzählte seinem ehemaligen Zimmergenossen, sie hätten Schuberts »Unvollendete«, Beethovens Dritte, Mozarts »Jupitersymphonie« und Beethovens Fünfte aufgeführt.

Hitler, dessen Begeisterung für Kunst und Musik unvermindert war, versprach seinem alten Freund, ihn und sein Orchester zu unterstützen. Und wie gehe es ihm persönlich? Habe er Kinder? Ja, drei Söhne, die alle sehr musikalisch seien.

»Drei Söhne haben Sie, Kubizek«, seufzte Hitler. »Ich habe keine Familie. Ich bin allein. Aber um Ihre Söhne möchte ich mich kümmern.«

Gustl erzählte ihm ausführlich von seinen Söhnen, von denen zwei geschickte Zeichner seien. Hitler, der sich ja auch für einen begabten Zeichner hielt, hörte ihm aufmerksam zu und wollte alles über die Söhne wissen.

»Ich übernehme die Patenschaft für die Ausbildung Ihrer drei Söhne, Kubizek«, erklärte Hitler schließlich, »ich möchte nicht haben, daß junge, begabte Menschen den gleichen Lebensweg gehen müssen, den wir gegangen sind. Sie wissen ja, was wir in Wien mitgemacht haben. Und dabei kamen für mich die schlimmsten Zeiten ja erst, nachdem sich unsere Wege getrennt hatten. Es darf nicht mehr vorkommen, daß ein junges Talent aus Not zugrunde geht. Wo ich persönlich helfen kann, dort helfe ich, schon gar, wenn es sich um Ihre Kinder handelt, Kubizek!«

Eine Stunde später verließ Hitler seinen Freund und machte sich auf dem Weg nach Wien, um für Kubizeks Söhne (für deren Ausbildung er in der Tat sorgte) und den Rest der Welt die Weichen für die Zukunft zu stellen. Aufs Neue wurde er von Menschenmassen freudig begrüßt. Die Nationalsozialisten hatten Wien in eine einzige große Bühne für die bevorstehende Wahl verwandelt. Die Straßenbahnen waren mit roten Hakenkreuzfähnchen geschmückt und überall waren Plakate zu sehen, die verkündeten, dass Hitler der Mann sei, der in Österreich für Lohn und Brot sorgen werde. Vor den Parteizentralen in den verschiedenen Stadtbezirken hingen große Fahnen. Auch in dem jüdischen Stadtviertel wehten überall Fahnen und ein riesiges Banner versprach Adolf Hitler Zustimmung und unverbrüchliche Treue.

Am Samstag, dem Tag vor der Volksabstimmung (und dem Tag, als Freud und Anna ihre Übersetzung fertigstellten), traten Hitler und Goebbels in Wien vor eine gewaltige Menschenmenge. Eine nationalsozialistische Zeitung berichtete später davon, wie Dr. Goebbels vom Balkon aus den Deutschen das Großdeutsche Reich verkündet habe, wie er befahl, die Flaggen aufzuziehen, und wie Hunderttausende mit entblößtem Haupt dagestanden hätten. Später verglich sich Hitler indirekt mit Jesus, als er den Menschen mitteilte, wie stolz er sei, in Österreich geboren zu sein. »Ich glaube, daß es auch Gottes Wille war, von hier einen Knaben ins Reich zu schicken, ihn groß werden zu lassen und ihn zum Führer der Nation zu erheben, um es ihm zu ermöglichen, seine Heimat in das Reich heimzuführen.« Er habe an Deutschland in der Stunde seiner tiefsten Demütigung geglaubt, rief er, den Tränen nahe, der Menge zu.

Nun war es an der Zeit, dass Österreich seinen Glauben an Hitler unter Beweis stellte. Tags darauf fand die Volksabstimmung statt. In Österreich stimmten 99,73 Prozent der Wähler dem Anschluss zu, während in Deutschland 90,02 Prozent für die Vereinigung waren und 99,8 Prozent Hitlers Kandidatenliste für die Mitglieder des neuen Reichstags bestätigten. Nur 11 281 Österreicher, davon 4939 in Wien, stimmten gegen Hitler. »Für mich ist diese Stunde damit die stolzeste meines Lebens«, sagte Hitler.

Viele Zeugen der Ereignisse in Wien konnten nicht glauben, was sich da vor ihren Augen abspielte. Sie konnten es nicht fassen, dass ein ganzes Volk den Weg in die Barbarei antrat. Vor jedem neuen ungeheuerlichen Schritt dachten sie, es müsse endgültig der letzte sein. Folglich blieben viele von ihnen in Wien und mussten die Konsequenzen ihres Entschlusses ertragen. Freud dagegen hatte wie gesagt schon erklärt, warum das, was in Deutschland und Österreich, Italien, Japan und Spanien geschah, nahezu unvermeidlich war. Gewiss, er hat seine Überlegungen niemals auf die unmittelbar vor ihm liegende Situation bezogen, aber er muss doch eine stille, wenn auch bittere Genugtuung aus der Tatsache gezogen haben, dass er die entsetzlichen Geschehnisse so genau vorausgesehen hatte.

Der Faschismus entspringt laut Freud der Anziehungskraft des Führers, einer charismatischen Persönlichkeit, die
sich ihrer selbst und ihres Handelns vollkommen gewiss
ist. Wie exzentrisch, sprunghaft und merkwürdig Hitler in
seinem Privatleben auch gewesen sein mag, wenn er vor
einer Menschenmenge stand, spielte er seine Rolle meisterhaft. Hier endlich war ein Mann von ungeheurer Kraft,
deren Energien alle in eine Richtung flossen. Die für Freud
dabei entscheidende Frage lautete, weshalb die Figur des
absoluten Führers überhaupt für Menschen von so großer,
ja bisweilen von lebensnotwendiger Bedeutung war. Warum
flößte eine Gestalt wie Hitler eine an Verrücktheit gren-
zende Ehrfurcht ein?

Im Zentrum des Freud'schen Werkes steht eine grundlegende
Beobachtung: Die menschliche Psyche ist kein einheitliches
Ganzes, sondern zerfällt in verschiedene Bestandteile, die für
gewöhnlich miteinander im Konflikt stehen. Die Psyche der
Menschen ist nach Freud häufig bürgerkriegsähnlichen Spannungen ausgesetzt. Das Es leistet nur schwer Verzicht auf die
Befriedigung seiner Wünsche. Das Über-Ich, die als Anwalt
der Autorität auftretende seelische Instanz, betrachtet mit
Strenge die mannigfachen Begierden des Es. Ja, das Über-Ich
bestraft sogar oftmals das Selbst schon dafür, dass es bloß
verbotene Wünsche hegt, auch wenn es nichts tut, um diese
Wünsche zu befriedigen. Schließlich ist da noch das Ich, das
versucht, zwischen Über-Ich und Es zu vermitteln. Dies ist
vor allem deshalb ein Unterfangen von größter Schwierigkeit,
weil diese außerhalb des Bewusstseins des Ich operieren. Wie
Freud behauptet, können die Ansprüche des Über-Ich nämlich ebenso unbewusst sein wie die des Es. Außerdem muss
sich das »arme Ich« mit einer ihm häufig feindlich gegen-

überstehenden Außenwelt auseinandersetzen. Es ist daher leicht zu verstehen, warum das menschliche Leben Freud zufolge am treffendsten als nicht enden wollender Konflikt beschrieben wird. An einer bekannten Stelle in »Das Ich und das Es« bemerkt Freud, dass das Ich »unter drei Dienstbarkeiten steht und demzufolge unter den Drohungen von dreierlei Gefahren leidet: der von der Außenwelt kommenden, der von der Libido des Es und der von der Strenge des Über-Ich. Dreierlei Arten von Angst entsprechen diesen drei Gefahren, denn Angst ist der Ausdruck eines Rückzuges von der Gefahr.«

Die Menschheit, so Freud, hat viele verschiedene Lösungen für das Problem innerer Konflikte und die damit unvermeidbar verbundenen seelischen Schmerzen ersonnen. Viele dieser Lösungen kann man am besten als Formen des Rausches beschreiben. Der Rausch mildert die Gebote und Urteile des Über-Ich und macht sie so leichter erträglich. Wir trinken gerne ein, zwei Gläser Wein, behauptet Freud, weil Alkohol die Forderungen des Über-Ich lockert. In einem Brief an seine Verlobte Martha hatte Freud einst nach dem Grund gefragt, weshalb wir Menschen uns nicht dauernd betrinken. Die Antwort, die Freuds späteres Werk auf diese Frage nahelegt, lautet, dass wir es deshalb nicht tun, weil wir die schmerzlichen Folgen des Rausches am nächsten Morgen nicht ertragen können. Diese Schmerzen werden nicht allein durch den toxischen Charakter des Alkohols verursacht, sondern auch dadurch, dass das Über-Ich wieder seine Autorität geltend macht und das Ich dafür bestraft, diese Autorität durch das peinliche Verhalten am Abend zuvor untergraben zu haben.

Eine ähnliche Wirkung hat es, wenn man sich verliebt, behauptet Freud im Anschluss an eine tausend Jahre alte

Tradition in der europäischen Dichtkunst. Die Verliebtheit erlaubt dem Ich, sich der Herrschaft des Über-Ich zu entziehen und sich stattdessen von den Wünschen und Urteilen der Geliebten beherrschen zu lassen. Die Geliebte ersetzt das Über-Ich, zumindest für eine Weile, sie spendet dem Liebhaber wunderbaren Beifall und erzeugt ein Gefühl nahezu magischen Wohlbefindens. Wenn wir uns betrinken oder uns verlieben, geben unsere inneren Konflikte plötzlich nach. Ein in sich gespaltenes Wesen wird wieder ganz und ist, jedenfalls für eine kurze Zeit, glücklich. Aber diese Formen des Rausches sind ihrer Natur nach von begrenzter Wirksamkeit: Nach dem Rausch folgt der Kater, nach der Verliebtheit die Ehe.

Freud hatte keine Bedenken, die Beziehung der Masse zu ihrem Führer als eine erotische zu charakterisieren. (Diese Ansicht wurde durch Hitler gewissermaßen gestützt, der die Masse, zu der er sprach, als seine »einzige Braut« bezeichnete.) Die Menschen in der Menge würden von ihrem Führer geradezu hypnotisiert, wie Freud meinte. Der Führer nehme den Platz des Über-Ich ein, den er aus verschiedenen Gründen nicht mehr räume. Er biete ihnen die Gelegenheit, sich psychisch neu auszurichten. Während das individuelle Über-Ich häufig widersprüchlich und unzugänglich weil unbewusst sei, lasse das kollektive Über-Ich, der Führer, keine Zweifel an seinen Werten, sondern vertrete sie mit einem Absolutheitsanspruch. Die Menschen würden ihn mit dem Ewigen, mit Gott, dem Schicksal und der absoluten Wahrheit assoziieren. Er befriedige das Verlangen, aus dem Zusammenhang von Zeit und Zufall herauszutreten und an einer Sache teilzuhaben, die mächtiger und beständiger sei als die vergänglichen menschlichen Unternehmungen. Indem der Führer einen Wertekodex verkünde, der für alle gelte, lösche er die Unterschiede zwischen den einzelnen Menschen aus, die eine Quelle großer Ängste sein können. Jedermann in Deutschland und nach der Volksabstimmung auch in Österreich konnte nun das Vaterland lieben, an sein Volk glauben, den Juden die Schuld geben und Anteil an der großen Mission des Reiches haben.

Der Führer kann indessen auch nachgiebig sein. Während unter dem alten Über-Ich Gewalt und Diebstahl verboten waren, werden sie von dem neuen Über-Ich, dem Führer, unter gewissen Bedingungen erlaubt. So konnten nichtjüdische Wiener Bürger, die vorher sehr tolerant gewesen waren, am Tag von Hitlers Ankunft auf ihre jüdischen Nachbarn losgehen – und das mit gutem Gewissen. Wenn sie in jüdische Wohnungen einbrachen und jüdisches Eigentum entwendeten, jüdische Geschäfte verwüsteten und jüdische Kinder dazu zwangen, Bürgersteige zu reinigen, so taten sie damit zweierlei: Sie befriedigten ihr aggressives Verlangen und schufen gleichzeitig eine Gesellschaft, die höheren Werten folgte und nicht mehr von den Juden beherrscht wurde. Sie handelten also in der Überzeugung, dass alles, was sie taten, rechtmäßig sei, das heißt, im Einklang mit ihrem neuen Über-Ich. Alle in ihrer Psyche gewöhnlich durch Ambivalenzen gebundenen Energien konnten nun befreit werden. Die Angst, die dadurch entsteht, dass man etwas Verbotenes gleichzeitig tun und nicht tun möchte, konnte sich nun entladen. Das Ergebnis dieser Entladung war ein gewaltiger Ausbruch kollektiver Leidenschaft und Barbarei. So konnte man auf den Straßen Wiens an den Menschenmassen genau das beobachten, was Freud in *Massenpsychologie und Ich-Analyse* vorhergesagt hatte: »die Züge von Schwächung der intellektuellen Leistung, von Ungehemmtheit der Affektivität, die Unfähigkeit zur Mäßigung und zum Aufschub, die Neigung zur Überschreitung aller Schranken in der Gefühlsäußerung und zur vollen Abfuhr in Handlung«.

Freud war kein Historiker, und er machte sich keine Gedanken darüber, warum bestimmte geschichtliche Augenblicke solchen Explosionen förderlicher waren als andere. Tatsache ist aber, dass das Auftreten einer Führerfigur, die sowohl das Bedürfnis nach Ordnung als auch das Verlangen nach Zügellosigkeit befriedigen kann, dann die größte Wirkung zeigt, wenn die Welt, in der die Menschen leben, chaotisch, unübersichtlich und voller Widersprüche ist. Eine solche Zeit durchlebte man gerade in Wien, ebenso wie man sie zuvor in Deutschland durchlebt hatte. Es war eine Zeit, in der nach der treffenden Formulierung von Marx »alles Ständische und Stehende verdampft« war. Der Historiker Alan Bullock erklärte sie folgendermaßen: »Die Deutschen hatten zwischen 1918 und 1923 bereits eine Reihe von Schocks hinnehmen müssen: die Niederlage nach einem opferreichen Krieg, den Vertrag von Versailles, die Reparationen, den Zusammenbruch der Monarchie, die Revolution, Phasen des Bürgerkriegs, die Inflation. Das akkumulierte Ergebnis dieser Traumata waren Ängste und eine existentielle Unsicherheit, die durch die Wirtschaftskrise von 1929 wiederbelebt wurden, ein besonders schmerzlicher Schock nach den Jahren der wirtschaftlichen Erholung, die im nachhinein wie eine trügerische Illusion wirkten. Millionen von Deutschen fühlten sich in den frühen dreißiger Jahren wie Überlebende eines Erdbebens, die gerade angefangen hatten, ihre Häuser wiederherzurichten, als die Erde von neuem zu beben begann und alles um sie herum ein zweites Mal zusammenstürzte. In solchen Situationen verlieren viele Menschen die Orientierung, verfallen in tiefste Verzweiflung und nähren zugleich imaginäre Hoffnungen.«

Freud zufolge sehnen wir uns alle nach innerem Frieden. Wie er in seinem Aufsatz »Das Ich und das Es« schreibt, brauchen wir unter anderem deshalb regelmäßigen Schlaf, weil die Aufrechterhaltung der inneren Spannungen so viel Energie kostet. Wenn wir schlafen und träumen, lockern sich diese Spannungen ein wenig. Verständlicherweise hegen wir den nicht ungefährlichen Wunsch, diese Spannungen nicht nur nachts, sondern auch in unserem alltäglichen Leben aufzulösen, und wir finden eine Vielzahl von Mitteln und Wegen, dies zu erreichen. Wenn uns jemand einen Witz erzählt, kommen, zumindest für einen kurzen Augenblick, unsere verbotenen Wünsche zum Ausbruch. Auch beim Anblick von etwas Schönem kann unser innerer Tumult für kurze Zeit zur Ruhe kommen. Wenn wir uns verlieben oder spielen, erleben wir bis zu einem gewissen Grad ein Gefühl des Rausches. Aber diese Erfahrungen steigern natürlich nur unseren Wunsch, das Erlebnis zu verlängern, ihm Dauer zu geben.

Wir sehnen uns vor allem danach, unser widersprüchliches, unergründliches Über-Ich durch eine Autorität zu ersetzen, deren Gebote leichter zu verstehen sind, die gleichzeitig aber auch nachgiebiger ist. Wir suchen nach einem starken Mann mit einer einfachen Lehre, die verständlich macht, warum wir leiden müssen, die uns sagt, wo unsere Feinde stehen, die unsere Energien konzentriert und die uns erlaubt, uns verbotene Wünsche mit gutem Gewissen zu erfüllen. Wenn ein solcher Mann mit seinen trügerischen Versprechungen im rechten Moment erscheint, erfüllt er unser Leben plötzlich mit neuem Sinn und gibt uns etwas, das dauerhafter ist als Wein und beständiger als die Liebe, nämlich das Gefühl, ganz zu sein. Unsere Angst verschwindet und wir fühlen uns frei. Der Mann, der uns auf diese Weise zu berauschen vermag, muss laut Freud vollkommen selbstsicher auftreten. Manchmal wird er sich auf Gott als die Quelle und den Garanten seiner Autorität berufen, manchmal jedoch auch nicht. Aber egal in welcher Form er erscheinen mag, sei es als ein Hitler, ein Stalin oder ein Mao, er wird versprechen, die Menschen aus ihrer Verwirrung und ihrem Chaos zu befreien und ihnen ein Ziel zu geben.

Der auf den 17. April fallende Ostersonntag war der zweiundfünfzigste Jahrestag der Eröffnung von Freuds psychoanalytischer Praxis. Es war ein trauriger Jahrestag, nicht zuletzt deshalb, weil Freud, der sich häufig zuallererst als Arzt sah, keine Patienten mehr empfangen konnte. Nach dem Anschluss entließ er die beiden noch verbliebenen, da er es für unmöglich hielt, unter den gegebenen Umständen beziehungsweise Unruhen weiter als Psychoanalytiker zu arbeiten. »Wenn das Bewusstsein geplagt ist«, sagte er, »kann man sich nicht für das Unbewusste interessieren.« Freud konnte auf eine lange und erfolgreiche Laufbahn als Analytiker zurückblicken, aber ein solcher Rückblick musste in dieser Situation schmerzlich für ihn sein. Zu ihm kamen Patienten, die häufig verzweifelt waren, weil niemand sie von ihren Leiden befreien konnte. Wenn sich der gewöhnliche Arzt einer Neurose gegenübersah, warf er meist schnell die Flinte ins Korn. Männer und Frauen, die an Essstörungen litten, die nicht in der Lage waren, einen öffentlichen Platz zu betreten, die es nicht ertrugen, sich mit ihren Eltern in einem Raum aufzuhalten, die so sehr von Verhaltensritualen in Beschlag genommen waren, dass sie neben ihren traurigen Zwangshandlungen überhaupt kein Leben hatten – das waren die Menschen, die Freud aufsuchten. Er zeigte ihnen, so gut er konnte, wie vielschichtig ihre Wünsche und wie stark ihre Hemmungen waren. Er konfrontierte sie mit Deutungen ihres Verhaltens, die sie aufs Äußerste beunruhigten – sie seien in den Mann ihrer Schwester verliebt oder wünschten, ihr geliebter Bruder wäre tot – und widerlich fanden. Mit der Zeit aber erkannten sie, dass an diesen Deutungen etwas richtig war, denn tatsächlich begehrten sie Verbotenes. Daran war jedoch nichts außergewöhnlich, denn das tat jeder andere auch, wie sie der Professor aufklärte. Vielleicht waren ihre Wünsche heftiger, als dies normalerweise der Fall war, oder ihre Hemmungen stärker als die anderer Menschen, aber daran war nichts Abscheuliches. »Wir sind alle krank«, pflegte Freud zu sagen. Die Psychoanalyse lehrt unter anderem, dass es keine Wünsche gibt, die nicht schon jemand vor einem gehabt hätte. Freud hatte alles schon einmal gesehen oder es sich zumindest vorgestellt. Er befreite seine Patienten, indem er sie in die Lage versetzte, einen Blick auf ihre seltsamen Wünsche zu werfen und sich diese dann mit einer gewissen Toleranz und sogar einer Portion Humor genauer anzusehen. Dem Therapeuten Freud ist es zu verdanken, so Auden, dass »das Kind, unglücklich in seinem kleinen Staate, / irgendeinem häuslichen Herd, wo Freiheit verpönt ist, / einem Bienenstock, dessen Honig Sorge ist und Furcht, / sich ruhiger fühlt, irgendwie des Fluchtweges sicher«.

Gewiss, Freud konnte ein dominanter und manchmal auch herrischer Therapeut sein. Die frühen Fallstudien, vor allem die Geschichten von Dora und Emma Eckstein, sind bisweilen eine wenig ermutigende Lektüre. Gefangen in der »Gegenübertragung«, dem Gewebe von Phantasien über den Patienten, das der Analytiker selbst spinnt, dachte Freud zum Beispiel in einer bestimmten Phase von Doras Analyse, dass sie unbedingt von ihm und niemand anderem geküsst werden wollte.

Außerdem konnte Freud auf geradezu bestürzende Weise distanziert zu seinen Patienten sein. Hin und wieder setzte er sich sogar über seine eigene Überzeugung hinweg, dass in der Analyse alles toleriert werden müsse, und urteilte über besonders kranke Patienten, sie seien kaum der Mühe wert. Das Behandlungszimmer war Freuds Labor und gelegentlich betrachtete er seine Patienten, als seien sie nichts weiter als die Lieferanten faszinierender Daten.

So eine herablassende Haltung nahm der Therapeut Freud jedoch nur selten ein. Im günstigsten Fall sah er sich als Erzieher. Er lehrte seine Patienten, sich auf eine neue Weise zu beschreiben, toleranter und weniger moralisch, wodurch es ihm – manchmal etwas mehr, manchmal etwas weniger – gelang, sie aus ihrer Verwirrung und ihrem Selbsthass zu befreien. Zumeist mochte Freud seine Patienten, wenn auch auf eine für ihn eigentümlich strenge Weise. Dass er nun keine Patienten mehr empfangen konnte, hinterließ zweifellos eine Leere in seinem Gefühlsleben und schnitt ihn zugleich von seiner wahrscheinlich größten Inspiration als Denker und Schriftsteller ab. Freud sah im Verhalten eines Neurotikers eine Erweiterung beziehungsweise Übertreibung normalen menschlichen Verhaltens und keineswegs etwas dem normalen Menschen Fremdes. Das Verhalten neurotischer Patienten, so dachte er, verhelfe ihm dazu, sich selbst und die Menschheit als Ganze besser zu verstehen. Ihre Leiden waren gewissermaßen seine eigenen und die eines jeden.

Nicht nur von seinen Patienten musste sich Freud verabschieden. Am 19. April übergab er seinem Bruder Alexander seinen Vorrat an Zigarren. »Dein zweiundsiebzigster Geburtstag«, so schrieb Freud, »trifft uns in einer Situation einer Trennung nach langem Zusammenleben. Es ist hoffentlich keine Trennung für immer, aber die Zukunft, immer unsicher, ist gegenwärtig besonders schwer zu erraten. Ich bitte Dich, die guten Zigarren zu übernehmen, die sich im Laufe des Jahres bei mir angesammelt haben, da Du Dir einen solchen Genuß noch gönnen darfst, ich nicht mehr.« Schon als Vierundzwanzigjähriger hatte Freud angefangen zu rauchen, zunächst Zigaretten, bald aber nur noch Zigarren. Auch sein Vater war ein starker Raucher gewesen, der diesem Laster bis zu seinem einundachtzigsten Lebensjahr treu blieb, bis zu dem Alter also, in dem sich auch Freud zugunsten des Bruders von seinem Zigarrenvorrat trennte. Auf dem Höhepunkt seiner Laufbahn als überzeugter Raucher gab sich Freud nicht damit zufrieden, dem Tabakgenuss zu frönen, sondern trat engagiert für ihn ein. Als sein Neffe Harry siebzehn Jahre alt war, bot ihm Freud seine wahrscheinlich erste Zigarette an. Er sagte zu ihm:»Mein Junge, Rauchen ist eine der größten und billigsten Vergnügungen im menschlichen Leben, und wenn Du von vornherein beschließt, nicht zu rauchen, so kann ich Dich nur bedauern.«

Freud bezeichnete das Rauchen als »Schutz und Waffe im Kampf mit dem Leben«, und er betrieb es stets mit Hingabe, da es ihm große Ausgeglichenheit schenkte. Als er 1929 eine bösartige Wucherung an seinem Kiefer und Gaumen entdeckte, verheimlichte er dies eine Zeit lang vor seinen Ärzten, da er wusste, sie würden ihm das Rauchen verbieten. Schließlich ließ er die Geschwulst doch von einem Arzt untersuchen, der die von ihm selbst vermutete Diagnose bestätigte und den erwarteten medizinischen Rat erteilte. Aber wie Freud nun einmal war, hörte er nicht auf seinen Arzt und rauchte weiter.

Zigarrenrauchen gab Freud, der, von einem kurzzeitigen Experiment mit Kokain in jungen Jahren einmal abgesehen, niemals irgendwelche anderen Drogen angerührt hatte, gleichzeitig Energie und Gelassenheit, eine Verbindung, die er zum Schreiben brauchte. Rauchen beruhigte seine Nerven und verhalf ihm dazu, sich ganz auf den Gegenstand zu konzentrieren, mit dem er sich gerade beschäftigte. Seine Zigarre gab ihm irgendwie das Gefühl, ganz zu sein. Als sein früherer Vertrauter Fließ ihn von der Notwendigkeit überzeugt hatte, das Rauchen psychoanalytisch zu betrachten, musste er zugeben, dass es wie alle anderen Süchte auch ein Ersatz für die regressivste aller Süchte sei, das Masturbieren. Aller Wahrscheinlichkeit nach bezog Freud diese Diagnose jedoch nicht auf sich selbst. Er war schließlich, wie er selbst meinte, ein relativ vernünftiger Mensch, der die Fähigkeit, zu lieben und zu arbeiten, besaß – wenngleich ihm mit der Zeit vielleicht bewusst wurde, dass er von allen Dingen in seinem Leben am meisten die Arbeit liebte.

Wenn man sich dem Tabakgenuss verschreibt, entwickelt man damit ein starkes und dauerhaftes Verlangen, und weil Tabak süchtig macht, ist das Verlangen danach fast so heftig wie der Wunsch, geliebt zu werden oder berühmt zu sein. Das Verlangen zu rauchen kann allerdings jederzeit gestillt werden, und ob man ihm nachgibt, hängt weitgehend nur von einem selber ab. Für Liebe und Ruhm braucht man dagegen andere Menschen, einen willigen Partner, eine bewundernde Menge. Freuds Verlangen nach Zigarren war so stark, wie das Verlangen eines Menschen nur sein kann, und er war in der Lage, es selbst zu befriedigen. Aus einer Mischung von Bewunderung und Sorge bemerkte sein Schüler Ferenczi ihm gegenüber einmal, Freud fühle sich am besten, wenn er von der ganzen Welt unabhängig sei.

Doch auch nachdem er Alex seine Zigarren gegeben hatte, sollte Freud noch weiterrauchen. Wie man Lebensmittel braucht, um leben zu können, so bedurfte Freud seiner Zigarren als ›Arbeitsmittel‹, und er hatte seiner eigenen Einschätzung nach noch beträchtliche Arbeit zu erledigen. Falls er aus der Begegnung mit Hitler und den Nazis irgendwie unbeschadet hervorgehen sollte, hatte er noch einen anderen Kampf geplant, und zwar gegen keinen Geringeren als seinen alten Widersacher Jahwe – Gott selbst.

Während Freud also im Begriff war, seine Praxis aufzugeben, und zumindest so tat, als würde er sich auch von seinen geliebten Zigarren verabschieden, feierte Hitler Erfolge. Noch begeistert von seinem Sieg in Österreich, wandte sich der »Führer«, der in seiner Treffsicherheit, wo und wann der nächste Schritt zu tun war, für eine Weile das Genie eines Caesars oder Napoleons an den Tag legte, seinem nächsten Ziel zu: der Tschechoslowakei. Der deutsche Generalstab hatte einen Plan für die Invasion dieses kleinen, von den Alliierten nach dem Ersten Weltkrieg künstlich geschaffenen Landes entworfen, den sogenannten Fall »Grün«. Bereits seit zwei Jahren lag er unangetastet in der Schublade. Als Hitler sah, wie reibungslos die Dinge in Österreich gelaufen waren, suchte er nun einen Vorwand, um in die Tschechoslowakei einmarschieren zu können. Ein solcher war nicht schwer zu finden: Dreieinhalb Millionen Sudetendeutsche klagten immer heftiger über die Verfolgung, der sie in der Tschechoslowakei angeblich ausgesetzt waren.

Noch befürchtete Hitler, Frankreich, England und sogar die Vereinigten Staaten könnten ihn durch ihre Intervention aufhalten. Deshalb begab er sich Anfang Mai (Freud wartete noch immer auf sein Ausreisevisum) in Begleitung eines fünfhundert Mann starken uniformierten Stabs nach Italien, um sich für sein nächstes Abenteuer Mussolinis Segen zu holen.

Der Italienbesuch stellte aus Hitlers Sicht eine einzige fortgesetzte Beleidigung für ihn dar. Er und sein Gefolge wurden nicht von Mussolini, sondern von König Viktor Emanuel III. in Empfang genommen, und Hitler wurde nicht in einem Automobil befördert, sondern in einer vierspännigen Kutsche. Dabei liebte er es doch, in einem modernen Gefährt chauffiert zu werden, und war stets bereit, in ein Flugzeug zu steigen, gleichgültig wie schlecht die Wetterbedingungen waren. Beim Abendessen musste er neben der Königin sitzen, die viel größer war als er und ihn albern aussehen ließ. Um den Hals trug sie ein Kreuz, was gewiss ein weiterer Versuch war, ihn herabzusetzen. Der König seinerseits streute Gerüchte, dass Hitler sich täglich Betäubungsmittel injiziere. Nach einem Abend in der Oper erschien Hitler in der Öffentlichkeit in einem Smoking, der nicht gerade schmeichelhaft für ihn war. »Der deutsche Führer und Reichskanzler sah aus wie ein wildgewordener Oberkellner«, berichtete ein Beobachter.

Mussolini hielt sich im Hintergrund und setzte für Hitler und sein riesiges Gefolge eine absurde Veranstaltung nach der anderen an. Hitler indessen ließ alles über sich ergehen. Schließlich gelang es ihm aber doch, mit Mussolini alleine zu sprechen und mit ihm die tschechoslowakische Frage zu erörtern. Mussolini ließ Hitler wissen, dass das kleine Land ohne Bedeutung für ihn sei und Hitler mit ihm verfahren könne, wie es ihm beliebe. Was die Alliierten anging, so vermutete Hitler, dass sie genau das tun würden, was sie nach Hitlers vorangegangenen Provokationen getan hatten, nämlich gar nichts. (Hitler gefiel sich darin, die führenden Politiker Englands und Frankreichs als »Würmchen« zu bezeichnen.) In dieser wie auch in anderen Angelegenheiten, die im Frühjahr 1938 entschieden wurden, sollte Hitler recht behalten. So schrieb der britische Premierminister Neville Chamberlain an seine Schwester: »Man braucht sich nur die Karte ansehen, um zu erkennen, daß nichts, was Frankreich oder wir tun könnten, die Tschechoslowakei davor bewahren wird, von den Deutschen überrannt zu werden, wenn sie wollen ... Deshalb würden wir der Tschechoslowakei nicht helfen. Sie wäre nur der Vorwand, gegen Deutschland Krieg zu führen. Das könnten wir nicht tun, wenn wir nicht die Aussicht hätten, es in absehbarer Zeit in die Knie zu zwingen, und dafür sehe ich kein Anzeichen.« Stalin versicherte der tschechoslowakischen Regierung seine unverbrüchliche Loyalität, in Wirklichkeit aber wäre es ihm lieber gewesen, wenn nicht Russland, sondern England und Frankreich die Tschechoslowakei schützen würden. All dies hatte Hitler rasch durchschaut. Ja, er hatte bei seinem Italienbesuch Demütigungen hinnehmen müssen, die Mussolini zu gegebener Zeit büßen sollte, aber nun war er bereit, das Deutsche Reich zu erweitern.

In Freuds Reich herrschten unterdessen Krankheit, Alter, Angst und Langweile. Während Anna, Ernest Jones und die Prinzessin mit den Nationalsozialisten verhandelten, saß Freud zu Hause und wartete. Immer noch mit der Arbeit an seinem Moses-Buch beschäftigt, schrieb er daran täglich eine Stunde. Er las, so viel er konnte, und versuchte gewissenhaft, seine Korrespondenz zu erledigen, doch die meiste Zeit verbrachte er mit quälender Warterei. Am 26. April erlitt Freud einen Hörsturz. Seit einiger Zeit schon hatte er Probleme mit dem Hören gehabt. Postoperative Infektionen hatten sein Hörvermögen auf der vom Krebs befallenen Seite so stark beeinträchtigt, dass er häufig seinen Stuhl umdrehen musste, um zu verstehen, was seine Patienten sagten. Aber nun konnte er eine kurze Zeit lang gar nichts mehr hören. Dies war vielleicht sogar ein Glück, denn am 1. Mai hätte Freud sonst die Schüsse vernehmen müssen, die die feiernden Nazis abgaben. Es war aller Wahrscheinlichkeit nach auch der Tag, an dem man über dem Eingang der Berggasse 19 die Hakenkreuzfahne aufzog, neben einem Banner mit der Losung:»Dieser Mai soll dokumentieren, daß wir nicht stören wollen, sondern aufzubauen gedenken.« Bei den Störern handelte es sich vermutlich um die Marxisten des»roten Wien«, wie es einst geheißen hatte. Der 1. Mai war ihr Tag gewesen, der Tag, an dem die Arbeiter ihre Massenfeiern abhielten. Nun gehörte dieser Feiertag wie alles andere auch den Nazis.

Der 6. Mai war Freuds zweiundachtzigster Geburtstag. Freud hatte nie viel auf seine Geburtstage gegeben, sie erinnerten ihn nur an seine Sterblichkeit, und er war stets leicht verärgert, wenn man an diesem Tag viel Aufheben um ihn machte. Zwei Jahre zuvor, zu Freuds achtzigstem Geburtstag, gab es eine Flut von Glückwünschen, die er nicht erwartet hatte. Als Ernest Jones Freud im Jahr 1936 mitteilte, dass die British Analytical Society für den 6. Mai eine größere Feier plane, entgegnete ihm Freud, es sei unsinnig, runde Geburtstage zu feiern, vor allem, wenn der Jubilar selbst nicht mehr unversehrt sei. Damals war auch davon die Rede gewesen, dass Freud den Nobelpreis bekommen solle. Auch das hatte Freud geärgert, schließlich war er ein Renegat, und Renegaten gewannen keine bedeutenden Preise.

Doch ungeachtet seines Protests erhielt Freud zu seinem achtzigsten Geburtstag Glückwünsche aus der ganzen Welt. Albert Einstein, Thomas Mann, H. G. Wells, Romain Rolland, Albert Schweitzer, Stefan Zweig und viele andere hatten geschrieben. Als er Stefan Zweig für seinen Glückwunsch dankte, bemerkte Freud:»Obwohl ich ungewöhnlich glücklich in meinem Haus gewesen bin, mit Frau und Kindern und einer Tochter besonders, die in seltenem Ausmaß alle Ansprüche eines Vaters befriedigt, so kann ich mich der Armseligkeit und Hilflosigkeit des Altseins doch nicht befreunden und sehe dem Übergang ins Nichtsein mit einer Art von Sehnsucht entgegen.«

Sehr unwahrscheinlich ist allerdings, dass Einsteins Geburtstagsbrief Freud nicht gerührt hat, denn Einstein war das, was Freud oft mehr als alles andere sein wollte: ein Wissenschaftler. Einstein schrieb ihm, er sei immer von Freuds spekulativer Kraft und seinem kulturellen Einfluss beeindruckt gewesen. In letzter Zeit habe er jedoch Gelegenheit gehabt, von Fällen zu hören, die ihm klar gemacht hätten, dass Freuds Lehre von der Verdrängung nicht nur intelligent, sondern auch wahr sei. »Dies empfand ich als beglückend«, schrieb er, »denn es ist stets beglückend, wenn eine große und schöne Idee sich in Wirklichkeit als zutreffend erweist.« Anna überreichte Freud ihr kürzlich fertiggestelltes Buch *Das Ich und die Abwehrmechanismen*, über das er sich ebenfalls sehr freute. Das Beste an den Feierlichkeiten war jedoch aus seiner Sicht, dass sie schließlich zu Ende gingen.

Sein bevorstehender zweiundachtzigster Geburtstag beunruhigte Freud noch stärker, weshalb er sich kurzerhand entschloss, ihn ganz zu ignorieren. An Ernest Jones schrieb er, dass er »absolut untätig und sonst unbrauchbar« in seinem Arbeitszimmer sitze. »Wir haben beschlossen, daß dieser Geburtstag nicht gelten soll, daß er auf den 6. Juni, Juli, August usw., kurz auf ein Datum nach unserer Befreiung, verschoben wird, und ich habe in der Tat keine der eingetroffenen Zuschriften, Telegramme u. dgl. beantwortet.

Nun scheint es doch, daß wir noch im Mai in England landen werden. Ich sage, es scheint, denn trotz aller Zusagen ist die Unsicherheit das alles beherrschende Moment. «Freuds Entschluss, Österreich so bald als möglich den Rücken zu kehren, war stärker denn je. Kurz nach seinem Geburtstag schrieb er an seinen Sohn Ernst:»Zwei Aussichten erhalten sich in diesen trüben Zeiten, Euch alle beisammen zu sehen und – ›to die in freedom‹.« To die in freedom, in Freiheit zu sterben – diese Worte bringen Freuds Verbundenheit mit dem Land zum Ausdruck, in dem er hoffte, ein neues Zuhause zu finden. Außerdem unterstreichen sie seine Entschlossenheit, Hitler und Wien den Rücken zu kehren – und zwar mit aller Würde, die sich für sein Alter und das, was er erreicht hatte, ziemte.

Die Gestapo aber hatte andere Pläne. Überall in Wien wurde das Eigentum wohlhabender Juden konfisziert, während diese selbst, manchmal mit ihrer ganzen Familie, nach Dachau gebracht wurden. Warum sollte es Freud anders ergehen? Zumal seine Lehren, vor allem seine »Überschätzung des Trieblebens«, dem neuen Regime besonders zuwider waren. Warum sollte man also nicht an Freud ein Exempel statuieren?

Unterdessen gab es für den nach der Mitgliedschaft in der nationalsozialistischen Partei strebenden Doktor Anton Sauerwald im Verlag einiges zu entdecken. Bei seiner Lektüre von Freuds Werken fand er heraus, was für ein faszinierender Denker der ihm anvertraute alte Mann war. Und er entdeckte außerdem, dass ihm Freud durchaus sympathisch war, dieser ehrwürdige, nachdenkliche und auch mutige Mann. In der Folge begann Sauerwald, Freud und seine Familie etwas höflicher zu behandeln. Wenn jemand von der Gestapo unverschämt zu Freud war, entschuldigte Sauerwald sich nachher bei Anna dafür. Was könne man schon von diesen Preußen erwarten, die Freud nicht kannten?

Beim Durchsehen von Freuds privaten Unterlagen bemerkte Sauerwald aber auch, dass dieser gegen die Gesetze verstieß, indem er ohne Wissen der Nazis ausländische Konten unterhielt. Das war nicht nur strafbar, dafür konnte Freud im Prinzip sogar zum Tode verurteilt werden. Sicher wird Sauerwald der Gedanke gekommen sein, welche persönlichen Vorteile sich für ihn ergäben, wenn er davon Bericht erstattete. An Freuds Geburtstag ließ der amerikanische Botschafter in Berlin, Hugh Robert Wilson, den Außenminister Cordell Hull wissen, dass es nur noch eine Angelegenheit zu klären gebe, bevor Freud ausreisen dürfe, nämlich die Begleichung seiner Schulden beim Verlag. Die Entscheidung über diese Angelegenheit lag im Ermessen von Doktor Anton Sauerwald.

Eine Woche nach seinem Geburtstag erhielten Freud und seine Familie von den Nationalsozialisten neue Pässe. Ihre österreichischen Ausweise waren ja von einer Gruppe von Nazis konfisziert worden. Allerdings hätten sie ihnen ohnehin nichts mehr genützt, da es ja kein Österreich mehr gab. Die ab dem 12. März ausgegebenen neuen Papiere waren deutsche Pässe und trugen gut sichtbar auf der Vorderseite den Adler und das Hakenkreuz. Auf dem Passfoto, das Edmund Engelmann von Freud machte, trägt er einen dunklen Anzug mit Krawatte. Freuds Hemdkragen ist am Hals etwas weit, ein Zeichen dafür, dass er in letzter Zeit stark an Gewicht verloren hatte. Freud sieht unsagbar müde aus, etwas verwirrt und auch leicht verärgert. Jedenfalls macht er nicht den Eindruck, als sei er bereit zu einem neuen Anfang, einem neuen Leben in einem fremden Land.

Am 5. Mai hatte es Tante Minna trotz ihrer Krankheit geschafft, nach London zu reisen. Am 24. Mai reisten Freuds Tochter Mathilde und ihr Mann Robert ab. Am 14. Mai verließ Freuds Sohn Martin Wien, um nach Paris zu fahren, wohin seine Frau und ihre beiden Kinder bereits geflohen waren. Obwohl es Martin gelungen war, eine ganze Reihe von belastenden Unterlagen verschwinden zu lassen, waren den Nazis dennoch einige kompromittierende Dokumente in die Hände gefallen. Diese belegten vermutlich die Existenz geheim gehaltener Geldsummen, die Martin gehörten. Wie sich herausstellte, war der selbst mehrfach vorbestrafte stellvertretende Polizeipräsident ein guter Freund von Martins Köchin. Durch ihre Vermittlung konnte Martin zwar die meisten Dokumente zurückkaufen, wenn auch nicht alle. Kurz darauf erfuhr er nämlich, dass er verhaftet werden sollte. Am Samstag, den 14. Mai, bestieg er deshalb den Zug nach Paris.

Martin wusste, dass es streng verboten war, Gelder aus Deutschland auszuführen, darum schickte er alle Banknoten, die er noch besaß, an einen Freund in Wien und behielt nur ein paar Münzen bei sich. Aber auch das war vielleicht noch zu viel Geld. Martin hatte gehört, dass kürzlich ein Jude aus dem Zug geholt und erschossen worden war, weil man Briefmarken in seiner Brieftasche gefunden hatte. Aus diesem Grund entschloss er sich, nur so viel Geld mitzunehmen, wie nötig war, um sich im Zug etwas zu essen zu kaufen.

Nach dem Einsteigen ging Martin in den Speisewagen und bestellte sich ein ganzes gebratenes Hähnchen. Er bat den Kellner, es bis zum nächsten Morgen im Eisschrank aufzubewahren, was sofort das »tiefe Mißtrauen dieses

Mannes, der ein Nazi war«, erregte. »Er sagte, daß diese ungewöhnliche Bitte eine Übertretung der Zollbestimmungen darstelle und daß er mich dafür bei der Gestapo anzeigen müsse.« Martin nahm daher von seinem Wunsch Abstand, trug das Hähnchen in sein Abteil und verzehrte es, während der Speisewagenkellner ihn vom Gang aus beobachtete. Wie sich herausstellte, gab es keine Grenzkontrollen und Martin überquerte unbelästigt die Rheinbrücke bei Straßburg.

Freud wartete währenddessen auf eine Entscheidung der deutschen Behörden. Was er nicht wusste, war, dass Anton Sauerwald sich jeden Moment entschließen konnte, das aufzudecken, was er über Freud herausgefunden hatte. Am 21. März hatte Freud eine Schätzung seiner kostbaren Antiquitätensammlung erhalten, die als Grundlage für die Berechnung einer »Reisefluchtsteuer« diente. Diese musste Freud zahlen, um die Sammlung ins Ausland mitnehmen zu können. Die Sammlung wurde auf 30 000 Reichsmark geschätzt, weit unter ihrem wirklichen Wert. Hans von Demel, der Kurator des Kunsthistorischen Museums in Wien, wollte Freud einen Gefallen tun, indem er den Wert der Sammlung niedrig ansetzte, damit dieser durch die anfallenden Steuern nicht übermäßig belastet wurde.

Freuds Leidenschaft für seine Antiquitäten war in diesem Frühjahr stärker denn je. Er verbrachte viel Zeit damit, seine Bücher und Statuen zu ordnen, und fing sogar damit an, sie zu katalogisieren. Für einen in solchen Dingen eher unsystematischen Menschen wie Freud war das recht ungewöhnlich. Was wird ihm wohl durch den Kopf gegangen sein, als er sich einen Überblick über seine Kunstwerke verschaffte? Der Erwerb einer solchen Sammlung war für Freud eine Art Berufung gewesen, obwohl er stets knapp bei Kasse war und jeden Kauf sorgfältig überdenken musste. Einmal wöchentlich hielt er eine offene Sprechstunde ab. Das dabei verdiente Geld steckte er in seine Liebhaberei.

Bei der Betrachtung seiner Antiquitäten erinnerte er sich vielleicht, wie und für welchen Preis er jede einzelne von ihnen erworben hatte. Freud verstand es zu feilschen und kannte sich auf dem Antiquitätenmarkt gut aus. Nur selten wurde er übers Ohr gehauen. Wahrscheinlich fragte er sich dennoch bei dem einen oder anderen Stück, ob es wirklich echt war. Er hatte zwar ein gutes Auge, aber auf dem Markt wurden viele Fälschungen angeboten. (Und in der Tat hat Freud auch einige Fälschungen gekauft.) Die Art von Antiquitäten, die Freud liebte, wurden zu seiner Zeit allerdings nicht so hoch gehandelt, als dass es sich gelohnt hätte, sie in großem Stil zu fälschen.

Viele Jahre lang hatten Freud seine Antiquitäten auch als Mittel zur Veranschaulichung seiner psychoanalytischen Lehren gedient. Das Unbewusste, so erklärte er seinen Patienten, könne das Vergangene ebenso bewahren wie der trockene Wüstensand diese oder jene Statue, die nun unversehrt in seinem Regal stehe. Gemeinsam mit seinen Patienten arbeitete er daran, ihre Traumata und die Bedeutungen ihrer Träume ans Tageslicht zu befördern, ähnlich wie der Archäologe, der in der Tiefe nach verborgenen Schätzen gräbt. Gewisse Erinnerungen, die ihnen zunächst so seltsam und beunruhigend vorkämen wie eine Statue von Toth, seien dennoch der Analyse zugänglich, erläuterte Freud den Patienten. Er und die neue Kunst der Psychoanalyse könnten für die Deutung eines Traums oder einer verdrängten Erinnerung das leisten, was Archäologen, Althistoriker und Religionswissenschaftler zum Verständnis einer Ikone beitrügen.

Die Sammlung war für Freud aber natürlich auch in persönlicher Hinsicht von Bedeutung. Schon vor ihm waren viele wichtige Denker und Schriftsteller des 19. Jahrhunderts von der heidnischen Welt fasziniert gewesen, vor allem von ihren Religionen und Mythen. Denken wir nur an Nietzsche und die Faszination, die Dionysos und Apoll auf ihn ausübten, an Shelley und sein großartiges Gedicht über Prometheus oder an Keats und seine Ode an Psyche. Diesen Geistesgrößen galt das griechische Altertum als eine Welt, die vor der von ihnen als erdrückend empfundenen jüdisch-christlichen Welt lag. Die Hinwendung zur Antike erlaubte es ihnen, die vorherrschenden religiösen Normen zu verwerfen, ohne dabei einem unfruchtbaren Skeptizismus zu verfallen. Die heidnische Weltanschauung gestattete ihnen, sich ein Gefühl des Staunens über den Reichtum und die Geheimnisse der Natur zu bewahren. Rom hat viele Götter verehrt und vielen Religionen ein Zuhause geboten, wie der bedeutende Historiker Edward Gibbon feststellte. Dieser Umstand vermag die Toleranz des Römischen Reiches und nicht zuletzt auch seine erstaunliche Vitalität zu erklären. Vielleicht gehörte Freud zu jenen modernen Heiden, die es nicht aufgeben wollten, über die alten Rätsel und Geheimnisse nachzudenken, obschon sie die Existenz eines allwissenden Gottes im Himmel leugneten.

Die Sammlung war also geschätzt worden und man hatte ihm versprochen, dass sie ihm ins Exil folgen könne. So weit, so gut. Trotzdem konnte sie natürlich noch jederzeit von den Nazis konfisziert werden. Marie Bonaparte, die nach Annas Verhaftung jeden Tag auf der Treppe saß, um aufzupassen, dass die Gestapo nicht auch den Professor abholen kam, wusste offenbar häufig besser als dieser selbst, was er brauchte. Sie schmuggelte eines seiner Lieblingsstücke aus der Wohnung, eine etwa zehn Zentimeter große Bronzestatue der Pallas Athene. Ihre linke Hand ist erhoben, aber der Speer, den sie einmal gehalten haben muss, ist verloren gegangen. In der rechten Hand hält sie eine Opferschale. Sie trägt einen korinthischen Helm und einen Brustharnisch, auf dem ein Medusenhaupt dargestellt ist, allerdings ohne Schlangen. Weisheit und Kriegsbereitschaft gleichermaßen symbolisierend, hatte die Statue in Freuds Herz einen ganz besonderen Platz; sie galt ihm als ein Zeichen für die kämpferische Kraft des Intellekts. Marie Bonaparte bewahrte die Statue bei sich in Paris auf, um sie Freud zu überreichen, wenn er sich in Freiheit befand.

Unterdessen wartete Freud noch immer auf seine Unbedenklichkeitserklärung. Die Nazis hatten ihn in dieselbe Lage gebracht wie viele andere Juden auch. Sie hatten ihm seinen Besitz genommen und forderten darüber hinaus von ihm, dass er dafür Steuern bezahle. Der Verlag war beschlagnahmt, seine Wiener Ersparnisse ebenso, eine unmögliche Situation also. Was sollte er jetzt tun? Die Nazis behaupteten, Freud schulde dem Verlag, der sich in ihren Händen befand, einen Betrag von 30 000 Schilling.

Was Freud jetzt brauchte, war Lösegeld. So einfach war das. Seine eigenen Geldmittel waren jedoch fast vollständig aufgebraucht. Nachdem Marie Bonaparte schon die Athene-Statue für ihn gerettet hatte, musste sie nun noch einmal für ihren Freund in die Bresche springen, indem sie die als Beamte auftretenden Kriminellen auszahlte. Endlich, so schien es, war Freud frei und konnte Wien verlassen.

Freud hatte erheblich mehr Glück als die meisten anderen Juden in Wien. Viele hatten ihn auf dem Weg in die Emigration unterstützt: die amerikanische Regierung einschließlich des Präsidenten, die britische Regierung, die sich bereit erklärt hatte, ihn aufzunehmen, die Prinzessin, seine reiche Freundin mit ihren Beziehungen zu höheren Kreisen, der zur bürokratischen Intrige geborene Psychoanalytiker Ernest Jones, die furchtlose und immer gelassener werdende Anna, sein pflichtbewusster Sohn Martin und ein Dutzend anderer.

Aber es galt noch einen anderen Faktor zu berücksichtigen, Doktor Anton Sauerwald. Er, der verunsichert und unzufrieden im Verlag herumsaß und auf eine große Karriere im neuen Österreich hoffte, hielt das Schicksal von Freud und seiner Familie in der Hand. Hätte er seine Informationen über Freuds ausländische Bankkonten weitergegeben, sie wären sofort verhaftet worden. Angeblich fehlte es nicht an Nazigrößen, die es begrüßt hätten, wenn Freud in letzter Minute festgenommen worden wäre. Es wird erzählt, Hermann Göring, dessen Vetter das Berliner Psychoanalytische Institut übernommen hatte, habe sich dafür ausgesprochen, Freud gehen zu lassen. Goebbels und Himmler sollen dagegen gewesen sein.

* * *

Am Samstag, den 4. Juni, stieg Sigmund Freud gemeinsam mit Martha, Anna, Doktor Josefine Stroß, Paula Fichtl, dem Dienstmädchen, und Lün, dem Chow-Chow, in den Orientexpress. Doktor Stroß war in letzter Minute dazugekommen, denn wie Freud in einem Brief schrieb: »Mein Hausarzt Dr. Schur sollte uns mit seiner Familie begleiten, aber er war so ungeschickt, in elfter Stunde einer Blinddarmoperation bedürftig zu werden, so daß wir uns mit der Garantie der netten Kinderärztin Dr. Stroß, die Anna mitnimmt, begnügen mußten.« In langsamer Fahrt durchquerte der Zug Deutschland und gelangte schließlich an die französische Grenze. Doktor Anton Sauerwald hatte, aus welchen Gründen auch immer, nichts unternommen, um sie aufzuhalten. Vielleicht aus Loyalität oder Faulheit oder weil er hoffte, Freud einmal persönlich kennenzulernen, wer weiß. Als der Zug den Rhein überquerte, bemerkte Freud nur kurz:»Jetzt sind wir frei.«

Freud ließ sehr viel hinter sich: die Wohnung in der Berggasse 19, die bald ausgeräumt sein würde; den seiner Vermögenswerte beraubten Verlag; die geliebte und gehasste Stadt Wien; vier Schwestern, die schon zu alt waren, um die Reise auf sich zu nehmen, und in der Obhut von Freunden waren; eine jüdische Bevölkerung, deren Vernichtung bevorstand; sein Leben, seine Geschichte und den Ort, wo er seine größten Entdeckungen gemacht hatte. Aber er ließ auch noch etwas anderes zurück. Bevor Freud abreisen konnte, verlangte die Gestapo von ihm, dass er ein Dokument unterschrieb, in dem stand:»Ich, Professor Freud, bestätige hiermit, daß ich nach dem Anschluß Österreichs an das Deutsche Reich von den deutschen Behörden und im besonderen von der Gestapo mit der meinem wissenschaftlichen Rang gebührenden Achtung und Rücksicht behandelt wurde, daß ich meiner Tätigkeit ganz meinen Wünschen entsprechend frei nachgehen konnte und nicht den geringsten Grund zu einer Beschwerde habe.« Freud unterzeichnete, fügte dann aber noch einen kurzen Satz hinzu:»Ich kann die Gestapo jedermann auf Beste empfehlen.«

Wie sich Freud von den Nazis verabschiedete, hat etwas Großartiges und erstaunlich Wagemutiges. Die Doppeldeutigkeit seines Satzes, die Mischung aus latentem und manifestem Inhalt, war genau das, worauf die Nazis besonders allergisch reagierten, was sie aus ihrer Welt ausschließen wollten. Für die Nazis gab es nur eines: eine

Nation, einen »Führer«, eine Bedeutung und eine Wahrheit. Das Kompliment des Professors muss der Gestapo sehr geschmeichelt haben.

Inzwischen waren Hitlers Gedanken bei der Tschechoslowakei, dem kleinen, widerwärtigen Land, das sich wie eine Faust in das deutsche Territorium schob. Immer noch jubelte ihm das deutsche und nun auch österreichische Volk zu. Aus Freuds Sicht brachte er den Menschen ein einzigartiges Elixier: Einheit und Geschlossenheit. Die Menschen und Völker waren in sich gespalten, der »Führer« aber fügte die schmerzhaft getrennten Teile wieder zusammen und gab allen ein Gefühl der Einheit beziehungsweise Einigkeit. Er heilte die zerrissene Seele – vorausgesetzt, man war bereit, auf das eigene Urteil zu verzichten. Er heilte auch den kranken politischen Körper – vorausgesetzt, man war kein Jude, Zigeuner oder Christ, der die christliche Botschaft ernst nahm.

Während Freud, wenn auch nicht ohne eine gewisse Ironie, so leichte Rauschmittel wie Liebe und Kunst bejahte, war ihm jede Lehre oder Tat, die versprach, die Seele, die Nation oder das Volk zu einen, und dies noch dazu für immer, äußerst verdächtig. Dem Rausch folgt der Kater, dem ästhetischen Genuss die Langeweile, der Verliebtheit die Ehe. Liebe, Kunst und Alkohol erlauben uns, für kurze Zeit die Qualen des Daseins zu überwinden, ihre Wirksamkeit ist aber naturgemäß begrenzt. Der Glaube an den Führer indessen oder an den einen wahren Gott kann ein Leben lang, ja, sogar über mehrere Generationen währen.

Freuds unausgesprochenes Ethos angesichts der Versuchung, die von dem von Faschisten und Fundamentalisten abgegebenen Versprechen von Einheit und Einigkeit ausgeht, widerspricht unserer Intuition. Er ist davon überzeugt, dass unsere psychischen Spannungen weitgehend notwendig sind. Und zwar nicht, weil diese Spannungen an sich angenehm wären, sondern weil die Alternative zu ihnen viel schlimmer ist. Gewiss, sind die psychischen Dissonanzen zu heftig, ist die Folge davon wahrscheinlich eine Neurose. Eine zu starke Triebunterdrückung führt dazu, dass sich unsere Triebe auf indirekte und quälende Weise äußern werden. Aber die vollständige Aufhebung innerer Spannungen hat noch schlimmere Konsequenzen, sie führt zu einem Chaos im öffentlichen und privaten Leben.

Nach Freud ist eine gesunde Psyche nicht immer auch eine Psyche, die sich gut fühlt. Die Spannung zwischen den psychischen Instanzen erzeugt eine Angst, die für den Einzelnen nur schwer erklärbar ist und von der er sich nicht so leicht befreien kann. Ein Grund, warum man sich nie richtig wohlfühlt, besteht darin, dass man fast immer einer mächtigen Instanz nachgibt und die anderen dabei vernachlässigt. Man strebt vielleicht nach Erfolg und besänftigt damit das Über-Ich, zugleich jedoch entrüstet man das Es, das nach Lustbefriedigung schreit, und überfordert das Ich, das den Forderungen des Über-Ich nach Leistung und Erfolg nicht gerecht werden kann. Da sich ein Großteil des psychischen Geschehens unbewusst abspielt und die Forderungen der einzelnen psychischen Instanzen sich mit der Zeit ändern, ist es schwierig, wenn nicht gar unmöglich, dem sokratischen Rat »Erkenne Dich selbst« zu folgen. Freud zufolge neigt das Selbst zu inneren Widersprüchen, und zwar häufig auf eine Weise, die dem Individuum schlicht unverständlich ist. Er beobachtete zum Beispiel, wie jemand, der unter einem irrationalen Schuldgefühl litt, erkrankte, ohne die Ursache seiner Krankheit ausmachen zu können. »Aber dies Schuldgefühl ist für den Kranken stumm«, schrieb Freud, »es sagt ihm nicht, daß er schuldig ist, er fühlt sich nicht schuldig, sondern krank.«

Freud behauptet jedoch auch, dass ein gewisses Maß an inneren Konflikten nicht so schlimm ist, wie man denken mag: Man muss nur versuchen, die Natur des Konflikts so weit wie möglich zu verstehen und positiv zu beeinflussen. Aber wir müssen auch begreifen, dass gewisse innere Spannungen unvermeidlich sind, und lernen, mit ihnen zu leben. Es ist nicht zuletzt diese Ansicht, die die Radikalität von Freuds Denken ausmacht. Fast alle religiösen und spirituellen Traditionen orientieren sich an einem Ideal des inneren Friedens. Das Christentum preist den Frieden über alles und fordert den Gläubigen dazu auf, seinen Feinden zu verzeihen und ihnen die andere Wange auch noch hinzuhalten. Der Buddhismus rühmt die Gelassenheit, zu der wir durch Meditieren und Loslösung von den Begierden gelangen können. Der Name »Islam« bedeutet Frieden, und das Judentum hält die innere Ruhe hoch, die den Menschen zuteilwird, wenn sie den Bund mit dem Herrn erfüllen. Natürlich kennen alle Glaubensrichtungen auch so etwas wie einen inneren Kampf, der Muslim schließt sich dem Dschihad an, und der gläubige Christ kämpft gegen seine sündigen Neigungen. Aber das Ziel ist letztlich doch immer, durch die eigene geistige Entwicklung inneren Frieden zu erlangen.

Jung bemerkte einmal, dass der Yogi das Ziel verfolge, durch richtiges Atmen und bestimmte Körperhaltungen, die Asanas, einen Zustand innerer Ruhe zu erreichen, in dem nichts Unbewusstes ins Bewusstsein zu dringen vermag. Ein derartiges Bemühen ist für eine Vielzahl von religiösen Praktiken westlicher und östlicher Provenienz charakteristisch. Beten, Fasten, Meditieren, Beichten, Singen – alle diese Aktivitäten können dazu beitragen, den Aufruhr der

Gefühle zu beruhigen. Was Freud hingegen bejaht, ist nicht der innere Frieden, sondern der innere Konflikt. Kein Teil der Psyche sollte zugunsten eines anderen unterdrückt werden, der Preis dafür wäre zu hoch. Jeder Anteil des Selbst, der daran gehindert wird, sich zu äußern, wird dies früher oder später gewaltsam tun, und zwar auf eine Weise, die dem Individuum schadet.

Wie in einer gesunden Seele nicht immer Harmonie herrscht, so herrscht nach Freud auch in einem politischen Körper nicht immer Einigkeit. Ein blühendes politisches Gemeinwesen verträgt eine ganze Menge dauerhafter Spannungen. Wenn die Menschen sich dem Willen eines Führers ausliefern, wie dies im Fall der Deutschen und Österreicher geschah, erlangen sie dadurch eine Art inneren Frieden. Man erwacht mit einem neuen Gefühl von Sinnhaftigkeit. Alle Energien fließen in eine Richtung. Die Masse liebe »mehr den Herrscher als den Bittenden«, schreibt Hitler. Sie fühle »sich im Innern mehr befriedigt durch eine Lehre, die keine andere neben sich duldet, als durch die Genehmigung liberaler Freiheit«. Gewiss, das Leben in einer verhältnismäßig liberalen Demokratie, mit ihrem Pluralismus an Ideen, Deutungen und Werten, kann verwirrend sein. Es ist offen für eine Vielzahl von Kontroversen und Differenzen. Aber auf diese Differenzen, so ärgerlich und verblüffend sie manchmal auch sein mögen, gründet sich das Wohl der Gemeinschaft. Wenn wir bereit sind, mit psychischen und politischen Spannungen zu leben, so Freud, müssen wir uns nicht fürchten, der Tyrannei oder Anarchie anheimzufallen, die die Kapitulation vor dem Unbewussten herbeiführt.

Freud fürchtete die Vereinigten Staaten deshalb so sehr, weil sie für ihn so etwas wie das gefährliche Gegenteil des nationalsozialistischen Deutschland darstellten. Deutschland war ein in einem pathologischen Maße autoritär regiertes Land. Amerika hingegen war gefährlich, weil es stets davon bedroht war, von den Begierden der Menschen beherrscht zu werden. (Freuds Wahrnehmung ist der von Platon nicht unähnlich, der in seinem Staat die Herrschaft des Volkes mit der unbeschränkten Herrschaft des begehrenden Seelenteils gleichsetzte.) Eine radikale Demokratie lief nach Freud darauf hinaus, das Prinzip der Führung schlechthin zu diskreditieren und der Mehrheit zur vollständigen Herrschaft zu verhelfen, gleichgültig, wie vernünftig und nützlich ein Führer sein mochte. Freud wusste, wie schwer die Sublimierung der Triebe fällt, das heißt, wie schwierig es ist, die erotischen und aggressiven Energien zum Wohle der Zivilisation zu verwandeln. Die meisten Menschen verlangen nach unmittelbarer Triebbefriedigung. Anders als der zivilisierte Mensch können sie nicht warten, bis sich ihre Bemühungen auszahlen. Eine Gesellschaft, die sich jeder Art von Führung, ob gut oder schlecht, verweigert, läuft Gefahr, ins Chaos zu stürzen. Und das war es, was Freud jeden Augenblick von Amerika erwartete. Die einzige Rettung für Amerika sah er darin, dass die Menschen dort einen Großteil ihrer potenziell zerstörerischen Energien durch ihr Streben nach Wohlstand verbrauchten. Wenn dieses Streben aber gänzlich vereitelt würde, wie dies in der großen Depression von 1929 zu geschehen drohte, konnten in Amerika leicht anarchische Zustände ausbrechen. Als verhältnismäßig freie und aufgeklärte Nationen betrachtete Freud Frankreich und vor allem England – das Land, das er schon als junger Mann verehrt hatte und zu dem er nun endlich unterwegs war.

Freud hatte einen Traum. Er träumte von einer Welt, die vom Urvater beherrscht wird, einer grausamen, halb verrückten Gestalt. Was der Urvater haben will, das nimmt er sich einfach. Wie abscheulich seine Launen auch sein mögen, sein Wunsch wird augenblicklich Befehl und Wirklichkeit. Freud hatte diesen Traum, und als er aus ihm erwachte, erkannte er, dass er Wirklichkeit war. Die Welt, in der er gelebt hatte, in der er glücklich gewesen war, wurde nun tatsächlich von so einem Mann beherrscht. Und dies widerfuhr ihm nicht im Alter von zwanzig oder fünfzig Jahren, als er noch genug Energien gehabt hätte, um sich zu wehren, sondern als er schon über achtzig und sehr krank war.

Nichtsdestoweniger arbeitete Freud täglich eine Stunde lang an seinem Buch über Moses, während Hitlers Helfershelfer in Wien die Straßen beherrschten. Freud erhoffte sich von dem Buch einen bleibenden Beitrag zur Analyse jener Form der pervertierten Autorität, wie sie Hitler repräsentierte und mit der Freud sich schon seit zwanzig Jahren beschäftigte. Wenn man Freuds Ethos ein Ethos der zivilisierten Auseinandersetzung nennen darf, dann wurde er diesem Ethos in den letzten Tagen in Wien in vieler Hinsicht gerecht. Weder fiel es einem alten Mann wie ihm leicht, den Nazis die Stirn zu bieten, noch weiter an einem Buch zu arbeiten, das er (wie er oftmals einräumte) gegen vielfache innere Widerstände schrieb.

Obwohl alt und krank, kümmerte er sich um seine Familie und versuchte sich selbst immer wieder Mut zu machen. Er behielt seinen Verstand und verlor niemals seinen Humor. Ein Beweis dafür sind seine Bemerkungen »Meine Güte, ich habe niemals so viel für einen einzelnen Besuch bekommen« und »Ich kann die Gestapo jedermann aufs Beste empfehlen«.

Dies ist jedoch noch nicht die ganze Geschichte. In seiner großartigen Elegie für Freud schrieb Auden, dass »noch einige Spuren der autokratischen Pose, / jener väterlichen Strenge, der er mißtraute, / in seinen Äußerungen, seinen Zügen lagen«. Damit hat er sicher recht, etwas von diesem patriarchalischen Charakter war während der letzten Tage in Wien und überhaupt in seinem ganzen Erwachsenenleben deutlich sichtbar. Selbst dann, wenn Freud sich von seiner aufgeschlossensten Seite zeigte, hatte er etwas Steifes und recht Autoritäres an sich. Er war stur, er zweifelte nie an seinem eigenen Urteil und er war taub gegen andere Ansichten. Ihn dazu zu überreden, Wien zu verlassen und sein Leben sowie das seiner Familie zu retten, bedurfte allergrößter Anstrengungen.

Wir sollten einmal so tun, als gäbe es die Menschen um uns herum tatsächlich, rät uns Emerson in einem Moment ironischer Übertreibung. Wer weiß? Vielleicht ist dem ja wirklich so. Angesichts dessen, wie Freud sich anderen Menschen gegenüber verhielt, könnte man bisweilen glauben, dass er daran erhebliche Zweifel hatte. Er war fähig, die Aussicht, dass Anna ausziehen und ihn und Martha verlassen könnte, mit dem Aufgeben des Rauchens zu vergleichen. Wie Freud seine Schüler behandelte, ist ein Thema für sich, aber er war ganz sicher nie ein liebenswürdiger oder humorvoller Mentor. Manchmal schien er zu glauben, seine Schüler seien einzig zu dem Zweck da, sein Werk weiterzuentwickeln und seinen Ruf zu mehren. Ihre Berufung, so scheint es, bestand allein darin, Freuds Gedanken weiterzuführen, wozu er selbst keine Zeit oder Gelegenheit hatte, um sich dann von ihm für ihre Loyalität loben, dabei aber unterschwellig auch wegen ihrer Unoriginalität herabsetzen zu lassen.

Tatsache ist, dass Freud sich nach der ersten Hälfte seiner Laufbahn eine feste Meinung darüber gebildet hatte, welche Art von Autorität den Menschen Gehorsam abnötigte, nämlich eine gebieterische, patriarchalische Autorität. Zu bestimmten Zeiten war Freud bereit, sich in seinem Leben und seiner Arbeit den Mantel einer solchen Autorität umzuhängen. Er hatte ohnehin von Anfang an einen Hang dazu – und die Erfahrung zeigte ihm, wie wirksam es war –, den Urvater zu spielen. Die Art von Macht, um deren Entmystifizierung er so lange gerungen hat, stellte für ihn selbst eine große Versuchung dar. Freud, so könnte man sagen, war ein Patriarch, der die patriarchalische Herrschaft mit unvergleichlicher Kunstfertigkeit dekonstruierte. Er lebte und schrieb, um einer bestimmten Art von Autorität ein Ende zu setzen, die er bisweilen selbst verkörperte und ausnutzte.

London

AM MONTAG, DEN 6. JUNI 1938, stieg Freud frühmorgens an der Londoner Victoria Station aus dem Zug. Dieser war nicht auf dem üblichen Bahnsteig eingefahren, damit Freud der Menschenmenge entgehen konnte, die sich dort zu seiner Begrüßung eingefunden hatte. Britische Zeitungen hatten von seiner Flucht berichtet, und in der Öffentlichkeit herrschte große Begeisterung über seine Ankunft. Trotz des milden Wetters trug Freud einen schweren Anzug mit Weste, einen Mantel, einen Filzhut und feste schwarze Schuhe. Geschwächt von seiner Krankheit und erschöpft von der Zugfahrt, bereitete ihm das Aussteigen große Mühe. Er machte einen unsicheren, bisweilen sogar desorientierten Eindruck. Wäre jemand zufällig Zeuge dieser Ankunftsszene geworden, hätten ihm einige Zeilen des bedeutenden irischen Dichters William Butler Yeats, der zur selben Zeit seinem Lebensende entgegenging, in den Sinn kommen können:»Ein alter Mann ist ziemlich alt und stinkt / Zerlumpter Mantel, der am Stock geht.« Freud wirkte an diesem Junimorgen sicherlich bedauernswert, fast wie ein trauriges Gespenst seiner selbst.

Beim Aussteigen aus dem Zug mag Freud geglaubt haben, dass das Ende seiner Prüfungen nun erreicht sei. Dem war nicht so. Er sollte hier in England neue Gegner finden, die andere als in Wien natürlich und dennoch nicht ganz ohne Ähnlichkeit mit den zurückgelassenen waren. In seiner Heimatstadt war Freud oft ignoriert oder verlacht worden; in England nun sollte er zu einer allseits bewunderten Persönlichkeit werden. Und den Beifall der Öffentlichkeit hatte er ja doch sein ganzes Leben lang gesucht. Um aber seinen hochgesteckten Zielen als Schriftsteller, Denker und auch als Mensch gerecht zu werden, musste er gegen seine neu gewonnene Berühmtheit ankämpfen. Er musste sich gegen sein Verlangen wehren, »ein berühmter Mann«, der »lächelt«, zu werden, wie Yeats es formuliert hatte.

Und dann war da noch die Frage nach seinem Tod. Er war nach England gekommen, »um in Frieden zu sterben«, wohl wissend, dass das Krebsgeschwür an seinem Kiefer irgendwann in nicht allzu ferner Zukunft zum Tod führen würde. Aber auf welche Weise sollte er aus dem Leben scheiden? Da sich die Krankheit in die Länge zog, verfügte er in dieser Frage über einen gewissen Entscheidungsspielraum. Freud wusste nur zu gut, dass die Frage, wie er sterben würde, nicht nur für ihn und seine Angehörigen von großer Bedeutung war. Er hatte die Psychoanalyse nicht nur entdeckt, er *war* sie. Die Menschen sahen in ihm den Repräsentanten einer Reihe von provozierenden und kontroversen Ideen, aber auch eine exemplarische Figur, die sich, zumindest in mancher Hinsicht, selbst von diesen Ideen leiten ließ. Philosophieren zu lernen, so haben Sokrates, Cicero und Montaigne gesagt, bedeute, sterben zu lernen. Wie Freud selbst sterben würde, würde zweifellos als Kommentar zur Lebensphilosophie der Psychoanalyse verstanden werden.

Freud wünschte sich vielleicht nichts so sehr, als dass seinem Werk Bestand beschieden sein möchte. Es sollte zur Kultur der Zukunft gehören, ja, diese Zukunft vielleicht sogar beherrschen. Die letzten zwanzig Jahre hatte Freud beständig darüber nachgedacht, wie Autorität begründet und bewahrt wird, und war dabei zu beunruhigenden Schlussfolgerungen gekommen. Er wusste oder glaubte zu wissen, dass sich die Welt nach einem Vater-Gott sehnte, der nicht streng, undurchschaubar und mächtig genug sein konnte. Wenn er in einer solchen Rolle aus dem Leben schiede, würde dies seine zukünftige Autorität sicherstellen. Aber als ein »großer Mann« zu sterben, würde das nicht der von ihm geforderten Befreiung von jeder patriarchalischen Herrschaft widersprechen?

Als er jedoch an diesem Montagmorgen aus dem Zug stieg, war Freud zunächst einfach erleichtert darüber, endlich London erreicht zu haben, und glücklich, noch am Leben zu sein. Wenn seine Träume als Vorausdeutungen für die Realität zu interpretieren waren, dann konnte er der Zukunft mit einiger Hoffnung entgegensehen. In der Nacht auf der Fähre von Frankreich nach Dover hatte er geträumt, er lande nicht in Dover, sondern in Pevensey, dem Ort, wo im Jahr 1066 Wilhelm der Eroberer angekommen war.

Trotz seiner Erschöpfung bestand Freud darauf, sogleich etwas von der Stadt zu sehen, die sein neues Zuhause werden sollte. Also fuhr Ernest Jones mit ihm durch das Stadtzentrum nach Norden zu seinem künftigen Haus. Auf dem Weg zeigte Freud seiner Frau die Sehenswürdigkeiten: den Buckingham Palace, den Palace of Westminster, Piccadilly Circus, Regent Street und all die anderen Orte, über die er so viel gelesen hatte oder an die er sich noch von seinem früheren Englandaufenthalt her erinnern konnte. Als sie am Buckingham Palace vorbeifuhren, mag Freud über das nahezu perfekte politische Gleichgewicht nachgedacht haben, das England erreicht hatte. Hier gab es zwar eine Monarchie, die das Bedürfnis der Menschen nach einer beherrschenden Vaterfigur befriedigte, doch hatte diese

Monarchie eine weitgehend repräsentative Funktion, denn die tatsächliche Macht, über die ihre Könige und Königinnen verfügten, war gering. Regiert wurde England unterdessen von anderen, den fähigsten Männern, von denen keiner durch das Volk zum absoluten Herrscher erhoben werden konnte, weil auf dem Thron eben bereits ein von allen geliebter König saß.

An einem gewöhnlichen Tag wären, als Freud durch London fuhr, etwa eine halbe Million Menschen auf dem Weg zur Arbeit gewesen. Die Einwohnerzahl der damals größten Stadt der Welt betrug im Jahr 1938 8,2 Millionen. Weil der 6. Juni 1938 aber ein Pfingstmontag war und die meisten Menschen frei hatten, konnte Freud einen starken Verkehr stadtauswärts beobachten, viele Autos waren in Richtung Küste unterwegs. An diesem Vormittag würden sich die Strände mit jungen Mädchen füllen, die seidene oder gestrickte Schneewittchenkapuzen auf dem Kopf trugen, inspiriert von dem kurz zuvor angelaufenen Film von Walt Disney und der letzte Schrei. Am Tag von Freuds Ankunft wurde der Film in der New Gallery ohne Unterbrechung von elf Uhr morgens bis elf Uhr abends gezeigt. Tausende von Menschen nutzten den Feiertag zu einem Zoobesuch im Regent's Park, während ganz in der Nähe die jährliche Pferdeparade mit fünfhundertvierundsiebzig Kaltblütern stattfand. Unterdessen führte man, ebenfalls im Regent's Park, in einem Freilufttheater die von Freud geschätzte Mozartoper *Così fan tutte* auf, allerdings vor fast leeren Rängen.

Beim Blick aus dem Wagenfenster auf dem Weg zu seinem neuen Zuhause sah Freud an diesem Pfingstmontag ein entspannt und zuversichtlich wirkendes London. Dabei hatte es eine Woche zuvor im Parlament nur ein Gesprächsthema gegeben, und das hieß Krieg. Vor allem war diskutiert worden, welche Folgen ein flächendeckender Bombenangriff auf London haben würde. Die Abgeordneten fragten sich, was passieren würde, wenn das Telefonnetz zusammenbräche. Ebenso wollten sie wissen, welche Schutzvorrichtungen es für die Wasser- und Gasversorgung und das Stromnetz gebe.

Das politische Ereignis, das Freud am meisten beschäftigte, war zweifellos der Anschluss Österreichs und was sich in seiner Folge an entsetzlichen Szenen auf den Straßen abgespielt hatte. Die Londoner Bevölkerung befand sich dagegen – obgleich die Vorfälle in Österreich schon beunruhigend genug waren – im Bann eines anderen Geschehnisses, nämlich der Bombardierung von Guernica. Im April 1937 hatten deutsche Bomber die baskische Stadt im Norden Spaniens angegriffen. Für die mit Franco und den spanischen Faschisten verbündeten Deutschen bot Spanien die Gelegenheit, Soldaten auszubilden und neues Waffenmaterial zu testen. Und in Guernica übertrafen diese Waffen alle Erwartungen. Der Angriff fand an einem Markttag statt, als jedermann auf den Straßen unterwegs war, und endete in einem entsetzlichen Gemetzel, dem Männer, Frauen und Kinder zum Opfer fielen. Churchill nannte die Bombardierung Guernicas ein »Experiment des Schreckens«. Picassos Gemälde, das den unhörbaren Schrei des Entsetzens von Mensch und Tier zeigt, wurde zum Sinnbild für die Brutalität einer neuen Form der Kriegsführung, die auf die Zivilbevölkerung keine Rücksicht mehr nahm, ja diese häufig sogar gezielt abschlachtete.

Im Frühjahr 1938 klärten Fachleute die britische Bevölkerung darüber auf, dass allein in den ersten Tagen eines Kriegs mit Deutschland hunderttausend Tonnen von Bomben auf

London fallen würden. Jede Tonne, so berechneten sie, hätte fünfzig Opfer zur Folge – eine entsetzliche Aussicht. Bertrand Russell, damals vermutlich Englands prominentester Intellektueller, schrieb:»London wird ein einziges Tollhaus sein. Die Krankenhäuser werden gestürmt, der Verkehr wird zusammenbrechen und Obdachlose werden nach Frieden schreien. Die Stadt wird ein Pandämonium sein.« Tatsächlich wurden zu keiner Zeit so viele Bomben auf die Stadt abgeworfen, und die Zahl der Opfer erwies sich als weitaus geringer als vorhergesagt. Trotzdem war jedes einzelne natürlich schrecklich genug. Auch wenn die Einwohner Londons mit Schneewittchen, Strandausflügen und Besuchen im Zoo beschäftigt schienen, als Freud in der Stadt eintraf, so waren sie in Wirklichkeit doch von der Sorge erfüllt, dass London bald zu einem Guernica im großen Maßstab werden könnte, falls es Neville Chamberlain nicht irgendwie gelänge, Hitler zu besänftigen. Die Frage, ob es bald Krieg geben würde, konnten die Londoner in diesem Juni nur selten aus ihrem Bewusstsein verdrängen.

In dem London, das Freud seinerzeit empfing, herrschte eine ungewöhnlich freundliche Einstellung gegenüber den Juden. Für gewöhnlich waren die Briten nur wenig an dem interessiert, was in anderen Ländern passierte. Die isolationistische Haltung, die sich nach dem Ersten Weltkrieg in Großbritannien verbreitet hatte, hatte man noch nicht aufgegeben. Dies änderte sich jedoch, als bekannt wurde, wie die Deutschen die Juden behandelten. Bis zu diesem Zeitpunkt war die britische Gesellschaft des 20. Jahrhunderts immer leicht antisemitisch gewesen. Juden war es nicht erlaubt, einem Golfklub beizutreten, und auch andere Vereine nahmen keine jüdischen Mitglieder mehr auf. Die bedeutenden Privatschulen hatten nur einen sehr geringen Anteil jüdischer

Schüler. Die Nürnberger Rassengesetzgebung, die die Freiheit der Juden, was ihre Wahl des Wohnortes, des Ehepartners oder des Berufes anging, aufs Äußerste einschränkte, empörte die Briten jedoch enorm, und sie hatten großes Mitgefühl mit den Juden. »Es war kaum weniger der Rückfall in die Barbarei als die Barbarei selbst, die Nazideutschland besonders verhasst machte«, schrieb der Historiker A. J. P. Taylor, »und manche Engländer empörten sich zweifellos auch deshalb so sehr, weil sie einen Antisemitismus zurückweisen mussten, dem sie insgeheim selbst gehuldigt hatten.« Robert Graves und Alan Hodge formulieren dies noch schärfer: Unter der Führung von Sir Oswald Mosley hätten die britischen Faschisten »versucht, die antisemitische Stimmung im Londoner East End auszunutzen, was allerdings überraschenderweise dazu führte, aus den Juden (›the kikes‹) Helden zu machen.«

Nachdem sie die Sehenswürdigkeiten der Stadt bewundert hatten, erreichten Freud und seine Begleiter schließlich 39 Elsworthy Road. Dort war das Haus, das Ernst Freud für seine Eltern und Anna für die erste Zeit gemietet hatte, damit sie sich von dort aus in Ruhe nach einem, zumindest für Freud selbst, endgültigen Wohnsitz umsehen konnten. Freud schrieb darüber: »Ernst hat ein reizendes Häuschen für uns gemietet, mein Zimmer geht auf eine Veranda, die auf einen eigenen Garten, Rasenplatz von Blumen eingerahmt und der Blick in einen großen mit Bäumen besetzten Park. Es ist natürlich erst ein Provisorium für drei Monate, Ernst hat das Definitive noch zu suchen, das allerlei selten hier verwirklichte Bedingungen zu erfüllen hat. Es ist schwer für uns, vertikal anstatt horizontal zu leben.« Die Berggasse 19, in der man horizontal gelebt hatte, war nun Vergangenheit. In einem Haus mit Treppe musste Freud jetzt vom ersten

Stock hinunter ins Erdgeschoss getragen werden, wo sich die Wohnräume befanden. Aber er mochte das neue Haus. Der *Daily Herald*, der großen Anteil an Freuds Ankunft nahm, beschrieb seinen Wohnsitz als »ein ruhiges, geräumiges und modernes Haus mit einer grellgrünen Haustür … Der Blumengarten erstrahlt zurzeit in leuchtenden Farben.«

Bald spazierte Freud im Garten herum, der an den Primrose Hill grenzte, den Regent's Park im Hintergrund. Nach der Zeit des Anschlusses, in der er seine Wohnung nicht mehr hatte verlassen können, hatte sich Freud – auf seine Weise war er ein Naturfreund – extrem nach Licht und Luft gesehnt. Bei seinem ersten Gang durch den kleinen Garten warf er den Kopf zurück, streckte die Arme in die Luft und sagte: »Ich bin fast versucht, ›Heil Hitler‹ auszurufen!«.

In Wirklichkeit waren Freuds Gefühle jedoch um einiges vielschichtiger. An dem Tag seiner Ankunft in London schrieb er einen Brief an seinen Freund Max Eitingon, dem er seinen inneren Zustand offenbarte: »Die Affektlage dieser Tage ist schwer zu fassen, kaum zu beschreiben. Das Triumphgefühl der Befreiung vermengt sich zu stark mit der Trauer, denn man hat das Gefängnis, aus dem man entlassen wurde, immer noch sehr geliebt, in das Entzücken über die neue Umgebung, das einen zum Ausruf: ›Heil Hitler‹ drängen möchte, mengt sich störend das Unbehagen über kleine Eigentümlichkeiten der fremden Umwelt ein, die frohen Erwartungen eines neuen Lebens werden durch die Unsicherheit gehemmt, wie lange ein müdes Herz noch Arbeit wird leisten wollen.«

Ungeachtet dessen und fast gegen seinen Willen fing Freud an, sich in England wohlzufühlen. 1887 war er im Alter von neunzehn Jahren das erste Mal hierher gekommen, um Verwandte in Manchester zu besuchen, doch bereits zwei Jahre vorher hatte sich bei ihm eine deutliche Anglophilie ausgebildet. An seinen Freund Eduard Silberstein schrieb er damals:»Ich lese englische Gedichte, schreibe englische Briefe, deklamiere englische Verse, horche auf Beschreibungen von England und dürste danach, englische Ansichten zu sehen.« Er war begeistert von dem, was er in Manchester zu Gesicht bekam, und überlegte sogar, nach England auszuwandern. Als er nach Hause zurückkehrte, schrieb er in einem weiteren Brief an Silberstein, England gefalle ihm weit besser als seine Heimat,»trotz des Nebels und Regens, der Trunkenheit und des Conservativismus«. Viele der Eigentümlichkeiten des englischen Charakters, die andere Kontinentaleuropäer unerträglich fänden, entsprächen seiner Natur sehr gut. Von da an verehrte Freud England und die englische Kultur; er nannte sogar einen seiner Söhne Oliver, nach Oliver Cromwell, dem Führer der puritanischen Revolution. Es war also nicht ausgeschlossen, dass Freud sechzig Jahre später in England eine Art geistige Heimat finden würde.

Die bemerkenswerte Herzlichkeit, mit der er 1938 in England empfangen wurde, hat ihn vielleicht davon überzeugt. Zwei Tage nach seiner Ankunft zeigte sich Freud darüber aufrichtig erstaunt.»Neues ist hier genug«, schrieb er,»das meiste schön, einiges sehr schön. Der Empfang in Victoria Station und dann von den Zeitungen dieser ersten zwei Tage war liebenswürdig, ja enthusiastisch. Wir schwimmen in Blumen. Interessant die Zuschriften: nur 3 Autographensammler, 1 Malerin, die mich porträtieren will, wenn ich ausgeruht bin.« Auch ein vierseitiges Telegramm»aus Cleveland, Ohio«, hatte er erhalten,»gezeichnet von ›citizens of all faiths and professions‹«, die Freud einluden,»unser Heim bei ihnen aufzuschlagen«.»Wir werden ihnen antworten müssen, dass wir schon ausgepackt haben«, schrieb Freud.

Was Freud jedoch am meisten beeindruckte, waren die vielen Briefe von völlig fremden Leuten, die nur schreiben wollten, wie sehr sie sich freuten, dass Freud und seine Familie in Frieden und Sicherheit angekommen seien. »Wirklich, als ob unsere Sache auch ihre Sache wäre«, setzte Freud hinzu.

Er bekam außerdem kostbare Antiquitäten von Leuten geschenkt, die er gar nicht kannte, die aber offenbar wussten, dass sich seine geliebte Sammlung immer noch in Wien befand. Taxifahrer wussten, wo Freud wohnte, und brachten Anna rasch nach Hause. Der Bankdirektor begrüßte ihn mit den Worten: »Ich weiß alles über Sie.« Briefe mit der Adresse »Sigmund Freud. London« erreichten ihn. »Dieses England … ist ein gesegnetes, ein glückliches Land«, schrieb er, »von wohlwollenden, gastfreundlichen Menschen bewohnt, das ist wenigstens der Eindruck der ersten Wochen.« Es war eine überwältigende Erfahrung für Freud, dem nun endlich die öffentliche Anerkennung zuteilwurde, die ihm für seine bedeutenden Verdienste und zahlreichen Entdeckungen gebührte. »(Z)um ersten Mal und spät im Leben habe ich erfahren, was Berühmtsein bedeutet«, erklärte er.

Aber war Freud denn nicht auch in Wien berühmt gewesen? War er nicht der Arzt, den aufgeschlossene Vertreter der Wiener Mittelschicht aufsuchten, wenn ihnen ›seriöse‹ Ärzte nicht helfen konnten? Er war bekannt für seine seltsamen Heilmethoden: die Hypnose, (von der er allerdings nur kurze Zeit Gebrauch machte), die Traumdeutung, die freie Assoziation und die Bereitschaft, beispielsweise Dinge wie Versprecher ernst zu nehmen. Man hielt ihn für exzentrisch, für brillant und vielleicht auch für ein bisschen gefährlich. Karl Kraus war ein unerbittlicher Kritiker Freuds und seiner Lehren. Er war der Meinung, die Psychoanalyse sei jene Geisteskrankheit, für deren Therapie sie sich halte. Damit wollte er unter anderem sagen, dass Freuds Insistieren auf die prägende Kraft von Kindheit und Trauma für viele zu einer Obsession werden könne, von der allein Sigmund Freud sie zu heilen vermochte. Zu Beginn seiner Karriere war Freud in etlichen Kreisen in Verruf geraten, später galt er als berühmt-berüchtigt. Und obwohl er es auf der ganzen Welt zu Ansehen gebracht hatte, konnte Freud erst in England die Früchte seines Ruhms genießen.

Hier in England erkannte man ihn auf der Straße, wenn er aus dem Haus ging, die Zeitungen rühmten ihn, und Menschen, die er niemals zuvor getroffen hatte, waren um sein Wohl besorgt. So fühlte es sich also an, berühmt zu sein! Das war es, was Männer wie Goethe und Einstein vor ihm erlebt hatten. Freud war offensichtlich davon überrumpelt, und zwar nicht nur von seinem plötzlichen Ruhm und dem guten Willen, der ihm von allen Seiten entgegengebracht wurde, sondern auch davon, wie sehr er dies genoss.

Dennoch spürte er wohl auch, dass das, was er zu jenem Zeitpunkt erlebte, eine Art Rauschzustand war. Schließlich war er jemand, der weder mit Alkohol noch mit Religion etwas anzufangen wusste und dem auch der Zustand der Verliebtheit und die damit verbundene Idealisierung des Liebesobjekts weitgehend fremd gewesen waren. Freud zog ein Leben in geistiger Nüchternheit, geprägt von inneren und äußeren Kämpfen vor. Die Psyche war ein gespaltenes Wesen: Sich der Illusion hinzugeben, diese Spaltung könne für längere Zeit aufgehoben werden, brachte nur Unheil. Sein ganzes Leben lang hatte Freud sich kritisch mit dem »gesellschaftlichen Über-Ich« auseinandergesetzt. Nie hatte er sich gescheut, etwas anzusprechen, das unangenehm oder politisch inkorrekt war. Er hatte verkündet, dass Kinder intensive sexuelle Empfindungen hätten, und er hatte darauf bestanden, dass uns eine seltsame unpersönliche Kraft innewohne, die unser Schicksal auf eine den meisten von uns völlig unerklärliche Weise bestimme. Ein Leben lang hatte er gegen die Kräfte gesellschaftlicher Missbilligung gekämpft, die, wie seine Theorie des Über-Ich betonte, auch im Innern der menschlichen Psyche wirksam waren. Das Über-Ich lässt sich nach Freud unter anderem als Niederschlag gesellschaftlicher Gebote und Verbote verstehen, als Internalisierung der häufig ungeschriebenen Gesetze, die der kollektive Wille dem Einzelnen auferlegt. Wir sind vergesellschaftete Wesen, die Gesellschaft lebt in uns, und unsere eigenen Wünsche und Werte verleihen ihr die Macht, die sie über uns hat. Wer gegen die Gesellschaft ankämpft, muss also einen Teil von sich selbst bekämpfen; wer willens ist, sich gegen gesellschaftliche Normen aufzulehnen, muss folglich auch bereit sein, sich selbst Wunden zuzufügen.

Freud genoss es, Widerstand zu leisten. Er habe immer einen intimen Freund und einen verhassten Feind gebraucht, wie er selbst sagte. Als Jude könne er auf eine lange Geschichte der Verfolgung zurückblicken, die eine ausgezeichnete Vorbereitung auf seine eigene intellektuelle Arbeit gewesen sei. Es sei kein Zufall, dass der Begründer der Psychoanalyse Jude sei. Wer sich zu dieser neuen Theorie bekenne, müsse eine gewisse Bereitschaft mitbringen, eine Situation einsamer Opposition zu ertragen, eine Situation also, die niemandem so vertraut sei wie einem Juden. So sehr er sich in der Rolle des Gegners gefiel – und Freud war nicht ohne Grund ein Bewunderer von Miltons Satan, dem Erzrebellen –, so gab die Auseinandersetzung mit gesellschaftlichen Normen doch auch Anlass zur Sorge. Denn genauso wie das Aufbegehren liebte Freud den Erfolg, die Anerkennung und die Sicherheiten, die ein bürgerliches Leben bot.

Vermutlich wusste er, dass die meisten Menschen, die ihn hier in England rühmten, in den wenigsten Fällen ein ganzes Buch von ihm gelesen hatten und, wenn doch, vermutlich ungläubig oder sogar entrüstet darauf reagierten. Vielleicht stiegen ihm auch die Lobeshymnen einer Zeitung lesenden Öffentlichkeit etwas zu Kopf, in denen er als weiß Gott nicht demokratisch oder egalitär Gesinnter doch ein sehr billiges Rauschmittel erkennen musste. Am Ende seines Lebens stand Freud nun vor einer schwierigen Entscheidung: Sollte er sich weiterhin gütig und liebenswürdig geben, sein Ansehen genießen und schließlich ohne Aufsehen von der Bühne abtreten? Oder sollte er bis zum Ende seiner Tage der Unruhestifter sein, als den man ihn eigentlich kannte?

Auf seinem Schreibtisch lag das dritte Kapitel des Moses-Buches, der bei Weitem provokativste Teil dieses Werks. Sollte es einmal abgeschlossen sein, würde das Buch bestimmt eine heftige Kontroverse auslösen und viel böses Blut erzeugen. Als Freud noch in Wien an dem Buch gearbeitet hatte, war ihm klar gewesen, dass seine Veröffentlichung zu Problemen führen würde. Für Uneingeweihte würde es zweifellos »eher etwas Neues und Fundamentales« enthalten, so schrieb er in einem Brief. »Die Rücksicht auf diese Fremden heißt mich dann den fertigen Essay sekretieren.«

Auch in England würde das Moses-Buch sehr wahrscheinlich der Anerkennung und Zuneigung, die Freud genoss, ein Ende setzen. (Ein vergleichbares Gefühl der Anerkennung hatte er vielleicht nur ein einziges Mal in seinem Leben gehabt, als er 1909 nach Amerika kam und »die Verwirk-

lichung eines unglaubwürdigen Tagtraums« erlebte. Aber
während er Amerika verachtete, vergötterte er England geradezu.) Als alter und kranker Flüchtling, mit all der Schutz-
losigkeit eines Neuankömmlings in dem Land, das ihn aufgenommen hatte, stand Freud also vor der Entscheidung, ob
er es wagen sollte, das Buchprojekt fortzusetzen. »Von der
wissenschaftlichen Kritik voraussichtlich nicht viel Freund-
lichkeit – die Judenschaft wird sehr beleidigt sein«, schrieb
er. Die beiden bereits veröffentlichten Kapitel des Buches
waren auf Deutsch und in einer ziemlich unbekannten Zeitschrift namens *Imago* erschienen. Aber diejenigen, die sie
gelesen hatten, sahen dem dritten Kapitel mit sorgenvoller
Erwartung entgegen. Sie begannen schon bald, Druck auf
ihn auszuüben.

Es ist bemerkenswert, dass das Freud'sche Denken mit
menschlichem Glück wenig anzufangen weiß. Wenn es
darum geht, glückliche Menschen zu beschreiben, hat Freud
wenig zu sagen. Seinen Beschreibungen eines scheiternden
oder gescheiterten Liebeslebens fehlt es nicht an Genialität,
und Ähnliches gilt für die Art und Weise, wie er menschliche
Eifersucht erklärt sowie die subtile Dynamik, mit der Menschen ihre eigenen Bemühungen untergraben. Er vermag
verständlich zu machen, warum jemand ein Geizhals ist, ein
zweiter ein Hypochonder und ein dritter sich immer wieder
als undankbar erweist. Er kann auf unnachahmliche Weise
die Dynamik der Tyrannei beschreiben. Wenn sich Erwachsene wie gekränkte Kinder aufführen, kann Freud vielleicht
besser als jeder andere erhellen, wieso sie dies tun.
  Wenn Freud recht hat, ist mit dem menschlichen Vermögen zur Regression allerdings stets zu rechnen. Das Verlangen nach jemandem wie Hitler wird immer bestehen, das

Bedürfnis nach Grausamkeit, Destruktivität und Brutalität niemals verschwinden. Wenn man sich bei der Beschreibung von Menschen nur auf das Schlechte in ihnen konzentriert, kommt man ihrem Wesen sehr nahe. Manch einer hat in Freud einen Reduktionisten gesehen, aber vielleicht ist es sinnvoller, ihn als jemanden zu betrachten, der über glänzende Einsichten in das Verhalten von Menschen verfügt, deren Wesen aufs Schlimmste reduziert ist. Wenn Freud solche Menschen beschreibt, schenkt er den historischen, kulturellen oder ökonomischen Bedingungen so gut wie keine Beachtung. Ihn interessiert nicht, wie äußerer Druck, etwa in Form eines verlorenen Kriegs, eines unfairen Friedensvertrages oder einer wirtschaftlichen Depression eine Diktatur mit herbeiführt, wie er sie in seinem Buch *Massenpsychologie und Ich-Analyse* charakterisiert. Auch der Zusammenhang zwischen dem Erleben eines kulturellen Chaos und der Entstehung einer fundamentalistischen Religion, wie er sie in *Die Zukunft einer Illusion* darstellt, interessiert ihn nicht.

Freud hat einmal bemerkt, das Ziel der Psychoanalyse sei es, neurotisches Elend in gewöhnliches Unglück zu verwandeln. In dieser Bemerkung kommt nicht allein sein persönliches Temperament zum Ausdruck, sie verdeutlicht auch die tatsächliche Bandbreite seines Denkens, das kaum etwas zum Verstehen eines glücklichen Lebens, einer glücklichen Ehe oder Familie beitragen kann und überraschend wenig dazu zu sagen hat, was das Leben lebenswert macht. Woher wahrhaft bedeutende Kunst kommt, weiß Freud nicht zu erklären; er vermag eine glänzende Analyse der Figur Hamlet zu liefern, nicht aber des ganzen Dramas. Die Figur Hamlet kann er wie einen seiner Patienten behandeln, während sich das Drama, in seiner Frische und Kraft, den Begriffen der Psychoanalyse entzieht. Genauso wenig vermag er zu erklären, wie es einem Menschen gelingen kann, seinen Narzissmus oder seine Herrschsucht zu überwinden und für das Wohl anderer zu leben.

Der Grund hierfür ist, dass Freud zufolge alles menschliche Verhalten seine Ursachen in der Kindheit hat, die notwendigerweise qualvoll ist. Kinder wollen nach Freud immer das, was sie nicht haben können, und haben, was sie nicht wollen. Die Gegenwart ist für Freud im Wesentlichen eine Wiederholung der Vergangenheit. Streng genommen gibt es im Denken von Sigmund Freud also keine reine Gegenwart, kein wirkliches »Jetzt«.

Was das menschliche Unglück angeht, so legt Freuds Werk die Umkehrung von Tolstois berühmter Beobachtung nahe. Aus Freuds Sicht sind sich alle unglücklichen Familien mehr oder weniger ähnlich. Sie wiederholen immer nur die alten Muster frustrierten Begehrens und mysteriöser Aggressivität, in denen die Dynamik des Ödipuskomplexes zur vollen und dauerhaften Wirksamkeit gelangt: Die Vergangenheit ist alles, und die Gegenwart existiert praktisch nicht. Der holländische Psychoanalytiker J. H. van den Berg betont diese Begrenztheit des Freud'schen Denkens. Er bemerkt, die Theorie der Verdrängung sei eng mit der These verknüpft, dass in allem ein Sinn zu finden sei, woraus wiederum folge, dass alles der Vergangenheit angehöre und es nichts Neues geben könne. Freud vermochte nie zu erklären, wie es Menschen gelingen kann, ein bestimmtes Verhaltensmuster zu durchbrechen beziehungsweise auf unvorhersehbare und konstruktive Weise zu handeln. Man könnte auch sagen, er besaß keine Theorie dafür, wie es einen so originellen und kühnen Denker wie Sigmund Freud geben kann.

Vielleicht kam sein übergroßes Misstrauen gegenüber der Demokratie daher, dass, hätte er das Versprechen der Demokratie ernst genommen, er auch hätte zugeben müssen, dass Menschen in der Lage sind, sich auf eine neue und effektive, mit den altbekannten Formen patriarchalischer Herrschaft brechende Weise selbst zu regieren. Freud hatte die Absicht, einen Aufsatz über die Dynamik der Sublimierung zu schreiben, also darüber, wie instinktive Energien nicht mehr von der Anstrengung absorbiert werden, alte Verhaltensmuster aufrechtzuerhalten, sondern in kreative Leistungen im Bereich des Handelns, der Kunst und der Wissenschaft fließen. Es ist ihm nicht gelungen.

Freud, der sich in diesem Londoner Sommer des Jahres 1938 so wohlfühlte wie schon lange nicht mehr, befand sich in einer ihn verwirrenden Verfassung. Kampf und Zwietracht waren ihm wohlbekannte Phänomene, die Dynamik von Konflikten sowie die Lust daran waren ihm in jeder Hinsicht vertraut, und er glaubte zu wissen, wie schnell sich die Betäubung mit Rauschmitteln in Depressionen verwandeln konnte. Aber war die Freude, die er darüber empfand, in einem freien Land zu leben, vielleicht etwas anderes? War es vielleicht das flüchtige und schwer zu definierende Gefühl, das man ›Glück‹ nennt?

Am Freitag, den 10. Juni, machte sich Freud auf den Weg, seinen Chow-Chow Lün zu besuchen, der von Dover aus in einen Quarantänezwinger nach Ladbroke Grove gebracht worden war. Der Besuch bei Lün wurde in der Sportzeitung *The Referee* ausführlich beschrieben. »Ich habe noch nie so viel Glück und Verständnis in den Augen eines Hundes gesehen«, wird der Leiter des Zwingers zitiert. »Fast eine Stunde lang spielte und redete er mit ihr, wobei er die verschiedensten Kosenamen gebrauchte. Und obwohl die Reise für einen Mann seines Alters sehr lang war, sagte er, er sei entschlossen, Lün so oft wie möglich zu besuchen.« Hier wie in anderen Situationen in seiner neuen Heimat konnte Freud zu einem neuen Bild von sich selbst finden, dem schmeichelhaften Bild eines milden, sanftmütigen Weisen, der voller Güte sein hohes Alter genießt.

Am nächsten Tag erhielt Freud Besuch von Abraham Shalom Yahuda, einem jüdischen Schriftgelehrten, der ebenfalls in der Elsworthy Road wohnte. Yahuda war der erste Besucher, dessen Kommen Freud in seinem Tagebuch vermerkte, obwohl er seinen Namen falsch schrieb, nämlich *Jahuda*, was vielleicht auf die gemischten Gefühle hindeutet, die Freud mit diesem Besuch verband. Yahuda kam, um seinen berühmten Nachbarn kennenzulernen, ihn in England willkommen zu heißen und ihm seinen Respekt zu erweisen. Aber er hatte auch noch einen anderen Grund für seinen Besuch. Er wollte Freud inständig bitten, sein Moses-Buch nicht zu veröffentlichen. Die Juden seien schon genug Anfeindungen und Repressionen in der Welt ausgesetzt, warum sollte Freud zum Leid der Juden noch beitragen, indem er ein Buch veröffentlichte, das nichts anderes als hetzerisch sein konnte, ja vielleicht sogar antisemitisch? Wie es scheint, wusste Yahuda, dass Freud so weit gehen würden zu bestreiten, dass Moses Jude war.

Yahuda war nicht der Einzige, der Freud bat, sein Moses-Projekt aufzugeben. Zur selben Zeit schrieb Freud an Arnold Zweig, er habe einen Brief »eines jungen jüdischen Amerikaners« erhalten, »in dem ich gebeten werde, den armen unglücklichen Volksgenossen nicht den einzigen Trost zu rauben, der ihnen im Elend geblieben ist.« Woraufhin Freud an Zweig die etwas scheinheilige Frage richtete: »Soll man wirklich glauben, daß meine trockene Abhandlung auch nur einem durch Heredität und Erziehung Gläubigen, selbst wenn sie ihn erreicht, den Glauben stören wird?« Unangefochten von inneren und äußeren Widerständen, nahm Freud am 21. Juni die Arbeit an seinem Moses-Buch wieder auf, entschlossen, dem widerspenstigen dritten Kapitel seine endgültige Form zu geben.

Schon in seinem 1927 erschienenen Buch *Die Zukunft einer Illusion* hatte Freud die Religion energisch kritisiert. Der christliche Glaube sei von einem nostalgischen und erdrückenden patriarchalischen Geist beseelt, behauptet er. Die Menschen sehnten sich nach dem Vater, genauer gesagt, sie sehnten sich danach, dass der Vater ihrer Kindheit zurückkehre. Irgendwann einmal, so Freud, hat ein jeder von uns in absoluter Sicherheit gelebt oder zumindest in der Illusion absoluter Sicherheit. Denn in dessen ersten Lebensjahren gibt der Vater seinem Kind völligen Schutz und eine klare Vorstellung davon, was richtig und falsch ist. Im Laufe unserer Entwicklung verlieren wir aber unvermeidlich den Glauben an die Vollkommenheit unserer Eltern, weil sie sich als Menschen mit Schwächen herausstellen, denen es an Urteilsvermögen mangelt und die alles andere als allmächtig sind. Wie Freud in seinem Werk jedoch immer wieder betont, geben die Menschen nie freiwillig etwas auf, was sie in ihrem Gefühlsleben einmal als vollkommen befriedigend erlebt haben. Wenn das Es erst einmal ein Objekt oder eine Vorstellung besetzt hat und dies als lustvoll erfährt, weigert es sich mit aller Macht, sie wieder loszulassen. Ein Patriot liebt sein Vaterland bis in den Tod, auch wenn es im Unrecht ist; eine Frau hört nicht auf, ihren Mann zu lieben, obwohl er sie betrügt; und ein Vater wird nicht aufhören, sein gestorbenes

Kind zu betrauern. Wenn uns die Realität der Dinge beraubt, die wir lieben, ist unser erster und häufig auch letzter Impuls, sie uns in unseren Wunschphantasien zurückzuholen oder wiederherzustellen. Es gibt nach Freud nur wenige Situationen, die uns mehr Befriedigung verschaffen als jene, in denen wir uns von einem uns über alles liebenden und überlegenen Wesen beschützt fühlen, einem Wesen, das genau weiß, was richtig und was falsch ist. Wenn die Prüfung der Realität uns zeigt, dass ein solches Wesen nicht existiert, rebelliert unsere Psyche und erschafft im Einklang mit unseren Wünschen ein solches höchstes Wesen neu. Dies geschieht in der Religion, aber natürlich auch in der Politik. Auf diese Weise wird der sterbliche Vater als Gott im Himmel und allmächtiger Herrscher neu erfunden.

Freud behauptet, wir Menschen würden unsere Gefühle der Hilflosigkeit dadurch bekämpfen, dass wir an einer kollektiven Phantasie spinnen: »Wenn nun der Heranwachsende merkt, daß es ihm bestimmt ist, immer ein Kind zu bleiben, daß er des Schutzes gegen fremde Übermächte nie entbehren kann, verleiht er diesen die Züge der Vatergestalt, er schafft sich die Götter, vor denen er sich fürchtet, die er zu gewinnen sucht und denen er doch seinen Schutz überträgt. So ist das Motiv der Vatersehnsucht identisch mit dem Bedürfnis nach Schutz gegen die Folgen der menschlichen Ohnmacht.«

Wie der Diktator, so ist nach Freud auch der patriarchalische Gott eine Antwort auf die Krise des Über-Ich. Im schlimmsten Fall ist das Über-Ich unbewusst, übermäßig anspruchsvoll und von sadistischer Grausamkeit. Es bestraft uns, wie Freud in seinem Buch *Das Unbehagen in der Kultur* betont, nicht nur für unsere tatsächlichen Verstöße, sondern auch für solche, die wir uns bloß vorstellen.

Es bestraft nicht nur die Tat, sondern auch den Wunsch. Das außerhalb unserer selbst existierende Über-Ich, der patriarchalische Gott im Himmel, kann ebenfalls grausam und fordernd sein, aber er hat der Menschheit seine Gebote hinterlassen. Durch seine Offenbarung und seine Propheten wissen die Menschen, was ihn besänftigt oder vielleicht sogar seine Gunst gewinnt. Wie der Diktator, so bringt auch dieser Gott Klarheit in Situationen, die auf beunruhigende Weise undurchsichtig und kompliziert sind. Nun, da wir wissen, was gerecht ist und was nicht, wissen wir auch, wie wir uns verhalten müssen, um unser Wohl in dieser Welt und unser Heil in der nächsten sicherzustellen. »Durch das gütige Walten der Vorsehung wird die Angst vor den Gefahren des Lebens beschwichtigt«, schreibt Freud. »Die Einsetzung der sittlichen Weltordnung versichert die Erfüllung der Gerechtigkeitsforderung, die innerhalb der menschlichen Kultur so oft unerfüllt geblieben ist, die Verlängerung der irdischen Existenz durch ein zukünftiges Leben stellt den örtlichen und zeitlichen Rahmen bei, in dem sich diese Wunscherfüllungen vollziehen sollten.« Wir Menschen wünschen uns vielleicht mehr als alles andere, die Wahrheit zu finden und die richtige Lebensweise, um unser Leben nach dieser Wahrheit auszurichten. Eine der zentralen Hypothesen aus Freuds Spätwerk besagt, dass den Menschen der Besitz der Wahrheit durch die Vereinigung mit einem höheren Wesen gewöhnlich wichtiger ist als das Vergnügen, das sie um ihrer selbst willen von Augenblick zu Augenblick und von Tag zu Tag genießen können. Sie schätzen das Gefühl, im Besitz einer absoluten Wahrheit zu sein, mehr, als in einer anregenden, vielseitigen und komplexen Welt zu leben, die zwar reich und wunderbar, aber letztlich nicht erklärbar ist. Der Preis für ein Dasein, dessen Ende relativ offen ist, kann große Angst sein, eine Angst, der die meisten Menschen so schnell und einfach wie möglich entkommen wollen. Erinnern wir uns an Hitlers treffende Behauptung, dass die Masse »mehr den Herrscher als den Bittenden« liebe und »sich im Innern mehr befriedigt durch eine Lehre« fühle, »die keine andere neben sich duldet, als durch die Genehmigung liberaler Freiheit«.

Freud unterstellt, dass diejenigen Qualitäten, die traditionell mit Frauen in Zusammenhang gebracht werden, also Liebe, Erziehung und Fürsorge, letztlich nicht die Qualitäten sind, nach deren Besitz Menschen ein Leben lang streben wollen. Gleichgültig ob Mann oder Frau, unser größter Wunsch ist anscheinend, uns mit der Macht beziehungsweise Autorität zu verbünden, die unsere Sicherheit, unseren Schutz garantiert. Wir suchen nach ihr und wollen uns ihr hingeben, sogar um den Preis des Verzichts auf Liebe und andere menschliche Befriedigungen. In seinen späteren Schriften beschäftigt sich Freud weniger mit dem ödipalen Begehren nach der Mutter, das der Einzelne im Laufe der Zeit hinter sich zu lassen vermag, sondern er widmet sich mehr der menschlichen Sehnsucht nach Herrschern und Königen.

Als im Jahr 1927 Freuds Buch *Die Zukunft einer Illusion* veröffentlicht wurde, erklärten viele anglo-europäische Intellektuelle, dass die Religion im Begriff sei zu verschwinden. Bereits Mitte des 19. Jahrhunderts hatten sich Schriftsteller wie Matthew Arnold Sorgen um die Welt gemacht, die entstünde, wenn die Menschheit – wie es unvermeidbar schien – ihres religiösen Glaubens endgültig verlustig gehen würde. Vielleicht würde dies eine Welt sein, »wo – von Alarmen, die sie nicht verstehen, / gehetzt – bei Nacht sich schlagen zwei Armeen«, wie es in Arnolds bekanntem Gedicht »Die

Küste von Dover« heißt. Arnold und andere unternahmen einige gedankliche Anstrengungen, um herauszufinden, was man tun könne, wenn der Glaube gänzlich ausgelöscht wäre. Selbst Nietzsche, von dem man dies vielleicht am allerwenigsten erwarten würde, machte sich Sorgen um den Tod Gottes. In einem berühmten Abschnitt der *Fröhlichen Wissenschaft* fragt der »tolle Mensch«: »Wie trösten wir uns, die Mörder aller Mörder? Das Heiligste und Mächtigste, was die Welt bisher besaß, es ist unter unsern Messern verblutet – wer wischt dies Blut uns ab? Mit welchem Wasser könnten wir uns reinigen? Welche Sühnefeiern, welche heiligen Spiele werden wir erfinden? Ist nicht die Größe dieser Tat zu groß für uns?« Um schließlich die eigentliche Frage zu stellen: »Müssen wir nicht selber zu Göttern werden, um nur ihrer würdig zu erscheinen?« Karl Marx, Thomas Carlyle, Jeremy Bentham, John Stuart Mill, Ernest Renan, Charles Darwin, John Ruskin, Alfred Lord Tennyson – jeder von ihnen hat auf seine charakteristische Weise die Vermutung zum Ausdruck gebracht, dass in ihrer oder der nächsten Generation die Religion absterben würde.

Zwar herrscht in der *Zukunft einer Illusion* ein oberflächlicher Optimismus, was die Geburt eines umfassenden Atheismus angeht, doch der Tenor der Freud'schen Gedanken zur Religion und der Sehnsucht nach einem Patriarchen lässt diesbezüglich wenig Hoffnung erkennen. Das Wesen der westlichen Religionen einschließlich des Islams besteht für Freud in ihrem Fundamentalismus. Die Menschen verzehrten sich nach einem Glauben an eine einzige, allwissende und allmächtige Gottheit, die das Leben auf der Erde und im ganzen Kosmos beherrsche. Den Kern dieser Religionen bilde der Monotheismus, da dieser am unmittelbarsten und mit der größten Intensität jenen anfänglichen Zustand wiederherstelle, in dem die väterliche Macht alles bedeutete. Aus diesem Grund könne der Gläubige, wie differenziert und human sein Glaube auch sein möge, stets wie durch die Kraft der Gravitation zur bedingungslosen Hingabe für den unfehlbaren Vater herangezogen werden. Dementsprechend scheut Freud in der *Zukunft einer Illusion* auch keine Mühe, jene Glaubensrichtungen zu preisen, die ihrem Charakter nach weniger patriarchalisch sind. Wie die Tyrannei, die Liebe und der Alkohol sei auch der religiöse Fundamentalismus ein Rauschmittel, und die einzige Möglichkeit, ihn zu überwinden, bestehe darin, den Glauben gänzlich zum Verschwinden zu bringen. Freuds Antwort auf die autoritären Religionen ist nicht die persönliche religiöse Erfahrung außerhalb institutioneller Strukturen, wie sie William James in seinem Buch *Die Vielfalt religiöser Erfahrung* empfiehlt, und auch nicht die seltsame Mischung, die seit Freuds Zeiten als Spiritualität bezeichnet wird. Freud rät vielmehr zum vollständigen Entzug der Droge in Form eines militanten Atheismus. Seine Antwort auf das, was er die infantilisierende Kraft des Glaubens nennt, lautet: Glaube an gar keinen Gott und hüte dich auch vor jedwedem Ersatzgott wie etwa dem des politischen Führers und des sozialen und politischen Ideals. Bisweilen gehören natürlich gerade die Atheisten zu den arrogantesten ›religiösen‹ Menschen überhaupt, denn sie haben ihren Willen zu glauben nur auf ein Absolutes anderer Art gerichtet oder haben ihren Atheismus selbst zu einem Evangelium gemacht.

Weil Menschen für die Organisation ihres Gemeinschaftslebens Führerpersönlichkeiten brauchen, sollten sie sich dafür nach Freuds Auffassung Männer suchen, die sich durch Menschlichkeit und einen Mangel an Egoismus auszeichnen. Männer, denen es gelungen ist, den eigenen Narzissmus und ihren Willen zur Macht zu besiegen. Dennoch wird die Tyrannei immer ein Risiko bleiben, denn schließlich sehnen sich die meisten Menschen nach ihr. Der amerikanische Diplomat und Schriftsteller George Kennan scheint zu glauben, eine ernüchternde Wahrheit auszusprechen, wenn er sagt, jeder von uns trage, wie verborgen auch immer, etwas von einem totalitären Charakter in sich. Freud würde darüber vermutlich laut lachen. Sylvia Plath ist da der Wahrheit näher gekommen. »Jede Frau liebt einen Faschisten«, lautet die berühmte Zeile ihres Gedichts »Daddy«. Aus Freud'scher Perspektive gilt das auch für jeden Mann.

Für die Anziehungskraft eines patriarchalischen Herrschers konnte Freud durchaus Beweise vorlegen, und auch seit seinem Tod hat es daran nicht gemangelt. Hitler und Mussolini mögen gescheitert sein, aber daneben gab es auch noch Stalin, Mao, Franco und all die großen und kleinen Diktatoren, die in Afrika und Asien, Lateinamerika und Osteuropa große Menschenmassen beherrscht haben. Zweifellos haben diese Führer ihre Macht durch die Anwendung von Gewalt begründet oder gefestigt, aber die Verherrlichung des Herrschers durch die Beherrschten hat ebenfalls vieles dazu beigetragen. Und was die Religionen angeht, so sind sie heute auch nicht sehr viel aufgeklärter als zu Freuds Zeiten. Begleitet von erdrückender Intoleranz, existiert auch im 21. Jahrhundert ein fundamentalistischer Glaube, nicht nur in der islamischen Welt, sondern auch in den Vereinigten Staaten von Amerika. Die ihn kennzeichnenden Eigenschaften sind der Glaube an die absolute und eindeutige Wahrheit bestimmter Schriften, das Gefühl bedrohter Rechtschaffenheit, die Unterdrückung der Frau, das Führen ›heiliger Kämpfe‹ und, wenn nötig, Kriege, das Gefühl einer überall auf der Welt um sich greifenden Krise und die Forderung nach unbedingtem Gehorsam. Was aus Freuds Sicht jedoch am stärksten hervorsticht, ist die Anwesenheit eines patriarchalischen Gottes, der auf die Gläubigen herabblickt, strenge, aber klare Gebote verkündet und die von ihm Auserwählten segnet.

Man kann sich nur schwer der Überzeugung erwehren, dass die Menschen, die sich grausamen Diktatoren und tyrannischen Gottheiten unterwerfen, damit auch gewisse seelische, infantile Bedürfnisse befriedigen. Statt die Bandbreite an Möglichkeiten zu erkunden, die sie als Menschen haben, verschaffen sie sich eine unangreifbare Identität. Freud hat auf die beiden erschreckenden Seiten eines Komplexes hingewiesen, den man als den »patriarchalischen Komplex« bezeichnen könnte, nämlich auf tyrannische Regierungen und tyrannische Religionen; und er hat erklärt, warum diese wahrscheinlich nie verschwinden werden, obschon solche Regierungen und Religionen ganz offensichtlich kollektiven Interessen zuwiderlaufen und häufig auch den Interessen von Diktatoren selbst. Dies zeigt das Schicksal Mussolinis, der erschossen wurde und dessen Leiche man, an den Beinen aufgehängt, auf einem Mailänder Platz öffentlich zur Schau stellte.

Freud aber wollte in seinem Moses-Buch nicht nur wiederholen, was er anderswo schon gesagt hatte, sondern er glaubte, etwas genuin Neues zu sagen zu haben. Er wollte den Charakter von Moses verstehen, den er zeit seines Lebens bewundert hatte; er wollte der Frage auf den Grund gehen, was die Juden zu dem Volk gemacht hat, das sie waren; und er wollte eine psychoanalytische Erklärung für den Antisemitismus liefern. Außerdem sollte das Buch eine Art indirekter Autobiographie sowie eine Meditation über die Natur und Zukunft der Psychoanalyse selbst sein. Freud hatte jedoch schon mindestens vier Jahre an dem Buch gearbeitet und es mehr als einmal für abgeschlossen erklärt, um dann doch wieder zu ihm zurückzukehren und daran weiterzuschreiben. Über das Moses-Buch schrieb er Ernest Jones:»Ob ich diesen dritten Teil gegen alle äußeren und inneren Schwierigkeiten doch noch zusammenbringe? Vorläufig kann ich es nicht glauben. Aber *quien sabe?*«

Am 23. Juni, zwei Tage nachdem er die Arbeit an dem Buch über Moses wieder aufgenommen hatte, bekam Freud einen Eindruck davon, wie schmeichelhaft die Ehren waren, die England zu vergeben hatte. Drei Sekretäre der Royal Society, Sir Albert Seward, Professor A. V. Hill und Griffith Davies, besuchten Freud und baten ihn, seinen Namen in das »heilige Buch« der Gesellschaft einzutragen. Normalerweise wurde das Ehrenregister nur dem König zur Unterschrift gebracht, jeder andere musste sich für diesen Zweck zur Gesellschaft selbst begeben. Aber da Freud aufgrund seines gesundheitlichen Zustands nicht in der Lage war, nach Burlington House zu kommen, wurde auch er von den Regeln der Royal Society ausgenommen. (Zwei Wochen vorher hatte Freud all seine Kraft aufgeboten, seinen Hund zu besuchen. Eine ähnliche Anstrengung durfte die Royal Society von ihm offenbar nicht erwarten.) Freud setzte seinen Namen unter den von Isaac Newton und den von Charles Darwin – einen der Wissenschaftler, die er am meisten bewunderte und deren Werk er als Vorspiel zu seinem eigenen betrachtete. Jahrelang schon hatte Freud nur mit seinem Familiennamen unterschrieben, doch in England war dies nur einem Lord gestattet. So sah er sich gezwungen, seit vermutlich vierzig Jahren zum ersten Mal wieder mit seinem vollen Namen zu unterzeichnen.

Die ihm durch die Royal Society zuteilgewordene Ehre bezeugte, dass Freud tatsächlich war, was er immer sein wollte, nämlich ein Wissenschaftler. Trotzdem war Freud sich nie ganz sicher, wie er sein Werk beschreiben sollte. Er hoffte leidenschaftlich, dass die Psychoanalyse wirklich eine Wissenschaft sei. Schließlich hatte er als empirischer Forscher begonnen und sich unter anderem mit der Struktur der Medulla oblongata, dem hintersten Teil des Gehirns, beschäftigt, das er als »ein sehr ernsthaftes und schönes Objekt« charakterisierte. So spekulativ seine Arbeiten manchmal auch sein mochten (wie etwa seine Lehren vom Wiederholungszwang, dem Todestrieb und dem titanischen Kampf zwischen Eros und Thanatos), so hielt Freud doch stets an der Hoffnung fest, dass irgendwann einmal die biologischen Daten zu Verfügung stehen würden, um seine Hypothesen zu bestätigen.

Bisweilen vertrat Freud aber auch eine andere Sichtweise. Die Dichter seien vor ihm da gewesen und die eigentlichen Entdecker des Unbewussten. Der Unterschied zwischen seinem Wissen und dem der Dichter bestehe darin, dass diese intuitiv vorgegangen seien, während er eine systematische Theorie entwickelt habe. Diese »Triebtheorie«, die er immer wieder neu formulierte, bezeichnete er auch als »unsere Mythologie«. Seines kühnen intellektuellen Ehrgeizes wegen nannte er sich einen »Conquistador«, und er gestand, dass er immer ein *Philosophe* im Stile Voltaires hatte sein wollen, ein Denker also, der sich alle großen Fragen vornahm, ob sie nun von kosmischer oder intimster Bedeutung waren, und diese mit größter Kreativität, Kultiviertheit und Intelligenz behandelte.

Indessen wusste Freud, dass die Anerkennung als Wissenschaftler seinen kulturellen Einfluss stärkte, zumal in

der ersten Hälfte des 20. Jahrhunderts. Es bedeutete, dass
mehr Menschen zur Kenntnis und ernst nehmen würden,
was er zu sagen hatte. Zu Recht befürchtete Freud, dass
die Psychoanalyse stets in Gefahr war, als die Phrenologie
ihrer Tage abgetan zu werden. Als Wissenschaftler anerkannt
zu werden, würde helfen, das Ansehen zu stärken, zu dem
er seit seiner Ankunft in London gekommen war. Die ihm
durch die Royal Society bezeugte Ehre leistete hierzu einen
bedeutenden Beitrag.

Freud war sich allerdings im Klaren darüber, dass sein
neues Buch kein wissenschaftliches sein würde. Es würde
nur unzureichend belegte Spekulationen darüber enthalten, warum Moses kein Jude, sondern Ägypter war, dass
der Monotheismus eine ägyptische Erfindung ist, die Moses
zu den Juden gebracht hatte, und dass diese ihn schließlich
dafür ermordet hatten. Ein solches Buch zu veröffentlichen
würde gewiss das Geschenk der Royal Society herabwürdi-
gen, durch das er in den Bund ernsthafter und geachteter
Wissenschaftler aufgenommen worden war. Warum also
nicht das tun, was sich anbot? Warum sich nicht einfach von
der Gesellschaft sagen lassen, wer und was man sei, besonders, wenn ihr Urteil den lange gehegten und enttäuschten
eigenen Wünschen nach Erfolg, Anerkennung und Liebe so
sehr schmeichelte?

Vielleicht wäre es für Freud am besten gewesen, er hätte
seine Bücher als einen Beitrag zu einer Art von ›Weisheits-
literatur‹ verstanden. Nach Freuds Tod und auch schon zu
seinen Lebzeiten haben viele Kritiker seines Werks aufge-
zeigt, dass es nicht den strengen Kriterien einer Wissenschaft genügt, da die Ergebnisse seiner Forschung weder
quantifizierbar noch experimentell nachvollziehbar noch
falsifizierbar sind. In Wirklichkeit haben diese Kritiker

Freud einen Dienst erwiesen. Sie haben ihn davor bewahrt, an einem Maßstab gemessen zu werden, dem er nicht gerecht werden konnte, und haben so geholfen, sein Werk auf eine Weise zu deuten, die seinen wahren Wert mit der Zeit ans Licht bringen wird. Freud mag in seinem Arbeitszimmer Bilder von Wissenschaftlern wie Charcot und Helmholtz hängen gehabt haben, die er sehr bewunderte. Seine wirklichen Vorgänger aber waren Schopenhauer und Nietzsche, also Philosophen, die das Spekulative mit einem praktischen Interesse verbanden. (Freud hat einmal gesagt, er habe nicht viel von Nietzsche gelesen, da er befürchtete, in seinem Werk zu viele Einsichten der Psychoanalyse vorweggenommen zu finden.) Freuds Deutung menschlicher Erfahrungen lässt sich ebenso wenig wissenschaftlich beweisen wie die eines Samuel Johnson, eines Montaigne oder eines Emerson. Sie findet vielmehr in dem Gebrauch Bestätigung, den einzelne Menschen von seinen Ideen machen, wenn sie sich aufrichtig Rechenschaft ablegen von den Gewinnen und Verlusten ihres Lebens. Keiner hält sich mit der Frage auf, ob Montaigne ein Wissenschaftler gewesen ist, und genauso sollte man es mit Freud halten. Philip Rieff und neuerdings Adam Phillips haben gezeigt, wie man Freuds Denken als mögliche Anleitung zu einem gelingenden Leben verstehen kann, als ein postreligiöses Denken, dessen Begriffe einen praktischen Wert haben oder, wie William James sagen würde, einen »cash value«.

Freud selbst identifizierte sich nie mit Nietzsche und Schopenhauer, da er glaubte, er könne allein als Wissenschaftler wirklich Erfolg haben. Die Frage von Ruhm und Erfolg hatte ihn schon früh im Leben beschäftigt. Er erinnerte sich häufig daran, wie eine Zigeunerin seiner Mutter einst vorhergesagt hatte, dass ihr Junge einmal Großes erreichen würde, und seine Mutter ihr bereitwillig Glauben schenkte. Sie nannte ihren Sohn gerne »meinen goldenen Siggy« und unterstützte ihn, wo sie nur konnte. In dem kleinen, überfüllten Haus seiner Eltern hatte er ein eigenes Zimmer, und alle hatten leise zu sein, wenn er arbeitete. Seine Schwester Anna berichtet, dass sie ihre Klavierstunde unterbrechen musste, damit der Bruder sich konzentrieren konnte. Freuds Vater liebte und bewunderte seinen Sohn, seine Mutter aber glaubte an ihn mit geradezu glühender Zuversicht. Später sollte Freud einmal sagen, die wichtigste Bedingung für Erfolg im Leben sei für einen Mann die unbedingte Liebe und das Vertrauen seiner Mutter.

In der *Traumdeutung* erinnert sich Freud an einen Vorfall, den er für immer mit seinem Wunsch nach Erfolg assoziieren sollte. »Dann gab es aber einmal einen anderen häuslichen Anstand, als ich sieben oder acht Jahre alt war. Ich setzte mich abends vor dem Schlafengehen über das Gebot der Diskretion hinweg, Bedürfnisse nicht im Schlafzimmer der Eltern in deren Anwesenheit zu verrichten, und der Vater ließ in seiner Strafrede darüber die Bemerkung fallen: Aus dem Buben wird nichts werden.« Dies müsse »eine furchtbare Kränkung« für seinen Ehrgeiz gewesen sein, schreibt Freud. Denn wenn diese Szene später in seinen Träumen wiederkehrte, sei sie regelmäßig mit der Aufzählung seiner Leistungen und Erfolge verknüpft gewesen, als wollte er sagen: »Siehst du, ich bin doch etwas geworden!«. Dass jemand in der Gegenwart anderer uriniert oder seine Blase nicht beherrschen kann, würde Freud später immer mit starkem Ehrgeiz in Verbindung bringen. »Schaut mich an!«, möchte der Übeltäter sagen. Obschon das, was er getan hat, nicht gerade lobenswert ist, hat er ein so starkes

Bedürfnis nach Aufmerksamkeit, dass er die damit verbundene Peinlichkeit in Kauf nimmt. Vielleicht wird er später einmal geeignetere Mittel finden, die Aufmerksamkeit der Menge auf sich zu lenken, aber im Augenblick hat er kein anderes zur Verfügung. Freud war kein Kind mehr und hatte sich die bereits damals so heftig ersehnte Aufmerksamkeit durch harte Arbeit und Mut verdient. Nicht der Reichtum mache die Menschen glücklich, hat er einmal bemerkt, sondern ausschließlich die Erfüllung ihrer Kindheitswünsche. Ein kleines Kind wird wohl kaum den Wunsch haben, ein großes Aktienpaket zu erwerben, aber es kann sich durchaus wünschen, berühmt zu werden. Nun hatte die Royal Society seinen Rang als Wissenschaftler bestätigt, und er war gewiss versucht, eine Weile von dem Moses-Projekt Abstand zu nehmen und seinen verdienten Ruhm einfach nur zu genießen.

Doch Moses hatte Freud seit Langem fasziniert. 1914, in dem Jahr, in dem Freud in seinem Werk eine neue Richtung einschlug und sich sein Interesse an dem Phänomen der Autorität herauszukristallisieren begann, veröffentlichte er einen anonymen Aufsatz über Michelangelos Statue des Propheten. Er hatte sie 1913 in der Kirche San Pietro in Vincoli in Rom gesehen und war sofort in ihren Bann gezogen worden. »[Ich habe] vor der Statue gestanden, habe sie studiert, gemessen, gezeichnet«, erinnerte er sich. (Freud war ein überraschend guter Zeichner.) Der kurze, in der Zeitschrift *Imago* erschienene Aufsatz war Freud zufolge ein Versuch herauszufinden, warum die Statue eine so große Faszination auf ihn ausübte. Wenn er nicht erklären könne, wodurch ein Kunstwerk auf ihn wirke, könne er es auch nicht wirklich genießen, schrieb er. »Eine rationalistische oder vielleicht analytische Anlage sträubt sich in mir dagegen, daß ich ergriffen sein und dabei nicht wissen solle, warum ich es bin und was mich ergreift.«

Die Skulptur stellt Moses dar, der die Tafeln mit den Zehn Geboten festhält, mit denen er gerade vom Berg Sinai herabgestiegen ist. Freud will wissen, was Moses mit den Gesetzestafeln eigentlich vorhat. Nach der traditionellen Interpretation ist er im Begriff, sie auf die Israeliten hinabzuschleudern, die um das Goldene Kalb herumtanzen. Freud dagegen glaubt, Michelangelo habe etwas ganz anderes im Sinn gehabt. So wie Moses dargestellt sei, habe er dem Zorn auf sein ungehorsames Volk nicht nachgegeben. »Was wir an ihm sehen, ist nicht die Einleitung zu einer gewaltsamen Aktion, sondern der Rest einer abgelaufenen Bewegung. Er wollte es in einem Anfall von Zorn, aufspringen, Rache nehmen, an die Tafeln vergessen, aber er hat die Versuchung überwunden, er wird jetzt so sitzen bleiben in gebändigter Wut, in mit Verachtung gemischtem Schmerz. Er wird auch die Tafeln nicht wegwerfen, daß sie ihm am Stein zerschellen.« [sic] Freuds Moses hat seinen Zorn in Schranken gehalten, seine Leidenschaft gezügelt.

Freud ist davon überzeugt, der Bildhauer sei bewusst vom Alten Testament abgewichen, um darzustellen, dass es Moses ungeachtet seiner Wut über den Ungehorsam der Israeliten gelungen sei, sich zu beherrschen. Moses, um mit Freud zu sprechen, sublimiert seinen Zorn, statt ihm nachzugeben, und es ist vermutlich diese Fähigkeit zur Sublimierung, die ihm die Autorität eines Führers verleiht. »Damit hat [Michelangelo] etwas Neues, Übermenschliches in die Figur des Moses gelegt, und die gewaltige Körpermasse und kraftstrotzende Muskulatur der Gestalt wird nur zum leiblichen Ausdrucksmittel für die höchste psychische Leistung, die einem Menschen möglich ist, für das Niederringen der eigenen Leidenschaft zugunsten und im Auftrag einer Bestimmung, der man sich geweiht hat.«

Die Macht, die Moses dadurch gewinnt, dass er sein Selbst spaltet, indem er seiner Neigung nicht nachgibt, ist aus der Sicht des Freud'schen Werks ungewöhnlich, da Autorität normalerweise dadurch entsteht, dass man vollkommen eins mit sich selbst scheint. Der Führer weiß immer, was er denken soll, und er hat immer recht. Seine Erscheinung ist die einer seiner selbst stets gewissen Herrennatur, wie Freud in *Massenpsychologie und Ich-Analyse* schreibt. Doch in Moses, glaubt Freud, tritt uns die Persönlichkeit eines Mannes entgegen, der zweifellos ein Führer ist, aber seiner Selbstspaltung eine dramatische Wirkung zu geben vermag. Moses, oder zumindest der Moses, wie ihn der Bildhauer dargestellt hat, lässt für Freud keinen Zweifel am Zustand seines Innenlebens. Vermutlich beruht auf dieser Ehrlichkeit seine Stellung als Führer. Er ist in der Lage, den authentischen Zustand der Seele seines Volkes widerzuspiegeln, das (wie wir alle) ebenfalls zur Selbstzerrissenheit neigt. Nichtsdestoweniger erkennt es ihn aber als Autorität an.

Möglicherweise will Freud nahelegen, dass diese Fähigkeit zur dramatischen Sublimierung etwas charakteristisch Jüdisches ist. Und vielleicht möchte er außerdem unterstellen, dass sein Vermögen, diese äußerste Sublimierungsleistung von Moses zu erkennen, beweist, dass er selbst diese seltene Fähigkeit besitzt und damit auch die entsprechende Autorität eines Führers wie Moses. »Moses ist«, wie Freud am Ende seines Lebens sagen sollte, »das Fleisch der Sublimation«; und in dieser rätselhaften Bemerkung verdichtet sich vieles von dem, was diesen Propheten für ihn so faszinierend machte.

Unterdessen arbeitete Freud in London weiter an seinem Buch. Er saß in seinem Arbeitszimmer in der Elsworthy Road, das ihm immer noch fremd war, und ging seinen Spekulationen über Moses nach. Seine geliebte Antiquitätensammlung befand sich immer noch in Wien und er würde sie vielleicht nie wieder zurückerhalten. Vor ihm auf dem Tisch standen einige Figuren aus Terrakotta, die die Prinzessin gerettet hatte, in ihrer Mitte die ihm so teure Statue der Athene, die Verkörperung des kämpferischen Intellekts. Bücher standen Freud nur wenige zur Verfügung, da auch seine Bibliothek noch in den Händen der Gestapo war. Lün, die ihm normalerweise Gesellschaft leistete und ihren vertrauten Hundegeruch verströmte, war immer noch in Quarantäne. Zu rauchen war Freud offiziell verboten, aber man kann sich kaum vorstellen, dass er sich nicht doch von Zeit zu Zeit eine Zigarre anzündete. Schließlich waren Zigarren für ihn ein Arbeitsmittel. Gegen all diese nicht unerheblichen Widerstände aber setzte Freud seine Arbeit fort.

Mitte Juli erhielt Freud Besuch von einem langjährigen Bewunderer, dem surrealistischen Maler Salvador Dalí. Dalí, ein gut aussehender und eloquenter Mann, der sich gerne selbst lobte, hatte schon seit vielen Jahren den Wunsch gehegt, Freud, den er als Quell der Inspiration für seine eigene Malerei und die surrealistische Bewegung insgesamt betrachtete, persönlich kennenzulernen. In seiner Autobiographie *Das geheime Leben des Salvador Dalí* erinnert sich Dalí an seine ersten Bemühungen, den großen Mann zu treffen: »Meine drei ersten Reisen nach Wien waren exakt wie drei Wassertropfen, denen die Reflexe fehlten, die sie zum Glitzern bringen. Auf jeder dieser Reisen tat ich exakt dasselbe: Morgens besichtigte ich den Vermeer in der Sammlung Czernin, und nachmittags besuchte ich Freud *nicht*, da ich ausnahmslos hörte, er sei gesundheitshalber auf dem Land.«

Stattdessen verbrachte Dalí seine Nachmittage damit, ziellos durch die Straßen Wiens zu streifen und Schokoladentorte zu essen, die einen bitteren, von dem nie stattfindenden Treffen herrührenden Beigeschmack hatte. »Abends führte ich lange und erschöpfende Gespräche mit Freud; einmal kam er sogar mit mir auf mein Zimmer im Hotel Sacher und blieb, an die Vorhänge geklammert, die ganze Nacht da.«

Einige Jahre nach dem letzten fehlgeschlagenen Versuch, Freud zu besuchen, saß Dalí in Frankreich in einem Restaurant und aß Schnecken, während er mit seinen Begleitern über das kürzlich erschienene Buch von Marie Bonaparte über Edgar Allan Poe sprach. Plötzlich, so erzählt Dalí, habe er auf der ersten Seite einer Zeitung ein Bild von Freud gesehen und gelesen, dass Freud aus Österreich geflohen und gerade in Paris angekommen sei. »Wir hatten uns vom Eindruck der Nachricht noch nicht erholt, als ich einen lauten Schrei ausstieß. In diesem Augenblick hatte ich das morphologische Geheimnis Freuds entdeckt! Freuds Schädel ist eine Schnecke! Sein Gehirn hat die Form einer Spirale – mit einer Nadel herauszuziehen.«

Am 19. Juli, also ungefähr vier Wochen nachdem Freud in London angekommen war, begab sich Dalí in Begleitung von Freuds Freund Stefan Zweig in die Elsworthy Road, wo er nun endlich die Gelegenheit hatte, den Professor kennenzulernen. Als er sich dem Haus näherte, fiel ihm etwas Seltsames auf. »[Ich] erblickte ein gegen die Mauer gelehntes Fahrrad, und auf dem Sattel lag, an einer Schnur befestigt, eine rote Gummi-Wärmflasche, die offenbar mit Wasser gefüllt war, und auf dem Rücken der Wärmflasche spazierte eine Schnecke.«

Dalí setzte große, wenn auch etwas unbestimmte Hoffnungen auf das Treffen. Vielleicht erfüllte ihn der Ehrgeiz, von Freud zu seinem ersten echten Schüler im Bereich der Malerei ernannt oder zumindest als ein wichtiger Zeitgenosse anerkannt zu werden. Dalí mangelte es nicht gerade an Selbstvertrauen. So wie Freud das Unbewusste genau beschrieben hatte, so hoffte Dalí vielleicht, mit seinen Gemälden von schmelzenden Uhren, inneren Wüsten und auffällig bunten, verwachsenen menschlichen Formen das Unbewusste und seine Wirkungen sichtbar machen zu können. Vielleicht würde Freud Dalís Werk seinen Segen geben und erklären, dass er alles genau getroffen habe. Falls Dalí tatsächlich so etwas gehofft hatte, kannte er Sigmund Freud schlecht.

Während der ganzen Zeit, die sie sich in Freuds Arbeitszimmer gegenübersaßen, sprach Freud kaum ein Wort (»Wir verschlangen uns mit den Augen«, behauptet Dalí.) Freud hatte gerade infolge einer Infektion einen weiteren Hörsturz erlitten, aber aller Wahrscheinlichkeit nach wusste Dalí davon nichts. Für ihn machte Freud einfach ein versteinertes Gesicht. Der frustrierte Dalí versuchte, Freud für einen Artikel über Paranoia zu interessieren, den er selbst geschrieben hatte. »[Ich] erklärte, dies sei keine surrealistische Zerstreuung, sondern wirklich ein Aufsatz mit wissenschaftlichem Anspruch, und ich wiederholte den Titel, gleichzeitig mit dem Finger auf ihn zeigend. Angesichts seiner unerschütterlichen Gleichgültigkeit wurde meine Stimme unwillkürlich schärfer und drängender. Dann, mich weiter mit einer Festigkeit, in der sein ganzes Wesen sich zu verdichten schien, anstarrend, rief Freud, Stefan Zweig zugewandt, aus: ›Nie sah ich jemanden, der so durch und durch Spanier war. Welch ein Fanatiker!‹«

Aber es sollte noch schlimmer kommen. Als das Thema Surrealismus angesprochen wurde, teilte Freud Dalí mit: »In klassischen Bildern suche ich das Unbewußte, in einem surrealistischen Bild das Bewußte.« Dies ließ den Maler nicht unbeeindruckt. Damit sei »das Todesurteil für den Surrealismus« gesprochen worden, schrieb er später.

Freuds Verhältnis zu Künstlern und der Kunst war von jeher ein gespanntes. In seinem Aufsatz »Der Dichter und das Phantasieren« setzte er die Dichtkunst zu einer Wunschphantasie herab. Sie erlaube dem Leser, sich angenehmen Illusionen hinzugeben, die seinen Tagträumen glichen, nur dass sie diese in grafischer Form präsentiere und viel vollständiger entwickelt sei. In der literarischen Phantasie werde der Schwächling zum Revolverhelden, und der Stubenhocker verwandle sich in einen Weltreisenden. Der Dichter tue dasselbe wie das spielende Kind, er erschaffe eine Phantasiewelt, schreibt Freud. Allein die Form unterscheide die Dichtung von der Phantasie. »Der Dichter mildert den Charakter des egoistischen Tagtraumes durch Abänderungen und Verhüllungen und besticht uns durch rein formalen, d. h. ästhetischen Lustgewinn, den er uns in der Darstellung seiner Phantasien bietet.« Aus dieser Sicht handelt es sich bei der Kunst also um Phantasie, die frei ist von Schuldgefühlen, um egoistische Träumereien, die der Leser genießen kann, weil ihre Form eine scheinbare Distanz zum Trauminhalt erlaubt. Die Form macht somit dem Über-Ich den Tagtraum schmackhaft.

In anderen Momenten räumt Freud jedoch bereitwillig ein, dass zu den tiefsten Einsichten häufig die Künstler gelangen, und dies blitzhaft und ohne die Mühe, die der nüchterne Forscher, der Psychoanalytiker investieren muss. Das Wissen des Dichters ist allerdings ein unsystematisches und unreflektiertes, er kann das, was er fühlt, nicht in zusammenhängender Form zugänglich machen. Wenn Freud also gegenüber Dalí ein etwas zu finsteres Gesicht aufgesetzt hatte, brachte dies vielleicht seine eigenen Sorgen um das Werk zum Ausdruck, das er der Öffentlichkeit bald präsentieren wollte. Auch er musste sich nun, zumindest manchmal, als eine Art Künstler betrachten. Einer seiner Arbeitstitel für das Moses-Buch lautete denn auch »Moses, ein historischer Roman«.

Dalí und die Royal Society, Kunst und Wissenschaft – das waren die Pole, zwischen denen sich Freuds Werk entfaltete. Gern wäre er ein Wissenschaftler gewesen, um das große kulturelle Kapitel der Wissenschaft für sich in Anspruch nehmen zu können, aber er wollte sich durch die Grenzen empirischen Denkens nicht einschränken lassen. Freud wollte spekulieren, er wollte seinem Geist freies Spiel lassen. Auch die Kunst übte eine mächtige Anziehungskraft auf ihn aus. Er bewunderte die Literatur und Bildhauerei. (Für die Musik hatte er dagegen nicht allzu viel übrig.) Aber selbst große Kunst konnte nicht die Art von Respekt gebieten und, was noch wichtiger war, Glaubwürdigkeit für sich in Anspruch nehmen, wie sie die Psychoanalyse seiner Ansicht nach verdiente. Was Freuds Werk jedoch unter anderem so reich macht, ist die Tatsache, dass er nicht bereit war, sich ganz auf das eine oder andere, auf die Kunst oder die Wissenschaft, festlegen zu lassen. Er ließ es zu, dass sein spekulativer Drang und sein Wille zur Wahrheit sich gegenseitig herausforderten und bereicherten. Das machte sein Denken so kraftvoll und komplex, wie es war, aber es erleichterte Salvador Dalí und seinesgleichen nicht gerade das Leben. Der Gerechtigkeit halber muss man allerdings sagen: Wäre es zwischen Freud und seinen Besuchern von der Royal Society zu einer Diskussion über die wissenschaftlichen Grundlagen des Ödipuskomplexes gekommen, wäre ihre Begegnung vermutlich auch nicht ganz so glatt verlaufen.

* * *

Eine Sache jedoch gab es, mit der Freud uneingeschränkt zufrieden sein konnte. Anna hatte durch ihr Handeln in Wien bewiesen, was in ihr steckte. Sie hatte nicht nur der Gestapo die Stirn geboten, sondern fast alle Angelegenheiten der Familie geregelt, wobei sie häufig mit hochrangigen Nazis aus Deutschland und Österreich verhandeln musste. Als Freuds Kontaktperson zu Ernest Jones und der Prinzessin erwies sie sich als klug und hartnäckig. Freud, der lange über seine Nachfolge nachgedacht hatte, verließ Wien in der Überzeugung, dass Anna die richtige Wahl hierfür sei. Jetzt in England zeigte sie ihrem Vater, dass er sich nicht geirrt hatte.

Ende Juli fuhr Anna, nachdem sie sich der Mühe unterzogen hatte, ein Reisevisum zu bekommen, zum fünfzehnten Internationalen Psychoanalytischen Kongress nach Paris und vertrat dort ihren Vater mit bewundernswertem Geschick. Sie las einen Auszug aus dem letzten Kapitel des Moses-Buchs vor und bezog Stellung gegen die Amerikaner in der Frage der Laienanalyse.

Die Amerikaner wollten die Psychoanalyse in die Medizin eingliedern. Nur Ärzten, so waren sie der Meinung, sollte es erlaubt sein, die psychoanalytische Therapie zu praktizieren. Obwohl Freud selbst Arzt war, teilte er diese Ansicht nicht. Aus seiner Sicht war es am wichtigsten, dass ein Therapeut intelligent und kultiviert war, ausreichend Selbstkenntnis besaß, sich einer Lehranalyse unterzog und von Zeit zu Zeit noch einmal von einem Ausbilder analysiert wurde. In dem Büchlein *Die Frage der Laienanalyse* schreibt Freud: »Es ist ungerecht und unzweckmäßig, einen Menschen, der den andern von der Pein einer Phobie oder einer Zwangsvorstellung befreien will, zum Umweg über das medizinische Studium zu zwingen.« Freud hoffte, sein Vermächtnis würde in die Hände von Humanisten fallen, nicht in die von Wissenschaftlern. Dieser Wunsch offenbart eine wichtige Dimension seines Denkens: Obwohl ihm die Seriosität der Psychoanalyse sehr am Herzen lag, war es ihm ebenfalls wichtig, dass sie als Therapie Erfolg hatte, und er glaubte, dass für einen guten Therapeuten eine medizinische Ausbildung, obschon wünschenswert, nicht unbedingt notwendig sei. In der Frage der Laienanalyse war Freud überraschenderweise willens, seine Hoffnung auf den institutionellen Erfolg der Analyse hintanzustellen und eine pragmatische und intuitiv einleuchtende Haltung einzunehmen. Hier wie in anderen Situationen, wenn Freud zwischen Konformität und einer Innovation wählen musste, vermochte man seine Entscheidung nicht vorherzusagen.

Am 17. Juli konnte er in seinem Tagebuch notieren, dass das Moses-Buch abgeschlossen war. Sicher, das hatte er schon früher einmal verkündet. Aber selbst, wenn es diesmal wirklich so war, gab es noch einige offene Fragen. Angesichts des Drucks, dem Freud sich ausgesetzt sah, konnte man nicht mit Gewissheit sagen, dass er das Buch auch wirklich veröffentlichen würde. Und selbst wenn es dazu kommen sollte, war nicht sicher, ob es auch ins Englische übersetzt werden würde. Zumindest für den Augenblick ließ sich Freud von diesen Fragen aber offensichtlich nicht aufhalten. Er war in einer solchen Hochstimmung, dass er sofort anfing, an einem neuen Manuskript zu arbeiten. Es war das zum späteren *Abriß der Psychoanalyse*, in dem er die wichtigsten und umstrittensten Gedanken der psychoanalytischen Lehre behandeln wollte. Weit weniger spekulativ und kühn als *Der Mann Moses und die monotheistische Religion*, war der *Abriß* in vieler Hinsicht dazu gedacht, für die Zeit nach seinem Tod die orthodoxe Auffassung der Psychoanalyse festzuschreiben – ein kluger Schachzug, zu dem Freud auch dann in der Lage war, wenn er gerade, wie in seinem Moses-Buch, verwegene Thesen aufstellte. Aber gleichgültig, was der Inhalt des neuen Buches sein sollte, Freud war einfach froh, wieder schreiben zu können. Schöpferisch tätig zu sein, war für ihn von existenzieller Bedeutung. Wenn er nicht schreiben konnte, fühlte er sich nicht lebendig.

Es bereitete Freud Vergnügen, Besuch wie den von Salvador Dalí zu empfangen, aber sehr viel mehr noch freute es ihn, Annas zunehmendes Selbstvertrauen zu beobachten und zu sehen, wie sie immer kompetenter wurde. Während Ernst nach einem anderen Haus für ihn und Martha Ausschau hielt, liefen die Tage in der Elsworthy Road für Freud nicht ohne Beunruhigungen ab. Er sorgte sich um die vier Schwestern, die er in Österreich zurückgelassen hatte. Anfang August erhielt er die Nachricht, dass sie nun endlich über das Geld verfügen konnten, welches er ihnen hatte zukommen lassen, doch auch das vermochte ihn nur geringfügig zu beruhigen. Marie Bonaparte und andere Freunde bemühten sich, ihnen zu helfen, doch Freud war sich im Klaren darüber, dass es unter den gegebenen Umständen niemandem gelingen würde, für seine Schwestern das Nötige zu tun. Prinzessin Bonaparte stand nicht nur Freuds Familie, sondern auch vielen anderen Juden bei. Sie schlug sogar vor, einen Teil von Südkalifornien zu erwerben, um ihn den Juden als Heimatland zur Verfügung zu stellen, und war bereit, sich großzügig an dem Kauf zu beteiligen.

Unterdessen verschlechterte sich Freuds Gesundheitszustand zunehmend. Ende August beobachtete Max Schur, dass sich hinter der Stelle, wo Freud zuletzt operiert worden war, ein großes Feld erkrankten Gewebes befand, »das um so bedrohlicher war, weil man es noch schwerer erreichen konnte«. Schur bat Freuds Chirurgen Hans Pichler, nach London zu kommen und den Eingriff vorzunehmen. Tatsächlich traf Pichler am 7. September ein, um seinen berühmten Patienten zu untersuchen.

An dem Krebs, den Freud manchmal »meinen alten Freund« nannte, litt er schon seit 1923, als er eine Geschwulst an Kiefer und Gaumen entdeckte, die er zunächst für gutartig gehalten hatte. Bereits 1917 hatte Freud in diesem Bereich des Mundes Schwellungen beobachtet, die allerdings wieder verschwanden, als er anfing, eine besonders feine Zigarrensorte zu rauchen, und die er folglich unerwähnt ließ. Die 1923 entdeckte Geschwulst war dagegen so beunruhigend, dass sie nicht mehr totgeschwiegen oder durch Umsteigen auf noch bessere Zigarren geheilt werden konnte. Im April des betreffenden Jahres wurde Freud von seinem Internisten Felix Deutsch untersucht. »Seien Sie darauf gefasst, etwas zu sehen, was Ihnen nicht gefallen wird«, warnte ihn Freud. Was er sah, gefiel ihm tatsächlich nicht. Er erkannte sofort, dass die Geschwulst bösartig war. Aber um Freud die schreckliche Diagnose zu ersparen, versicherte er seinem Patienten, sie sei gutartig.

Freud suchte einen Chirurgen auf, Marcus Hajek, dem er aber offenbar wenig zutraute. Er sollte die Geschwulst entfernen. Während der Operation kam es zu einigen Komplikationen, was angesichts der fehlenden Kompetenz Hajeks nicht verwunderlich war. Freud fand sich schließlich heftig blutend in einem winzigen Zimmer wieder, seine einzige Gesellschaft war ein freundlicher zwergenhafter Mann, der geistig etwas zurückgeblieben schien. Freud versuchte zu läuten, um Hilfe herbeizuholen, aber die Glocke funktionierte nicht. Als der zwergenhafte Mann Freuds Notlage sah, lief er hinaus und holte Hilfe. Ohne ihn wäre Freud wohl verblutet.

Ein seltsamer Zufall wollte es, dass 1924 auch Franz Kafka, seinerzeit vielleicht der bedeutendste europäische Schriftsteller überhaupt, von Hajek behandelt wurde. Kafka litt an einer Tuberkulose, an der er wenig später sterben sollte, und Hajek hat offenbar nur wenig für seinen talentierten Patienten zu tun vermocht. Als sich Kafkas enger Freund und Herausgeber seines Werkes, Max Brod, um eine wirksamere Behandlung für ihn kümmern wollte, erklärte Hajek »energisch, in Kafka nichts anderes zu sehen als den Patienten auf Zimmer Nummer soundsoviel«.

Obwohl nach Freuds eigener Aussage Hajeks Eingriff seinen Gesundheitszustand erheblich verbesserte, litt er den ganzen Sommer des Jahres 1923 an Schmerzen im Kiefer. Er verbrachte die ursprünglich als Urlaubszeit gedachten Sommermonate in Bad Gastein und dann im italienischen Lavarone. Trotzdem blieben seine Schmerzen so stark, dass er erneut Felix Deutsch kommen lassen musste. Dieser untersuchte seinen Mund und sah, dass die Geschwulst immer noch aktiv war. Freud kam also nicht umhin, sich einem erneuten Eingriff zu unterziehen. Am 26. September schrieb er an Ernest Jones: »Man hat beschlossen, daß ich eine zweite Operation zu bestehen habe, eine partielle Oberkieferresektion, da die Geschwulst dort wieder aufgetaucht ist. Man hat versprochen, dass ich 4–5 Wochen später wieder arbeiten kann, aber Sie wissen, was das alles bedeutet.«

Dieses Mal aber suchte sich Freud einen hervorragenden Mundchirurgen, Hans Pichler, der die Operation in zwei Etappen, am 4. und 12. Oktober, durchführte. Schur beschreibt die Operationen wie folgt: »Am 4. Oktober 1923 wurde unter Lokalanästhesie die äußere Karotis abgebunden

und eine ausgedehnte Sektion der Unterkiefer- und Jugular-
drüsen vorgenommen, um eine Ausbreitung des Krebses
zu verhindern. Glücklicherweise zeigten die vergrößerten
Drüsen keine Malignität. Erst am 12. Oktober führte Pichler, wieder unter Lokalanästhesie, die Radikaloperation aus;
sie bestand aus der Resektion des größten Teils des rechten
Oberkiefers, eines beträchtlichen Teils des Unterkiefers, des
rechten weichen Gaumens und der Backen- und Zungenschleimhaut.« Ein paar Wochen später entnahm Pichler eine
Gewebeprobe und fand dabei weiteres bösartiges Gewebe. Er
musste also noch einmal operieren. Erst nach diesem Eingriff,
dem vierten, schien der Krebs restlos beseitigt zu sein. Freud
wurde nun eine Kieferprothese eingepasst, die es ihm ermöglichen sollte, zu reden, zu essen und, natürlich, zu rauchen.

»Dann«, so schreibt Jones, »begannen sechzehn beschwer-
liche, von qualvollem Leiden erfüllte Jahre.« Die gewaltige
Prothese, die den Namen »das Ungeheuer« bekam, war eine
Art vergrößertes Gebiss, durch das der Mund zur Nasen-
höhle hin abgeschlossen wurde. Sie musste häufig zu Rei-
nigungszwecken herausgenommen und dann wieder eingesetzt werden, was sehr beschwerlich war, da Freud seinen
Mund nicht weit genug öffnen konnte. Manchmal dauerte
es eine halbe Stunde, bis die Prothese wieder eingesetzt war.
Freuds einzige Helferin bei dieser Tortur war Anna. Mit ihr
schloss er den Pakt, mit »dem Ungeheuer« und allen anderen Aspekten, die seine Gesundheit betrafen, so distanziert
umzugehen, als seien sie zwei Chirurgen, die gemeinsam
operierten. Und dies taten sie dann auch. Aber »das Ungeheuer« bereitete Freud schier unerträgliche Qualen. Damit
Freud essen und sprechen konnte, musste die Prothese fest
anliegen, was infolge beständiger Reizung sehr schmerzhaft
war. In Freuds Mundhöhle bildeten sich wunde Stellen.

Wurde die Prothese aber herausgenommen, um ihm Linderung zu verschaffen, schrumpfte das sie umgebende Gewebe und machte das erneute Einsetzen unmöglich, so dass »das Ungeheuer« umgearbeitet werden musste. Durch die Prothese wurde Freuds Sprechweise sehr verzerrt; wenn er sprach, tönte es nasal und schwer. Arthur Koestler, der Freud in London besuchte, erinnert sich daran, wie Freud beim Sprechen die Lippen anspannte und die Mundwinkel dehnte, »etwa in der Art, wie Kinder in grausamem Spott das Reden eines zahnlosen Alten nachahmen«. Auch fiel es ihm schwer zu essen, weshalb er dies in Gegenwart anderer Menschen nach Möglichkeit vermied. Die durch den Krebs und die Operationen an seinen Eustachischen Röhren bewirkten Schäden beeinträchtigten zudem sein Gehör, bis er schließlich auf der rechten Seite völlig taub wurde. So musste er sich nun an das andere Ende der Couch setzen und seinen Patienten mit dem linken Ohr zuhören.

Trotz alledem war Freud nicht bereit, das Rauchen aufzugeben, und so reizten die Zigarren seinen Mund, oder was davon noch übrig war, beständig weiter. Als Konsequenz daraus musste sich Freud in den folgenden Jahren fünfundzwanzig weiteren Eingriffen unterziehen, um eine Reihe gutartiger Wucherungen entfernen zu lassen. »So begann im Jahre 1926 ein nie endender Zyklus von Leukoplakie, Proliferation, präkanzerösen Veränderungen«, schrieb Max Schur. »Jede einzelne von diesen mußte chirurgisch behandelt werden, durch Ausschneidung, Elektrokoagulation oder eine Kombination von beiden.« All diese Jahre hindurch litt Freud ständig unter mehr oder weniger starken Schmerzen, die er ausschließlich mit Aspirin bekämpfte, ansonsten jedoch rauchte er weiter Zigarren und setzte seine Arbeit wie gewohnt fort. Nach nahezu jedem Eingriff nahm Freud sein normales Leben wieder auf: Es dauerte einen oder zwei Tage, dann empfing er wieder Patienten und saß an seinem Schreibtisch.

Nun im Jahr 1938 in London glaubten Schur und Pichler, einen erneuten Ausbruch des Krebses erkannt zu haben, das erste bösartige Geschwür nach fast fünfzehn Jahren. Pichler nahm einen weiteren operativen Eingriff vor. Freuds Narkose wurde mit einem Mittel namens Evipan eingeleitet und mit Stickstoffoxydul durch einen in die Nase eingeführten Tubus fortgeführt. Pichler musste Freuds Lippe spalten und den Schnitt neben der Nase fortsetzen, um vollständigen Zugang zu der neuen Läsion zu erhalten. Der Chirurg benutzte eine Nadel, um die Wangengeschwulst herauszuschneiden, und stellte fest, dass das entfernte Gewebe sehr hart war und eher wie narbiges Gewebe aussah. Nachdem sich Pichler vergewissert hatte, die vom Krebs befallenen Partien vollständig entfernt zu haben, setzte er die Prothese wieder ein und tamponierte die Wundhöhle mit Jodoformgaze. Noch in derselben Nacht war Freud wieder ganz bei Bewusstsein und las. Wie sich herausstellte, wies das herausgenommene Gewebe nur präkanzeröse Veränderungen auf, was Exner, einer von Freuds englischen Fachärzten, und Schur zu der Frage veranlasste, ob der ganze Eingriff überhaupt notwendig gewesen sei.

Ob notwendig oder nicht, in jedem Fall war die Operation sehr schlimm gewesen, und trotz seiner scheinbar guten gesundheitlichen Verfassung am Abend des 8. September machte Freuds Genesung nur langsame Fortschritte. Einen Monat später schrieb er, dass er noch immer nicht arbeiten, schlafen und sprechen könne, wie er es sich gewünscht hätte. Auch rauchen könne er nicht, gestand er, jedenfalls könne er es nicht genießen. Marie Bonaparte teilte er mit: »Diese Operation war die schwerste seit 1923 und hat mich viel gekostet. Ich bin abscheulich müde und schwach in Bewegungen, habe zwar gestern mit drei Patienten begonnen, aber es geht nicht leicht. Angeblich sollen die Folgen in sechs Wochen abgelaufen sein, und ich bin erst zu Ende der vierten.« So schlecht sich Freud körperlich fühlte, so hätte er doch eine gewisse Befriedigung aus der Tatsache ziehen können, dass er in England immer noch eine hochgeschätzte Persönlichkeit war. Eine ganze Reihe von Zeitungen berichtete nämlich über seine Operation.

Vier Tage nach Freuds Operation hielt Hitler auf dem Nürnberger Parteitag eine Rede, in der er die Tschechoslowaken aufs Heftigste verurteilte. Dabei verwendete er ähnliche Schimpfworte wie vor dem Einmarsch in Österreich. Die deutsche Minderheit in der Tschechoslowakei werde verfolgt, und ihre Rechte würden auf Schritt und Tritt verletzt. Hitler forderte von den Tschechoslowaken, das Sudetenland abzutreten, wo die meisten Deutschen lebten. England und Frankreich blickten besorgt auf die tschechoslowakische Situation, Frankreich war sogar durch ein Bündnis dazu gezwungen, den Deutschen den Krieg zu erklären, sollten sie angreifen. Wie schon zuvor bei Österreich wollte Hitler herausfinden, ob sich die westlichen Mächte ihm widersetzen würden. Einige Angehörige des deutschen Generalstabs waren außer sich vor Sorge, dass Hitler sie alle ins Unglück stürzen würde, dieser aber behauptete, die Führer der westlichen Demokratien besser zu kennen als sie sich selbst.

Der britische Premierminister kam zu dem Schluss, es sei das Beste, mit Hitler zu verhandeln, und flog deshalb am 15. September nach München. Als die Tschechoslowaken davon erfuhren, fühlten sie sich überrannt. Sie hatten das Kriegsrecht ausgerufen, die Agitation der Sudetendeutschen

erstickt und waren bereit, sich den Deutschen entgegenzu-
stellen. Nun aber hatte einer ihrer mächtigsten Verbündeten Hitler aufgesucht, um ihn um Frieden anzuflehen. Das
Erste, was Chamberlain bei seiner Landung in Deutschland
hörte, war eine Radiosendung, in der der sofortige Anschluss
Sudetendeutschlands an das Reich gefordert wurde. Dann
machte er sich, wie vor ihm Schuschnigg, auf den Weg zu
Hitler nach Berchtesgaden. Chamberlain bekam zu hören,
wie bescheiden doch die von Hitler gestellten Ansprüche
seien. Nach der Unterredung mit ihm stellte er fest: »Auf
meiner Seite hatte ich trotz der Härte und Rücksichtslo-
sigkeit, die ich glaubte, in seinem Gesicht zu sehen, den
Eindruck, daß man sich auf diesen Mann verlassen könnte,
wenn er einem sein Wort gegeben hatte.«

Kurz darauf hielt Hitler in Berlin eine Rede und kündigte
an, die Tschechoslowaken müssten das Sudetenland bis zum
26. September verlassen, dem Tag, an dem es Teil des Großdeutschen Reiches werden würde. Dies, so erklärte er, sei
der letzte territoriale Anspruch, den er in Europa geltend
machen würde.

Ende September fand in München eine Konferenz statt,
an der die von Churchill »die Großen Vier« genannten Länder England, Frankreich, Deutschland und Italien teilnahmen,
während die Tschechoslowaken nicht vertreten waren. Die
tschechoslowakischen Diplomaten warteten vor der Tür, als
ihre mächtigen Freunde, die beiden Demokratien, ihren Beitrag zur Verteidigung der Tschechoslowakei gegen die Faschisten leisteten. Nachdem die Konferenz beendet war, erfuhren
sie, dass Hitler bekommen hatte, was er wollte. Das gesamte
Sudetenland war an die Deutschen abzutreten und, beginnend
mit dem 1. Oktober, innerhalb von fünf Tagen zu räumen.
Fünf Tage vor dem Münchner Abkommen hatte Chamber-

lain noch bemerkt: »Wie furchtbar, phantastisch, unvorstellbar ist es, dass wir hier Gräben ausheben und Gasmasken anpassen sollen, weil in einem weitentfernten Land Völker im Streit liegen, von denen wir nicht das geringste wissen!« Chamberlain kehrte nach England zurück, wo ihn begeisterte Menschenmengen empfingen, die auf seiner Rückfahrt vom Flughafen in die Stadt überall die Straßen säumten. Die Londoner weinten aus Dankbarkeit und vor Erleichterung; ihre Stadt würde kein zweites Guernica werden. Chamberlain trat in der Downing Street ans offene Fenster und verkündete, er habe einen »Frieden in Ehren« erreicht. Dann sprach er den berühmt gewordenen Satz: »Ich glaube, das ist der Frieden für unsere Zeit.«

In sein Tagebuch trug Freud am 30. September 1938 das Wort »Frieden« ein. Ein paar Tage später schrieb er an Marie Bonaparte: »Alles ist hier etwas fremd, schwierig und oft befremdend, aber es ist doch das einzige Land, in dem wir leben können, da Frankreich infolge der Sprache uns unmöglich war. Das Benehmen aller Stellen während der Kriegsgefahr war musterhaft, und es ist schön anzusehen, wie jetzt, nachdem der Friedensrausch überwunden ist, Volk und Parlament zur Besinnung kommt und sich peinliche Wahrheiten eingesteht. Natürlich sind auch wir für das bißchen Frieden dankbar, aber freuen können wir uns nicht darüber.«

Das Münchner Abkommen rettete Hitler wahrscheinlich das Leben. Viele seiner hochrangigen Offiziere waren überzeugt, dass Deutschland auf einen Krieg mit England und Frankreich nicht vorbereitet war. Eine Gruppe war derart beunruhigt, dass sie ein Komplott schmiedete, um Hitler und andere führende Nationalsozialisten zu verhaften und selbst die Regierung zu übernehmen. Als sie jedoch Hitlers Münchner Triumph erlebten, nahmen sie von ihrem Plan

Abstand. Nunmehr ebenfalls überzeugt davon, dass Hitler der Mann war, der er zu sein behauptete, stellte sich die Wehrmacht ganz hinter ihn, während sich die Begeisterung der deutschen Bevölkerung über ihren Retter, der scheinbar Wunder bewirken konnte, weiter steigerte. So glaubte etwa Carl Gustav Jung, auf Fotos, die von Hitler während der tschechoslowakischen Krise gemacht wurden, den Blick eines Sehers in dessen Augen zu erkennen. In ihm spiegele sich »das Unbewußte jedes Deutschen«. Er sei »der Lautsprecher, der das unhörbare Raunen der deutschen Seele« verstärke, »bis es vom unbewußten Ohr des Deutschen gehört werden« könne. Hitlers Macht, so verkündete er, sei nicht politisch, sondern »magisch«.

Am 30. September zog Freud in das Haus, das fortan immer mit seinem Namen verbunden sein würde: 20 Maresfield Gardens im Londoner Stadtteil Hampstead. Ihr neues Heim sei »viel zu schön« für sie, sagte er. Tatsächlich war es ein reizendes Haus, besonders nachdem es von Ernst für seine Eltern eingerichtet worden war. Es hatte allerdings auch viel Geld gekostet: sechstausendfünfhundert Pfund. Von der Barclays Bank hatte Freud ein Darlehen über viertausend Pfund erhalten, doch machte er sich bald Sorgen darüber, ob er das Geld zurückzahlen könne. Einer der Gründe, warum Freud das Moses-Buch unbedingt auch in Amerika verlegen lassen wollte, war seine Hoffnung, mit dem Geld die Hypothek tilgen zu können.

Das Haus verfügte über acht Zimmer, drei Bäder und zwei Garagen. Vor und hinter dem Haus gab es einen Garten, außerdem eine Rasenfläche zum Tennisspielen. Es war ein erst 1920 erbautes Ziegelhaus, das aber älter aussah. Der Architekt Albert Hastilow hatte es in einem Stil entwor-

fen, der an eine frühere Epoche erinnern sollte, und Ernst
Freud beschrieb es als »neo-Georgian«. Das Haus war ruhig,
komfortabel und modern ausgestattet. Es verfügte über
elektrisches Licht, Telefon, heißes Wasser und eine (wie
sich herausstellen sollte, unzureichende) Heizung. Sie hätten es »ungleich besser als in der Berggasse«, sagte Freud.
Ernst hatte das Haus umbauen lassen müssen, um einen
Fahrstuhl zu installieren. Mit diesem konnte Freud, für
den das Treppensteigen schon sehr beschwerlich geworden
war, von einem Stockwerk ins nächste gelangen. Die größte
Veränderung, die Ernst vorgenommen hatte, bestand aber
darin, dass er die Zwischenwand, die zwei Zimmer im Erdgeschoss voneinander trennte, hatte herausreißen lassen. Er
wollte eine Räumlichkeit schaffen, die Freud genug Platz
für ein Arbeits- und Sprechzimmer gab. Der sonnendurch-
flutete Raum unterschied sich deutlich von seinen dunklen
Gemächern in der Berggasse. Hier konnte Freud an seinem
Schreibtisch sitzen, nachdenken, diskutieren, seine Korrespondenz erledigen und sich Notizen in seinem Tagebuch
machen, während das Tageslicht das Zimmer erhellte.

Es fehlten indes noch immer die Möbel, Bücher, Antiquitäten, Bilder und Teppiche, also all die Dinge, die Freuds
Gemächern in Wien ihren besonderen Charakter verliehen
hatten. Freud, der allen menschlichen Unternehmungen
außer den eigenen stets mit Skepsis begegnete, war sich
nicht sicher, ob die Nazis sein Eigentum wirklich freigeben
würden. Er hatte zwar all die unfairen Steuern und Gebüh-
ren beglichen, aber, so bemerkte er, bei den Nazigangstern
könne man nie wissen. Als Freud erfuhr, dass seine Sachen
tatsächlich verpackt worden waren, schrieb er: »Wir warten – zwischen Lipp' und Kelches Rand – zu hören, ob sie
auch wirklich abgegangen sind.«

Am Ende der ersten Augustwoche traf Freuds Schiffsladung schließlich ein. Mit dem Einzug ins neue Heim in Maresfield Gardens konnte er nun sein altes Leben wieder aufnehmen. Er hatte seine Bibliothek zurück, zumindest größtenteils (vor seinem Wegzug aus Wien hatte er sich von über achthundert Bänden trennen müssen, die später einmal in New York auftauchen sollten); seine berühmte Couch, die ihm 1891 von einer seiner ersten Patientinnen, einer Frau Benvenisti, verehrt worden war; und schließlich auch seine völlig unbeschädigte Antiquitätensammlung, was ihn gewiss am meisten freute.

Nun konnte er das Bild des bedeutenden Arztes Charcot, der ihn zu Beginn seiner Laufbahn stark inspiriert hatte, wieder über seine Couch hängen. Er hatte die Abbildung des Forum Romanum von Luigi Kasimir wieder, die ihm sein starkes und bleibendes Interesse an der Archäologie in Erinnerung rief und seine Überzeugung, dass die menschliche Psyche einer großen archäologischen Stätte glich, auf der die heutige Stadt über der Ruine einer früheren errichtet und eine Erinnerung unter einer anderen begraben ist. Er konnte die Büste eines unbekannten römischen Bürgers wieder aufstellen, die, weshalb auch immer, einen Ehrenplatz auf einer eigenen Säule erhielt. Er hatte die Fotografien des erotischen Dreigestirns wieder, die beiden Bilder von Marie Bonaparte und die beiden anderen von Lou Andreas-Salomé und Yvette Guilbert, die Freud tatsächlich noch in Maresfield Gardens besuchen sollte, als sie 1939 in der Wigmore Hall drei Konzerte gab.

Freud hatte nun nicht nur seinen Schreibtisch wieder, sondern auch den für ihn entworfenen Stuhl mit seiner anthropomorphen Gestalt, in dem er so bequem wie möglich sitzen sollte, wenn er sich lesend über seinen Tisch beugte.

Er war wieder im Besitz der Porträts jener Männer, die er als seine Lehrer betrachtete, Hermann Helmholtz, Ernst Brücke und Ernst von Fleischl-Marxow. Inmitten all dieser Dinge thronte Freud wie ein Monarch, der spät in seinem Leben sein Reich wiedererlangt hatte.

Unterdessen musste Freud, in seinem lichtdurchfluteten Zimmer sitzend, Ereignisse zur Kenntnis nehmen, die alles andere als erfreulich waren. Am 7. November erfuhr der siebzehnjährige, in Deutschland aufgewachsene polnische Jude Herschel Grynszpan, dass seine Eltern von Deutschland nach Polen deportiert worden waren. Grynszpan, der damals in Paris lebte, kaufte sich einen Revolver, betrat die deutsche Botschaft und schoss auf den ersten Botschaftsangehörigen, dem er begegnete. Ernst vom Rath, der dritte Sekretär der deutschen Botschaft, wurde dabei schwer verwundet. Goebbels schlachtete das Ereignis, so gut er konnte, zu Propagandazwecken aus. Die nationalsozialistischen Zeitungen bezeichneten die Tat als einen Anschlag des »Weltjudentums« auf die Integrität des Dritten Reiches. Sie kündigten die »schwerwiegendsten Konsequenzen« für die Juden an.

Am frühen Abend des 9. November erfuhr Hitler, dass Ernst vom Rath tot war, und befahl Goebbels umgehend, groß angelegte Vergeltungsaktionen gegen alle im Reich lebenden Juden in die Wege zu leiten. Außerdem teilte er Goebbels mit, dass der Tod des deutschen Diplomaten als Vorwand benutzt werden sollte, um jüdisches Vermögen zu beschlagnahmen und Juden aus vielen Bereichen des deutschen Lebens zu entfernen. Rasch erging der Befehl, überall in Deutschland jüdische Synagogen in Brand zu setzen und jüdische Läden anzugreifen, dabei aber nicht zu plündern, niemanden zu verletzen und ausländische Juden zu verschonen.

Viele SA-Leute, die entsprechend instruiert wurden, hielten sich gerade in Bierkellern auf, wo sie den fünfzehnten Jahrestag des Hitlerputsches von 1923 feierten. Ihnen war nur schwer zu vermitteln, dass sie niemanden verletzen und nicht plündern sollten. Ohne Zeit zu verlieren, rannten die Braunhemden, bewaffnet mit Prügeln, Messern und Benzinkanistern, auf die Straße. Bald brannte nahezu jede Synagoge in Deutschland; bis zum frühen Morgen wurden fast tausend völlig zerstört. Daneben liefen die Deutschen von einem jüdischen Geschäft zum nächsten und warfen so viele Scheiben ein, bis die Gehwege mit Glassplittern übersäht waren – daher auch der Name »Kristallnacht«. Von den neuntausend jüdischen Geschäften in Deutschland wurden in dieser einen Nacht siebentausendfünfhundert vernichtet. In manchen Orten gingen SA-Leute auf jüdische Friedhöfe und verwüsteten Gräber. In Esslingen drangen Braunhemden gewaltsam in ein Waisenhaus ein und demolierten dort Möbel und Bücher, während die Kinder weinend zusehen mussten.

In Saarbrücken wurden Juden dazu gezwungen, vor der Synagoge zu tanzen und religiöse Lieder zu singen. Danach bespritzte man sie mit Wasser und ließ sie in der Kälte stehen. In Essen zündeten SA-Leute die Bärte jüdischer Männer an. In Meppen wurden Juden gezwungen, das Trottoir vor dem SA-Hauptquartier zu küssen, dabei wurden sie von den Braunhemden getreten und gestoßen. In vielen Städten und Orten mussten Juden Plakate tragen, auf denen stand, sie hätten vom Rath ermordet. Als alles vorüber war, waren weit mehr als tausend Juden tot, etwa dreihundert hatten entweder Selbstmord begangen oder würden es bald tun, und dreißigtausend waren verhaftet und nach Dachau, Buchenwald und Sachsenhausen gebracht worden. Die Ereignisse der »Kristallnacht« zusammenfassend, schrieb Goebbels im

Völkischen Beobachter, das deutsche Volk sei ein antisemitisches Volk, das es sich nicht gefallen lasse, von der parasitischen jüdischen Rasse provoziert zu werden.

In Wien, wo die Ereignisse dieser Nacht demselben Drehbuch der Gewalt folgten, fiel den Nazis ein gewisser Arthur Freud in die Hände, ein sechsundfünfzigjähriger Professor und Journalist mit einem tschechoslowakischen Pass. Am Morgen suchte er ein jüdisches Gemeindezentrum auf, in der Hoffnung, sich dort über die Geschehnisse informieren zu können. Er war der Überzeugung, sein ausländischer Pass würde ihn schützen. Vor dem Zentrum stieß Professor Freud auf eine Abordnung von SA-Leuten, die ihn höflich passieren ließ. Im Gebäude selbst kamen ihm jedoch weitere Nazis entgegen, die über ihn herfielen. Ihr Anführer packte ihn am Hemd und wollte wissen, wer er sei. Als der Professor seinen Namen nannte, stießen sie einen Schrei des Triumphes aus:»Nun haben wir ihn!« Für kurze Zeit dachten die Nazis tatsächlich, sie hätten Sigmund Freud gefasst.

Schließlich wurde Arthur Freud freigelassen. Als er am Abend nach Hause kam, war seine Wohnung von zwei Nazischlägern auf den Kopf gestellt worden, die vorgaben, nach Waffen zu suchen. Sie fanden jedoch nur einige Bände von Freuds Wiener Erzfeind Karl Kraus, der 1936 gestorben war. Einer der Nazis befahl Freud, die Bücher von Kraus zu verbrennen, da dieser»der größte Drecksjude« überhaupt gewesen sei. Obwohl Sigmund Freud vermutlich nie etwas von dem besonderen Schicksal erfuhr, das sein Namensvetter in der»Kristallnacht« erlitt, war ihm sehr klar, was sich ereignet hatte:»Pogroms in Germany«, trug er in sein Tagebuch ein.

Nach dem 9. November 1938 begaben sich zahlreiche Juden in ganz Deutschland und dem früheren Österreich auf die Flucht, was sich allerdings oft als schwieriges Unterfangen erwies. Der Ozeandampfer *Saint Louis* zum Beispiel verließ Hamburg mit etwa tausend Juden an Bord, die alle die Erlaubnis hatten, in die Vereinigten Staaten einzureisen, allerdings nicht sofort, sondern erst in den Jahren 1940 und 1941. Das Schiff machte zunächst auf Kuba halt, wo die Flüchtlinge hofften, bleiben zu können, bis sie berechtigt waren, nach Amerika weiterzufahren. Kuba verweigerte ihnen jedoch die Erlaubnis, an Land zu gehen, und auch Argentinien, Brasilien, Chile, Kolumbien, Panama, Paraguay und Uruguay waren nicht bereit, auch nur einen einzigen Juden aufzunehmen. Wenig später fuhr das Schiff schon vor der Küste von Florida auf und ab, während die amerikanische Regierung noch darüber diskutierte, ob sie die Flüchtlinge aufnehmen sollte. Die Antwort war Nein, so dass der *Saint Louis* nichts anderes übrig blieb, als umzukehren und wieder nach Europa zurückzufahren. Das Schiff legte schließlich in Antwerpen an, von wo aus sich die Flüchtlinge nach Frankreich, Belgien und Holland begaben, Länder, die alle bald von den Nazis überrannt werden sollten.

Es gab indessen auch Nationen und Personen, die die Flüchtlinge nicht abwiesen. Der Historiker Martin Gilbert schreibt:»Viele der Menschen in Großbritannien, die nach der Kristallnacht jüdische Kinder bei sich aufnahmen, hatten hierzu eigentlich nicht die Mittel, aber sie wollten helfen und nahmen die Entbehrungen dafür in Kauf. In Archway zum Beispiel, im Norden von London, nahm eine Miss Harder, die einen Süßigkeiten- und Tabakladen betrieb und in einer Zweizimmerwohnung lebte, zwei Schwestern auf, die am 2. Juni aus Prag angekommen waren. Sechs Monate später starb sie an Tuberkulose, aber während der kurzen Zeit, die ihr verblieb, kümmerte sie sich rührend um die beiden, machte mit ihnen auf eigene Kosten Ferien auf der Isle of

Wight und versuchte vergebens, ihre Mutter aus der Tschechoslowakei herauszuholen.«

Freud reagierte auf die Geschehnisse der »Kristallnacht« unter anderem mit einem Anfang November im Magazin *Time and Tide* veröffentlichten Leserbrief, der zum Antisemitismus Stellung nahm: »Als vierjähriges Kind kam ich aus einer kleinen mährischen Stadt nach Wien. Nach achtundsiebzig Jahren, mehr als einem Jahrhundert angestrengter Arbeit, mußte ich meinen Heimatsort verlassen, sah die von mir gegründete wissenschaftliche Vereinigung aufgelöst, unsere Institutionen zerstört, unseren Verlag von Invasoren übernommen, die von mir veröffentlichten Bücher konfisziert und eingestampft, meine Kinder aus ihren Berufen vertrieben.« All dies entsprach den Tatsachen. Dann aber stellte Freud eine überraschende Frage: »Meinen Sie nicht, die Spalten Ihrer Beilage sollten eher den Stellungnahmen nichtjüdischer Personen vorbehalten sein, die nicht derart persönlich betroffen sind wie ich?« Freud hoffte offenbar, dass sich auch Nichtjuden gegen die Nazibarbarei aussprechen würden, anstatt dies allein den Juden zu überlassen, denen man möglicherweise unterstellte, nur ihre eigenen Interessen im Sinn zu haben. Was die Nazis taten, musste jeden vernünftigen und mitfühlenden Menschen empören, warum sollten also nur Juden dagegen protestieren?

Der kurze Leserbrief wiederholte, was Freud zwei Wochen vor den Novemberpogromen in einem kurzen »Wort zum Antisemitismus« geschrieben hatte. Er stützte sich darin auf einen Aufsatz, an dessen Verfasser er sich nicht zu erinnern vermochte. Besagter Verfasser, in dem der Leser einen Nichtjuden vermuten muss, bemüht sich in seinem Text, die Juden zu verteidigen, und sagt dabei ziemlich schmeichelhafte Dinge über sie: »Die Juden sind nicht schlechter als wir, sie haben etwas andere Eigenschaften und andere Fehler, aber im ganzen haben wir kein Recht, auf sie herabzusehen. Sie sind uns sogar in manchen Hinsichten überlegen. Sie brauchen nicht so viel Alkohol wie wir, um das Leben erträglich zu finden, die Verbrechen der Brutalität, Mord, Raub und sexuelle Gewalttat sind große Seltenheiten bei ihnen, sie haben geistige Leistung und Interessen immer hoch eingeschätzt, ihr Familienleben ist inniger, sie sorgen besser für ihre Armen, Mildtätigkeit ist ihnen eine heilige Pflicht.«

Der Verfasser, auf dessen Gedanken Freud zurückgriff, war Mark Twain. Sein in *Harper's Magazine* veröffentlichter Aufsatz trägt den Titel »Über die Juden«. Etliches von dem, was Twain in seiner sogenannten Verteidigung der Juden sonst noch vorbringt, ist allerdings weniger erfreulich als die Zeilen, an die sich Freud erinnert. Dem Juden, schrieb er, »werden verschiedene kleine Formen des Betruges nachgesagt, und daß er bedrückenden Wucher treibe und daß er sich abbrennen lasse, um die Versicherungssumme zu bekommen, und daß er gerissene Verträge einfädele, die ihm einen Ausschlupf lassen, aber den anderen festnageln, und daß er schlaue Ausflüchte finde, durch die er ungefährdet und in aller Ruhe eben haarscharf dem Buchstaben des Gesetzes noch genüge, obwohl Richter und Geschworene ganz genau wissen, daß er gegen den Geist des Gesetzes verstoßen hat.«

Aber selbst wenn sich Freud auch an diese Passage erinnert hätte, hätte er Twain vermutlich vergeben, da er dessen Bücher sehr schätzte. In Wien hatte er einst eine Veranstaltung erlebt, auf der Twain erzählte, wie er einmal eine Wassermelone gestohlen habe, eine Geschichte, die Freud in Erinnerung blieb und schließlich Eingang in sein Buch *Das Unbehagen in der Kultur* fand. Auf der Höhe seines Ruhmes hatte Mark Twain tatsächlich ein paar Jahre in Wien gelebt. Freud war damals noch relativ unbekannt. Hätten sich die beiden jemals kennengelernt, hätten sie sich über ein gemeinsames Lieblingsthema austauschen können: Beide bezweifelten nämlich, dass William Shakespeare tatsächlich selbst die großartigen Werke verfasst hat, die man ihm zuschreibt.

Freuds Leserbrief an die Zeitschrift *Time and Tide* mit seiner Verteidigung der Juden und sein kurzer Aufsatz, in dem er sich auf Äußerungen von Mark Twain bezieht, gehören nicht zu den Freud'schen Schriften im strengen Sinne. Sie sind engagiert und gedankenreich, aber sie liefern keine Analyse der starken Leidenschaften, die dem Rassenhass zugrunde liegen, und sie versuchen auch nicht, den Leser mit neuen Einsichten zu schockieren. Sie appellieren an den Anstand des Lesers, mehr nicht. Sie sind das Werk einer bekannten Persönlichkeit, die sich auf eine klarsichtige und humane Weise einem Thema widmet, das die Öffentlichkeit etwas angeht.

Es dauerte nicht lange, bis Freud in Maresfield Gardens zu einer Art Berühmtheit wurde. Scheinbar jeder, der in London literarische oder kulturelle Ambitionen hatte, bat um eine Audienz bei ihm. Ernest Jones und Anna taten ihr Bestes, um Freud gegen den Druck abzuschirmen, den sein neu erlangter Ruhm mit sich brachte, aber es gelang ihnen nicht immer.

Etwa hundert Jahre zuvor hatte sich unweit von 20 Maresfield Gardens eine andere bekannte Persönlichkeit niedergelassen: der Dichter Samuel Taylor Coleridge, der am Ende seiner Karriere, als er seine bedeutenden Gedichte wie »Ballade vom alten Seemann«, »Kubla Khan« und »Christabel« längst geschrieben hatte, zum »Weisen von Highgate« avancierte. Er lebte im Haus des liebenswürdigen Arztes James Gillman, der Coleridge mit Opium versorgte und dem, wie viele glaubten, größten literarischen Talent seiner Zeit half, seinem einst ausschweifenden Leben ein gewisses Maß an Regelmäßigkeit zu geben. Ein Besuch bei Coleridge in Highgate wurde zu einem Bestandteil der sogenannten *Grand Tour*. Junge Männer wie Ralph Waldo Emerson und Thomas Carlyle wollten sich dem Meister persönlich vorstellen. Dieser betrat irgendwann am Nachmittag den Salon und ließ sich über ein beliebiges Thema aus, von der Sprachtheorie eines Horne Tooke bis zu den seltsamen und wahrscheinlich unerklärlichen Launen seiner Verdauung, auf die der Opiumgenuss eine eigenartige Wirkung hatte.

Zu dieser Zeit war Coleridge als Intellektueller bereits eine Säule der etablierten Ordnung. Er schrieb als Diener der Staatskirche und des Staates, und sein Werk gehörte zum Fundament konservativer politischer und sozialer Theorien. Wenn er seiner frühen skandalösen Dichtung, die von Poe bis zum Multiplexkino fast alles und jeden beeinflussen sollte, auch niemals gänzlich abschwor, so hatte er sie doch weit hinter sich gelassen. Jetzt schrieb STC, wie er gerne genannt wurde, kaum noch Verse. Frühzeitig gealtert, kehrte sich der Weise von Highgate von alldem ab, was ihn zu einer tiefgründigen und geheimnisvollen Persönlichkeit hatte werden lassen, und wurde zu einer immer redseligeren und nichtssagenderen Figur des öffentlichen Lebens.

Die Frage war, ob auch der Weise von Maresfield Gardens nach dem Vorbild von Coleridge zu einer bloßen Respektsperson verkümmern würde. Wie Coleridge, so empfing auch Freud eine Vielzahl von Besuchern. Arnold Zweig besuchte ihn, blieb ganze zwei Wochen und verabschiedete sich mit der Entschuldigung, Freud erschöpft zu haben. Auch H. G. Wells, der erfolglos versuchte, Freud die britische Staatsbürgerschaft zu verschaffen, kreuzte bei ihm auf (er war einer der wenigen, die es wagten, Freud mit dem Nachnamen anzusprechen). Natürlich kam auch die Prinzessin zu Besuch, zehn Mal sogar, worüber sich Freud stets sehr freute. Dalí mit seiner Furcht vor dem Tod des Surrealismus war da gewesen, ebenso Yahuda, dem das Moses-Buch Sorgen bereitete. Obwohl er mittlerweile sehr schlecht hörte, schenkte Freud all seinen Besuchern ein gewisses Maß an gelassener Aufmerksamkeit. Er war weit davon entfernt, noch die Kraft zu Monologen zu haben, wie sie Coleridge gehalten hatte, aber zu solchen hatte er ohnehin nur selten geneigt. Er äußerte seine Ansichten in komprimierten Sätzen, legte höfliche Manieren an den Tag und tat sein Bestes, seine Gäste zu unterhalten.

Zu den interessanteren Gästen gehörten Leonard und Virginia Woolf. Virginia war wohl die herausragendste englische Romanschriftstellerin ihrer Zeit, ihr Ehemann Leonard ein Journalist, politischer Theoretiker und Leiter der Hogarth Press, die Freuds Bücher in englischer Übersetzung verlegte und bald auch James Stracheys große Standardausgabe finanzieren würde. Leonard war hager, hochgradig intellektuell und rauchte Pfeife. Virginia war noch immer eine schöne Frau von großer Nervosität, die sich selbst und andere äußerst genau beobachtete. Am Samstag, den 28. Januar 1939 waren beide bei Freud zum Tee eingeladen. »Beinahe alle berühmten Männer sind enttäuschend oder langweilig«, erinnert sich Leonard in seinen Memoiren. »Freud war keines von beidem; er hatte eine Aura nicht von Ruhm, sondern von Größe… Es war kein leichtes Gespräch. Er war außergewöhnlich höflich, auf eine förmliche, altmodische Weise, zum Beispiel überreichte er Virginia beinahe feierlich eine Blume.« Die Blume war eine Narzisse, ein seltsames

Geschenk, wenn man bedenkt, wie Freud über die weibliche Neigung zum Narzissmus dachte, und dass Virginia Woolf selbst diese Gedanken zurückwies. Ihrer Meinung nach war die Eigenliebe der Männer sehr viel stärker ausgeprägt als die der Frauen. »Es war etwas an ihm wie von einem erloschenen Vulkan«, so Leonard weiter, »etwas Düsteres, Unterdrücktes, Reserviertes. Er gab mir das Gefühl, das mir nur sehr wenige Menschen gaben, denen ich begegnet bin, ein Gefühl großer Güte, aber, hinter der Güte, großer Kraft.«

Sie saßen in Freuds Behandlungszimmer, das auf Leonard fast wie ein Museum wirkte, und sprachen erwartungsgemäß über Hitler. Virginia äußerte die Vermutung, dass es vielleicht keine Nazis und keinen Hitler gegeben hätte, hätten die Alliierten nicht den Ersten Weltkrieg gewonnen. Wie viele dachte auch sie, dass die gegenwärtigen Krisen letztlich auf die ungerechte Behandlung der Deutschen in Versailles, besonders durch die Franzosen, zurückzuführen seien. Freud widersprach ihr. Hitler und die Nazis wären gekommen und noch viel schlimmer gewesen, wenn die Deutschen den Krieg gewonnen hätten.

Anschließend erzählte Leonard, der manchmal ein wenig taktlos war, die Geschichte eines Mannes, den man überführt hatte, weil er einige Bücher, darunter auch eines von Freud, aus der Buchhandlung Foyles in London gestohlen hatte. Der Richter, der ihn zu einer Geldstrafe verurteilte, sagte, er wünsche, er könne ihn dazu verurteilen, zur Strafe alle Werke von Freud zu lesen. Freud habe sich über die Geschichte amüsiert, erinnert sich Leonard, aber seine eigenen Leistungen heruntergespielt. »Meine Bücher haben mich berüchtigt gemacht, nicht berühmt«, soll Freud erwidert haben. Vielleicht konnte er sich eine solche Bemerkung nur deshalb erlauben, weil er inzwischen, zumindest in London, eine Berühmtheit geworden war. Nur Virginia scheint den Konsens über Freuds Größe nicht geteilt zu haben. Sie zeichnet ein ganz anderes Bild von dem Nachmittag als ihr Mann. In ihrer Erinnerung war Freud »ein verschlossener, zusammengeschrumpfter, sehr alter Mann mit den hellen Augen eines Affen, krampfartigen Bewegungen, schweigsam, aber rege«. Später fügt sie noch hinzu, dass »alle Flüchtlinge wie Möwen« seien, die »mit ihren Schnäbeln nach Krümeln« schnappten. Anna Freud war gerade dabei, ein Buch zu schreiben, Martin hoffte, einen Roman zu veröffentlichen, und beide hatten sie offenbar den Fehler gemacht, Virginia um Rat zu bitten.

Bevor sie gingen, werden Leonard und Virginia Woolf Freud vielleicht die Geschichte von Mitz, Leonards Pinsel-äffchen, erzählt haben; zumindest hätte Freud an ihr gewiss seine Freude gehabt. Im Jahr 1935 hatten sich die beiden mit ihrem Wagen, einem Lanchester 18 Cabrio, auf eine Tour durch Westeuropa begeben. Sie reisten in Begleitung von Mitz, das oft auf der Schulter seines Herrn hockte. Einmal stießen sie in einem deutschen Ort auf eine größere Menschenmenge. Die Straßen waren gesäumt von Nazis in Uniform und Kindern, die mit Hakenkreuzfahnen winkten. Die Menschen drängten sich hinter ihnen, offenbar in Erwartung eines wichtigen Parteifunktionärs. Leonard musste sehr langsam fahren, und da er Jude war, fragte er sich natürlich besorgt, was als Nächstes passieren würde.

»Wir wurden von einem scheinbar endlosen Zug enthu-siastischer Nazis eingekeilt«, schrieb er, »aber wir erkannten bald, dass wir nichts zu befürchten hatten. Es war ein warmer Tag, ich fuhr mit offenem Verdeck und auf meiner Schulter saß Mitz. Ich konnte nicht schneller als fünfzehn Meilen pro Stunde fahren. Als die Menschenmenge Mitz erblickte, schrie sie begeistert. Meile um Meile fuhr ich zwischen den beiden Reihen lärmender Nazis hindurch, die Mitz auf dem ganzen Weg ›Heil Hitler! Heil Hitler!‹ zuriefen, den Arm zum Hitlergruß erhoben.«

Die zweifellos überraschendste Begegnung in London war für Freud die mit Doktor Anton Sauerwald, dem Mann, den die Nazis in Wien bevollmächtigt hatten, sich um Freuds Angelegenheiten zu kümmern, und der Anfang Oktober 1938 nach London gekommen war. Sein Name ist in Freuds Tagebuch vermerkt, was Freud für gewöhnlich tat, wenn er einen Besucher empfangen hatte; es ist jedoch der einzige Beleg dafür, dass Freud ihn getroffen hat. Max Schur kann nur bezeugen, dass Sauerwald Freuds Bruder Alexander aufgesucht hat.

Inzwischen war klar, dass Sauerwald Freud vor großen Schwierigkeiten bewahrt hatte, indem er die von ihm entdeckten Informationen über Freuds Finanzen und vor allem über dessen ausländische Bankkonten vor den Nazis zurückhielt. Alexander sprach ihn direkt darauf an. Sauerwald erwiderte: »Der Führer, der natürlich alles am besten weiß, hat erkannt, dass das Vaterland in Gefahr ist. Die Juden können wegen ihrer internationalistischen Neigungen und ihrer Tendenz zu individualistischem Verhalten keinen zuverlässigen Teil der Bevölkerung bilden. Deshalb müssen sie eliminiert werden. Das ist vielleicht bedauerlich, aber der Zweck heiligt die Mittel. Das bedeutet jedoch nicht, dass es einem einzelnen nicht erlaubt ist, in besonderen Fällen persönliche Härten zu erleichtern.«

Schur hatte Sauerwald im Verdacht, in England spionieren zu wollen. Aber wenn man die gesellschaftliche Stellung bedenkt, die Freud zu der Zeit hatte, scheint es auch durchaus möglich, dass Sauerwald unter anderem deshalb hergekommen war, um einem bedeutenden Mann, der ihn tief beeindruckt hatte, seine Ehrerbietung zu erweisen. Nach Sauerwalds eigener Aussage war er auf Freuds Einladung hin nach London gekommen, um mit ihm verschiedene finanzielle Angelegenheiten zu besprechen. Während seines Besuchs habe Freud ihn dann gebeten zu arrangieren, dass Pichler, sein Chirurg, so bald wie möglich nach England reisen könne, um ihn zu untersuchen. Dieser Bitte sei er nachgekommen.

Als Sauerwald nach dem Krieg wegen Kriegsverbrechen vor Gericht stand, nahm er für sich das Verdienst in Anspruch, auf Bitte von Marie Bonaparte versucht zu haben, die Bücher zu retten, die sich im Lager des Verlags befunden hatten, was allerdings im letzten Moment gescheitert sei. Nichtsdestoweniger sei es ihm gelungen, die Bücher aus Wien wegzuschaffen und sie verschiedenen europäischen Universitäten zukommen zu lassen. Er sagte ebenfalls aus, den Direktor der australischen Staatsbibliothek, Paul Heigl, dazu überredet zu haben, dort Bücherkisten mit allen vom Verlag herausgebrachten Bänden zu lagern. Anna Freud und Marie Bonaparte verfassten Briefe zu seinen Gunsten, in denen sie beschrieben, wie er sich um Freuds Familie verdient gemacht hatte, und baten das Gericht erfolgreich um Gnade.

Es ist nicht ganz klar, wie glaubwürdig Sauerwalds Auskünfte über seine Reise nach London sind. Vielleicht hat er Freud tatsächlich bewundert, vielleicht war er auch an der Psychoanalyse interessiert. Aber der Bombenbauer, der so erfolgreich in den Fällen ermittelt hatte, bei denen seine eigenen Bomben zu Anschlägen verwendet wurden, scheint ein besonderes Talent dafür gehabt zu haben, für zwei Seiten gleichzeitig zu arbeiten. Nichts, was der Kommissar jemals tat, war frei vom dem Verdacht, er spiele ein doppeltes Spiel.

Vom Chor der Bewunderer Freuds hob sich deutlich die Stimme derer ab, die nicht müde wurden, ihm davon abzuraten oder ihn gar davor zu warnen, sein Buch über Moses zu veröffentlichen. Charles Singer, ein angesehener Wissenschaftshistoriker, ließ Freud durch seinen Sohn Ernst eindringlich bitten, das Manuskript des Buches nicht aus der Hand zu geben. Freud antwortete Singer: »Ich habe mein ganzes langes Leben damit ausgefüllt, für das einzutreten, was ich für die wissenschaftliche Wahrheit hielt, auch wenn es für meine Nebenmenschen unbequem und unangenehm war. Ich kann es nicht mit einem Akt der Verleugnung beschließen. In Ihrem Brief findet sich die für Ihre Überlegenheit zeugende Versicherung, daß alles, was ich schreiben werde, Mißverständnisse und – darf ich einfügen – Entrüstung hervorrufen wird. Nun, man wirft uns Juden vor, daß wir im Laufe der Zeiten feige geworden sind. (Wir waren einmal eine tapfere Nation.) An dieser Verwandlung habe ich keinen Anteil erworben. Ich muß es also riskieren.«

Die behagliche Zeit der Anerkennung ging für Freud schließlich zu Ende, als er, allen Warnungen zum Trotz, das Buch *Der Mann Moses und die monotheistische Religion* der Öffentlichkeit präsentierte. Am Donnerstag, den 2. Februar 1939 gab der Amsterdamer Verlag Allert de Lange das Buch auf Deutsch in Druck. Ungefähr einen Monat später erhielt Freud aus Holland zwei Bände, von denen er einen für sich behielt und den anderen Prinzessin Bonaparte schenkte.

Am wichtigsten war es Freud jetzt, das Buch auch auf Englisch zu veröffentlichen, und zwar genau in der Form, in der er es verfasst hatte. Er tadelte Ernest Jones und seine Frau Katherine dafür, dass sie so lange für die Übersetzung brauchten und so lustlos daran arbeiteten. (Jones mag viele schlechte Eigenschaften gehabt haben, aber er arbeitete niemals lustlos.) Und er drängte Leonard Woolf, sicherzustellen, dass das Buch genau in der von ihm gewünschten Form erschiene. Als Woolf sich in einem Brief an ihn erkundigte, ob die Hogarth Press den Titel ändern und es schlicht *Moses* nennen könne, da der längere Titel abschrecke, erwiderte Freud brüsk, dass es keinesfalls eine Änderung am Titel geben werde. Er ging so weit, seinem amerikanischen Verleger schon vorsorglich zu schreiben, dass der Titel des Buches *Moses and Monotheism* zu lauten habe. Am 19. Mai hatte Freud das Vergnügen, das Buch, über dessen Inhalt er so lange nachgedacht hatte und das bereits so heftig kritisiert worden war, in der Sprache seines Gastlandes gedruckt zu sehen. »Freud hat seinen *Moses*«, wie Peter Gay es formuliert, »im Trotz konzipiert, im Trotz geschrieben und im Trotz veröffentlicht.«

Das auf den ersten Blick Skandalöseste an *Der Mann Moses und die monotheistische Religion* sind Freuds Reflexionen über die Identität von Moses. »Einem Volkstum den Mann abzusprechen, den es als den größten unter seinen Söhnen rühmt«, so hebt Freud an, »ist nichts, was man leichthin unternehmen wird, zumal, wenn man selbst diesem Volke angehört.« Freuds Beweis, dass Moses Ägypter war, sofern es überhaupt ein Beweis ist, stützt sich auf mehrere Möglichkeiten. Der Name »Moses«, so behauptet er, sei, wie die Forschung längst erkannt habe, kein jüdischer, sondern ein ägyptischer. Außerdem ergebe die biblische Geschichte der Herkunft von Moses, psychoanalytisch betrachtet, keinen Sinn. In der verbreiteten

Phantasie, die Freud als »Familienroman« bezeichnet, glaube das bei einer ärmlichen Familie lebende Kind, seine wahren Eltern, von denen man es bei seiner Geburt getrennt habe, seien Adelige oder sogar König und Königin. Die biblische Geschichte, wonach Moses von einer ägyptischen Prinzessin gerettet worden sei, kehre die gewöhnliche Richtung des Familienromans um, da in ihr ein armes Kind zu Reichtum komme und nicht umgekehrt. Dieser Sachverhalt stachelt Freuds analytisches Interesse an. Er behauptet, »daß die erste Familie, die, aus der das Kind ausgesetzt wird, in allen Fällen, die sich verwerten lassen, die erfundene ist, die spätere aber, in der er aufgenommen wird und aufwächst, die wirkliche«. In der Geschichte von Moses ist die erste Familie eine arme jüdische und die spätere eine ägyptische. Freud zufolge muss Moses in eine Familie der herrschenden Klasse geboren und später, wie auch immer, von armen Juden aufgenommen und adoptiert worden sein.

Außerdem war da noch die Frage zu klären, woher der Monotheismus stammt. Gestützt auf seine ethnologischen und archäologischen Untersuchungen, stellt Freud die Vermutung an, dass der Monotheismus keine jüdische, sondern eine ägyptische Erfindung sei. Nicht Moses oder ein anderer Jude, sondern Amenhotep IV. sei zum monotheistischen Atonkult konvertiert und habe befohlen, den einen Gott anzubeten. Freud zufolge änderte Amenhotep seinen Namen in Echnaton und versuchte, den ägyptischen Polytheisten seine strenge Religion aufzuzwingen. Moses war ursprünglich einer von Echnatons engsten Gefährten, aber Echnaton starb jung, die Ägypter verweigerten sich dem Monotheismus und Moses wandte sich schließlich an die Juden, die seit einigen Generationen in Ägypten gelebt hatten. Dem Pharao trotzend, führte er die Juden aus Ägypten in die

Wüste, wo er ihnen Gesetze gab, den ägyptischen Brauch der Beschneidung einführte und sie überredete, den Gott Aton zu verehren. Letzten Endes aber wiesen die Juden Moses und Aton zurück: Die Anbetung eines einzigen Gottes war für sie etwas zu Kaltes und Abstraktes. Wütend wegen alldem, was sie auf Geheiß von Moses aufgeben sollten, töteten sie ihn und wandten sich wieder den alten Formen des Polytheismus zu. Trotzdem blieben Moses und seine Religion ihnen im Gedächtnis. Sie bereuten, was sie getan hatten, und diese Reue führte dazu, dass die Erinnerung an Moses verherrlicht wurde. Es fand also etwas statt, das Freud eine »Reaktionsbildung« nennt. Ein Stammesgott der Midianiter verlor allmählich seine charakteristische Gewalttätigkeit, bis er fast ganz mit dem alten mosaischen Gott Aton verschmolz und auf diese Weise zum Vorgänger Jahwes wurde. Es war die Wiederkehr des Verdrängten in Form des Monotheismus, und der ermordete Moses wurde zu einer der wichtigsten Figuren des Judentums.

Man kann schwerlich behaupten, dass diese Ideen zu den klügsten und bestbegründeten in Freuds Werk gehören. Offensichtlich ließ Freud hier nur seine Gedanken schweifen, spekulierte und stellte bloße Vermutungen an. Doch aus solchen Spekulationen entwickelte er häufig seine besten Ideen; er hatte Einfälle, weil er offen für sie war. Er schrieb sie nieder, mit allen Chancen und Risiken, die das bot, wobei manchmal Gutes aus schlechten Ideen hervorging, ihn bisweilen aber auch gute Ideen zu schlechten Ergebnissen führten. Ein Leser von Freud muss sich häufig an der Gedankenarbeit beteiligen: Bei der Lektüre der ideenreichsten und spekulativsten Bücher muss er gelegentlich die Rolle des Ich für dessen kreatives Es spielen, er muss aussieben und überlegen, was an den vorgebrachten Überlegungen wahr sein könnte und was nicht. Zu Beginn seiner Laufbahn als bedeutender Schriftsteller zitierte Freud gerne Schiller, der die Wurzeln der dichterischen Schöpfung im Unbewussten suchte und den Rat gab, das Urteil erst dann ins Spiel zu bringen, wenn man dem Unbewussten erlaubt habe, sich zu äußern. Oder wie ein anderer Erbe von Schillers Romantik, Saul Bellow, es formuliert:»Jeder weiß, daß Unterdrückung von Teilen eines Ganzen, fein säuberlich nur auf einen Teil begrenzt, nicht möglich ist; unterdrückst du auch nur ein Teil, werden auch die anderen Teile des Ganzen davon in Mitleidenschaft gezogen.«

Moses war kein Jude, sondern Ägypter; die Ägypter verbreiteten als Erste die Idee, dass es nur einen Gott gebe; das auserwählte Volk ermordete seinen größten Propheten – vielleicht hatte sich Freud Vorstellungen wie diese erlaubt, um daran angrenzende nicht zu verdrängen. Und tatsächlich gibt es eine tiefere Ebene in *Der Mann Moses und die monotheistische Religion*, die es zu einem von Freuds einsichtsreichsten Büchern macht. Doch offensichtlich fielen seinen Lesern zunächst die Dinge ins Auge, die den Wert des Buchs minderten.

Die ersten Rezensionen und Reaktionen auf das Buch waren genauso wütend und verständnislos, wie Freud es vorhergesehen hatte. Der berühmte jüdische Theologe Martin Buber goss seinen Spott darüber aus, nannte es ein»bedauerliches Werk«,»unwissenschaftlich«und»auf unbegründete Hypothesen gestützt«. Für Freuds nachdenklichen Nachbarn in der Elsworthy Road, Abraham Yahuda, der ihn von der Veröffentlichung des Buches hatte abhalten wollen, hätte es ebenso gut das Werk eines christlichen Fanatikers sein können, der darauf aus war, die Juden zu verleumden. Peter Gay zitiert einen gewissen Pater McNabb, der sich im Londoner *Catholic Herald* die Frage stellte, wie lange das »freie, großzügige« England den Verfasser eines dermaßen skandalösen Werks wohl noch willkommen heißen würde. Der fromme Pater behauptete, Freud sei nicht nur ein Verfechter des Atheismus, was natürlich richtig war, sondern auch des Inzests. Der Rezensent der *New York Times* schloss seine Besprechung mit der Bemerkung ab, Freuds Lehren seien »fadenscheinige Theorien, die, wie er selbst zugibt, teilweise von anderen übernommen sind«, und stellten »nicht die Art von Wissen« dar, »die den Preis an Missverständnissen und Feindseligkeit wert ist, die sie höchstwahrscheinlich« erzeugen würden. In einem anonymen Brief aus den Vereinigten Staaten hieß es, es sei bedauerlich, dass die deutschen Gangster Freud nicht in ein Konzentrationslager gesteckt hätten, wo er hingehöre. Ein Rezensent einer Jerusalemer Zeitschrift nannte Freud einen »*am haaretz*«, einen Ignoranten.

Freud reagierte auf diese Kritik in einer für ihn typischen Weise. Er freute sich über die vielen verkauften Bücher – bereits im Juni 1939 waren von der deutschen Ausgabe 1800 Exemplare verkauft – und nahm die kritischen Stimmen gelassen hin. Trotz seiner dreiundachtzig Jahre und einer Krankheit, die ihn so schwer mitnahm, dass er kaum mehr gehen konnte und pausenlos Schmerzen litt, war sein Kampfgeist noch immer nicht erloschen.

Sicherlich schwächte sich aber das Gefühl der Sicherheit und Zufriedenheit ab, das Freud seit seiner blumen- und geschenkreichen Ankunft in London empfunden hatte. Was Freud das soziale Über-Ich genannt hätte, stand nun in einer sehr viel komplizierteren und gespannteren Beziehung zu ihm als vorher. Die innere Harmonie und Ruhe der ersten glücklichen Tage im liberalen England waren nunmehr gefährdet. Freud war wieder derjenige, der Ärger verursachte, der die Mittelschicht jäh aus ihrem Schlaf riss. Einmal mehr war er der Verfasser der *Traumdeutung* und der *Drei Abhandlungen zur Sexualtheorie*, von Büchern also, die ihre Leser verunsicherten und Freud Auseinandersetzungen bescherten. Aufs Neue konnte er behaupten, er sei nicht berühmt, sondern berüchtigt. Die Veröffentlichung des Moses-Buchs muss in Freud Sorgen wachgerufen haben, wie das bei Konflikten stets der Fall ist, aber sie hat ihm gewiss auch neue Energie verliehen. Und indem sie Freud in frühere Zeiten des »geistigen Kampfes« zurückversetzte, wie Blake dies genannt hätte, bewirkte die Veröffentlichung von *Der Mann Moses und die monotheistische Religion* wahrscheinlich auch noch etwas anderes. Sie ließ ihn sich für kurze Zeit wieder jung fühlen. »Ein alter Mann ist ziemlich arm und stinkt / Zerlumpter Mantel, der am Stock geht«, heißt es, so weit ganz zutreffend, in Yeats Gedicht »Seereise nach Byzanz«. Aber Yeats fügt dem noch etwas hinzu: »Ein alter Mann ist ziemlich arm und stinkt / Zerlumpter Mantel, der am Stock geht, falls / Die Seele nicht im Takt klatscht, lauter singt / Mit jedem Riß in ihrem Körperkleid.«

»Ein ganz würdiger Abgang«, schrieb Freud in einem Brief an Hanns Sachs über sein Moses-Buch.

Ab einem gewissen Zeitpunkt wurde der Schmerz zu einem Element, in dem Freud lebte, wie die Luft, die er atmete. Nach der Operation, die Pichler im September 1938 vorgenommen hatte, litt Freud ununterbrochen an Schmerzen in seinem Kiefer. Der Winter hielt Einzug, es wurde kalt, und das so elegant ausgestattete Haus in Maresfield Gardens war leider sehr zugig, was Freuds Beschwerden noch verstärkte. Ende Januar 1939 klagte er über akute Schmerzen. Es stellte sich heraus, dass ein Knochensplitter, der nach Pichlers Operation zurückgeblieben war, Reizungen verursachte. Schur entfernte ihn, aber er stellte dabei eine weitere Schwellung in Freuds hinterer Mundhöhle fest, die ihm verdächtig vorkam.

Im Februar schrieb Freud an Max Eitington, er habe eine »starke Antipathie« gegen seinen Lebensretter Doktor Pichler entwickelt. Er bezog sich dabei auf die monatelangen Knochenschmerzen, die er seit dessen Eingriff durchlitten hatte, aber indirekt brachte er damit vielleicht auch seine Verzweiflung darüber zum Ausdruck, dass Pichler ein Leben verlängert hatte, das immer schwerer zu ertragen war. Dennoch weigerte sich Freud in der Regel, ein stärkeres Schmerzmittel als Aspirin einzunehmen. Während er kaum noch etwas verfasste, das veröffentlicht werden sollte, las er weiterhin viel, schrieb Briefe, empfing Gäste und behandelte Patienten. Für all das benötigte er einen klaren Kopf.

Ende Februar machte Doctor Lacassagne, den die Prinzessin zu diesem Zweck aus Paris mitgebracht hatte, Röntgenbilder von der Seite seines Kopfes, auf der Freud an Krebs erkrankt war. Lacassagne war es gewesen, der wenige Jahre zuvor Prinzessin Bonapartes Hund Topsy behandelt hatte. Die Röntgenbilder zeigen Freuds Schädel in einem weichen, leuchtenden Weiß vor einem schattierten Hintergrund. Im hinteren Kieferbereich, dort, wo früher einmal Zähne, Zahnfleisch und Kieferknochen waren, ist eine große, ungleichmäßige Höhle zu sehen, die einem Bombenkrater gleicht. Die Bilder zeigen einen Kiefer wie ein klaffendes Loch von Schmerzen, was er ja auch war. Es wurde etwas Gewebe entnommen, und die Untersuchung ergab, was Freud erwartet hatte, nämlich eine weitere bösartige Geschwulst. Da sich der Krebs nicht weit genug von der Augenhöhle entfernt und vielleicht auch zu nahe am Gehirn befand, konnte es aber keinen weiteren chirurgischen Eingriff mehr geben. Womöglich hätte Freud dem sowieso nicht mehr zugestimmt. Nachdem die Röntgenbilder gemacht waren, schrieb Freud an seinen jüngeren Freund Arnold Zweig: »Ich hatte unangenehme Wochen, nicht nur Kranksein und Schmerzen, sondern auch völlige Unentschiedenheit über die nächsten Maßnahmen. Operation und Radiumbehandlung (Paris) wurden endlich verworfen, man hat sich für Röntgenbehandlung von außen entschlossen, die von morgen an eingerichtet werden soll. (Es ist kein Zweifel mehr, daß es sich um einen neuen Vorstoß meines lieben alten Carcinoms handelt, mit dem ich jetzt seit 16 Jahren die Existenz teile. Wer der Stärkere sein würde, konnte man damals natürlich nicht vorhersagen.)«

Die Röntgenbehandlung war grausam: Auf der rechten Seite gingen Freud die Barthaare aus, er litt an Kopfschmerzen und Schwindelgefühlen, und blutete aus dem Mund. Nichtsdestoweniger empfing er weiterhin Patienten. Finzi, ein anderer seiner Ärzte, schrieb später: »Er weigerte sich, sich von uns irgendwelche schmerzstillende Mittel geben zu lassen außer Aspirin.« Was Freud nach Auffassung des Arztes wirklich gebraucht hätte, wäre eine psychologische Behandlung gewesen, die ihn vielleicht dazu bewogen hätte, vernünftiger zu sein und auch stärkere Medikamente einzunehmen. Dies war allerdings nicht zu erwarten. Freud verabscheute zwar die Behandlung mit Röntgenstrahlen, bemerkte aber, sie sei besser als die Alternative, seinen Kopf abzuschneiden.

Am 6. Mai 1939 feierte Freud seinen dreiundachtzigsten Geburtstag. Er saß für eine Weile im Garten und nahm die Glückwünsche seiner Familie und Freunde entgegen, die ihm, wie es in seiner Familie Tradition war, vom Hund überbracht wurden, dem man die Glückwunschkarten um den Hals gebunden hatte. Indes wurde Freud die Gesellschaft anderer schnell zu viel. Er taumelte ein wenig im Garten herum und ließ sich beglückwünschen, kehrte aber nach kurzer Zeit in sein Arbeitszimmer zurück und versuchte, sich auszuruhen, soweit die Schmerzen ihm dies erlaubten.

Auch sein Gegenspieler Adolf Hitler hatte vor Kurzem Geburtstag gefeiert, wenngleich unter ganz anderen Umständen. Am 20. April, also zwei Wochen bevor Freud mit zittrigen Händen seine Glückwunschpost öffnete, hatte Hitler seinen fünfzigsten Geburtstag gehabt. Es fand eine Parade der Wehrmacht und der Waffen-SS statt. Auf Anordnung des »Führers« wurden die neuesten deutschen Waffen zur Schau gestellt, Panzer, Flugabwehrkanonen und Suchscheinwerfer. Am Himmel waren Kampfflugzeuge zu sehen. In Berchtesgaden wartete ein besonderes Geschenk auf Hitler: Über ein Jahr war an einem Aufzug gearbeitet worden, der ihn vom Fuße des Kehlsteins auf die Bergspitze bringen würde, von wo aus er den Blick über sein Land schweifen lassen konnte. Zu Hitlers Geburtstag waren die Arbeiten vollendet. Die Aufzugtüren waren vergoldet, im Aufzug gab es gepolsterte Sitze und technisch ausgefeilte Sicherheitsvorrichtungen. Hitler ließ sich jedoch nur drei Mal zur Bergspitze hinauffahren, da ihm, wie er sagte, die Luft dort oben zu dünn sei.

Etwas später siedelte Freud in sein Behandlungszimmer im Erdgeschoss über. Umgeben von seinen Büchern und Antiquitäten, versuchte er zu lesen und Briefe zu schreiben. Er schlief dort auf der Couch, auf der schon so viele seiner Patienten gelegen hatten, und blickte hinaus in den großen Garten, der ihm von Anfang an viel Freude bereitet hatte. Anna war immer für ihn da, als Pflegerin und Gefährtin. (Martha dagegen trat nun mehr in den Hintergrund, während Tante Minna so krank war, dass sie sich nicht einmal mehr um sich selbst kümmern konnte.) Auch Schur ließ seinem berühmten Patienten so viel Fürsorge angedeihen, wie er nur konnte.

Als Freud Max Schur 1929 auf Marie Bonapartes Empfehlung hin zu seinem Arzt gemacht hatte, nahm er ihm das Versprechen ab, ihm stets ehrlich zu sagen, wie es gesundheitlich um ihn stehe. Und er ließ sich von ihm noch etwas anderes geloben: »Versprechen Sie mir auch noch: wenn es mal so weit ist, werden Sie mich nicht unnötig quälen lassen.« Schur gab ihm sein Wort und die beiden Männer schüttelten einander die Hände. Im April 1939 machte Schur eine kurze Reise in die Vereinigten Staaten. Weil er plante, später dorthin zu emigrieren, kam seine Familie mit und er unternahm bereits erste Anstrengungen, um in den USA als Arzt zugelassen zu werden. Als Schur im Juli zurückkam, hatte Freud in der Zwischenzeit stark an Gewicht verloren und wirkte, verglichen mit seiner gewöhnlichen geistigen Vitalität, relativ apathisch. »Ich hatte auch den Eindruck, daß sich hinter und ein wenig oberhalb der alten Wucherung, in Richtung der Augenhöhle, ein neuer karzinomatöser Tumor gebildet hatte. Der Knochen war äußerst weich, und es war ein übler Geruch vorhanden.«

In einem seiner tiefsinnigsten Aufsätze, der den Titel »Trauer und Melancholie« trägt, behauptet Freud, wir erlitten in unserem Leben so häufig Verluste, dass wir möglicherweise die meiste Zeit um irgendetwas trauern. Wenn dies so ist, dann muss die Trauer, die Freud in den letzten Wochen seines Lebens empfand, besonders intensiv gewesen sein, da er sehr rasch sehr viele Verluste erlitt. Einer der ersten betraf seine psychoanalytische Praxis. Dieses Mal, darüber war sich Freud gewiss im Klaren, war der Verlust endgültig und nicht vorübergehend wie damals, als er in Wien seine Praxis aufgegeben hatte. Am 1. August setzte er einer dreiundfünfzigjährigen Unternehmung ein Ende. Er hatte Dora und den Rattenmann behandelt, den Wolfsmann und den kleinen Hans und zahllose andere Patienten, unter ihnen alle Vertreter der ersten Generation von Psychoanalytikern und seine Tochter Anna. (Zur ersten Generation von Analytikern zu gehören, bedeutete zwangsläufig, von Freud selbst analysiert worden zu sein, da es neben ihm niemanden gab, der so viel Wissen gehabt hätte.) Freud hatte seine berufliche Laufbahn als Arzt begonnen und als solcher verstand er sich noch immer in erster Linie, auch wenn er daneben natürlich viele andere Rollen verkörperte. Nun stellte er seine immer noch eindrucksvolle Intelligenz unter Beweis, indem er für Anna eine Übersicht über seine aktuellen Fälle erstellte, damit sie mit den Patienten ihre therapeutische Arbeit fortsetzen konnten.

Ein Fall, so wissen wir, hat Freud am Ende seines Lebens ganz besonders zu schaffen gemacht. Als sein Patient nach vielen Wochen immer noch keine Fortschritte zeigte, rief Freud frustriert aus, ob er es nicht für nötig halte, einen alten Mann zu lieben. In der letzten Phase seiner therapeutischen Praxis wurde die Liebe zum unbestrittenen Zentrum der Behandlungsweise. Freud hatte zu ihr nach verschiedenen anderen Ansätzen gefunden. Nachdem er sich der Hypnose, der freien Assoziation und der Traumdeutung bedient hatte, stand nun der Arzt selbst im Mittelpunkt des dramatischen Geschehens einer Analyse. Freud wurde zum Analytiker dessen, was er »Übertragung« nannte.

Im Laufe der Zeit hatte Freud festgestellt, dass sich seine Patienten immer wieder in ihn verliebten. Dabei war ihm bewusst, dass dies wenig mit seinem Charme zu tun hatte. Bei einem Neurotiker, und nicht nur bei ihm, so behauptete Freud, löst derjenige, der verspricht, sein Leiden zu erklären und zu heilen, ein ganzes Spektrum von kindlichen Emotionen aus. Der Patient überträgt Gefühle auf die Person des Therapeuten, die sich einst auf seine Mutter und seinen Vater sowie später auf andere Autoritätspersonen gerichtet hatten. Aus dieser Gefühlsübertragung vermag der Analytiker die Dynamik der erotischen Konflikte des Patienten herauszulesen. Das wiederholte Scheitern vergangener Beziehungen zu Liebesobjekten und der damit einhergehende Kummer offenbaren sich über kurz oder lang auf der »Bühne der Übertragung«. Gegenüber dem Arzt als Objekt wiederholt der Patient seine alten Muster und Einstellungen. Der Analysierte, so Freud, »*erinnere* überhaupt nichts von dem Vergessenen und Verdrängten, sondern er *agiere* es. Er reproduziert es nicht als Erinnerung, sondern als Tat, er *wiederholt* es, ohne natürlich zu wissen, daß er es wiederholt.«

Aber da der Analytiker die auf ihn übertragenen Gefühle nicht erwidert, sondern diese vielmehr von seiner unabhängigen Position aus analysiert, vermag er schließlich dem Patienten dabei zu helfen, seine alten, frustrierenden Gefühls- und Verhaltensmuster zu erkennen. Er versetzt ihn zum Beispiel in die Lage, sich bewusst zu machen, dass alle seine Beziehungen zu Autoritätspersonen, wie unterschiedlich und einzigartig diese ihm auch erscheinen mögen, tatsächlich nur bestimmte alte Muster wiederholen. Vielleicht hat der Patient jede dieser Autoritätspersonen zunächst bewundert und sich ihr unterworfen, dann aber irgendwann sich verbittert und undankbar gegen sie gewandt. Vielleicht endeten alle seine erotischen Beziehungen damit, dass er unerklärlicherweise Gefühle des Ekels verspürte und sein sexuelles Interesse verlor. In der Therapie kommen diese gleichbleibenden Enttäuschungsmuster ans Licht, und mit Hilfe des Analytikers lernt der Patient, sie selbst zu sehen und zu verstehen. Ein solcher Erkenntnisgewinn kann eine Veränderung in seinem Verhalten zur Folge haben. Indem er ein sich seiner selbst bewusstes Ich an die Stelle des sich wiederholenden Es setzt, vermag er ein gewisses Maß an bewusster Freiheit zu erlangen. Zum Kern des Freud'schen Humanismus gehört die Überzeugung, dass eine Person dann freier und glücklicher werden kann, wenn sie ihr Innenleben, das ihr bisher fremd war und von Zwängen beherrscht, mit einer gewissen Genauigkeit zu beschreiben lernt.

»Die Übertragung«, schreibt Freud, »schafft so ein Zwischenreich zwischen der Krankheit und dem Leben, durch welches sich der Übergang von der ersteren zum letzteren vollzieht. Der neue Zustand hat alle Charaktere der Krankheit übernommen, aber er stellt eine artifizielle Krankheit dar, die überall unseren Eingriffen zugänglich ist.« Damit seine Heilung beginnen kann, muss der Patient jedoch in der Übertragung der Anziehungskraft des Arztes erliegen.

Als Therapeut war Freud also Tag für Tag ein Objekt gewesen, auf das sich die leidenschaftlichsten Gefühle seiner weiblichen wie männlichen Patienten gerichtet hatten. Er war heftig begehrt worden, aber, da Eros nun einmal eine ambivalente Kraft ist, natürlich ebenso heftig verabscheut. Innerhalb der Grenzen seines Reiches, inmitten seiner Teppiche, Antiquitäten und Bücher, hatte er ein Leben von größter erotischer Intensität geführt. Man hatte ihm den Hof gemacht und ihm gehuldigt, hatte ihn gereizt, beleidigt und bewundert, doch wenn die Vormittagssitzungen zu Ende waren, begab er sich in den vorderen Teil der Wohnung und setzte sein höchst gewöhnliches Alltagsleben fort. Freud hatte das Leben eines keuschen Don Juan geführt, und ganz wie Byrons Don Juan war man öfter hinter ihm her gewesen als er hinter anderen. Bemerkenswert an der Dynamik der Übertragungsanalyse, wie sie Freud entwickelt hat, ist jedoch noch ein weiterer Aspekt. Hatte die Übertragung ihren Höhepunkt erreicht, konnte der betreffende Patient Freud als jemanden von höchster Autorität erleben, als »das Subjekt, das wissen soll«, wie Jacques Lacan es erhellend formuliert hat. Es war jedoch nicht Freuds Absicht, diese Position dauerhaft einzunehmen. Ziel der psychoanalytischen Therapie war es vielmehr, die absolute Autorität ihres mystischen Charakters zu berauben, was letztlich auch bedeutete, Freud zu entmystifizieren. Der Patient, der sich schließlich seines Verlangens nach absoluter Wahrheit und Liebe bewusst wurde, entwickelte zu allen vergangenen und zukünftigen Liebesobjekten und Autoritätsfiguren eine neue Einstellung; und er entwickelte auch eine neue Einstellung zum Analytiker, zu Freud. Am Ende der Therapie, nachdem er das Tal der Übertragung durchschritten hatte, konnte der Patient in Freud, dem Therapeuten, einen leidenden Sterblichen erkennen, wie er selbst einer war. Er mochte sich der überragenden Intelligenz und bemerkenswerten Originalität Freuds bewusst sein, aber dank der Analyse würde er in ihm keinen sterblichen Gott mehr sehen.

Das Hauptziel des Rituals einer Psychoanalyse ist die Dekonstruktion aller absoluten Autoritätsfiguren, Freud eingeschlossen. Wie häufig Freud in seinen Schriften, seinem persönlichen Leben und in seiner Eigenschaft als Begründer einer Institution auch bestrebt schien, sich auf den Thron des Urvaters zu setzen, seine tägliche Arbeit hatte noch eine ganz andere Seite. Fast jeden Tag nämlich erlaubte Freud seinen Patienten, sich eine überhöhte Vorstellung von ihm zu machen, um ihnen anschließend dabei zu helfen, dieses Bild zu demontieren. Immer wieder zeigte er ihnen, wie sie die übergroßen Figuren ihrer Vergangenheit auf ihre eigentliche Größe zurechtstutzen konnten, und sie konnten dies nur dadurch lernen, indem sie Freud als eine Gestalt von bloß menschlicher Größe sahen. Der manchmal als Patriarch auftretende Freud entwickelte nicht nur Theorien über die destruktiven Auswirkungen patriarchalischer Herrschaft, er entwickelte auch eine Therapie, mit deren Hilfe Menschen lernen konnten, sich von erdrückender Autorität zu befreien.

Kurz nach Max Schurs Rückkehr aus New York erlitt Freud einen Anfall von »Herzasthma«. Schur rettete einem Freud das Leben, der zu diesem Zeitpunkt eigentlich schon nicht mehr gerettet werden wollte. Freud verzieh ihm, dass er ihn verlassen hatte, indem er nach Amerika gereist war, und die alte ungleiche Freundschaft zwischen dem großen Mann und seinem treuen Begleiter, zwischen König Lear und Kent, war wiederhergestellt. »Im Laufe des August«, schreibt Schur, »ging alles schnell bergab. Unzweifelhaft handelte es sich um eine ausgedehnte neue Krebserkrankung mit Geschwürbildung. Die Verfärbung der Wange wurde immer ausgeprägter und zeigte die Entwicklung einer Hautnekrose an.« Der von der Nekrose stammende Geruch, so Schur, wurde immer unerträglicher und war bald nicht mehr zu kontrollieren. Zuletzt wurde »die Haut über Freuds Backenknochen gangränös; es entstand schließlich ein Loch und eine offene Verbindung zwischen der Mundhöhle und außen«. Dadurch wurde der Geruch noch schlimmer und er begann Fliegen anzulocken, so dass über Freuds Bett ein Moskitonetz gespannt werden musste. Freuds Behandlungszimmer wurde nun zum Krankenzimmer und Freud konnte nur noch daliegen und in den Garten hinausschauen.

Das größte Problem aber stellte sein Chow-Chow Lün dar, der inzwischen aus der Quarantäne entlassen worden war. Die Hündin hatte ihren Herrn geliebt, der sie gestreichelt, ausgeführt und häufig mit ihr geredet hatte. Sie erschien ihm manchmal als das vernünftigste Wesen in seiner Nähe. Aber nun verkroch sie sich in der von Freuds Bett am weitesten entfernten Ecke des Zimmers, da sie den Verwesungsgeruch, der von ihrem Herrn ausging, nicht ertragen konnte.

Freud hatte einmal gesagt, dass Hunde ihr Leben zur Gänze auskosteten, da ihnen der Fluch der Ambivalenz, unter dem der Mensch leide, erspart geblieben sei. Wenn sie jemanden lieben, dann können sie ihn nicht gleichzeitig hassen. Sie scharwenzeln um ihren Herrn herum und blaffen ihre Feinde an. Für Freud waren sie, was Menschen niemals sein konnten: Geschöpfe von einer schuldlosen Reinheit des Empfindens. Mit der offensichtlichen Tatsache, dass Hunde genauso wie Menschen domestizierte Naturgeschöpfe sind, die deshalb die Welt, die sie einschränkt, lieben und hassen, wollte sich Freud nicht abgeben. Er idealisierte nur wenige Dinge, obschon er einmal bemerkte, dass die einzige reine Liebe, die es in dieser Welt geben könne, diejenige sei, die eine Mutter mit ihrem Sohn verbinde. (Eine seltsame Bemerkung für den Theoretiker des Ödipuskomplexes.) Aber was Hunde anging, neigte Freud stets ein wenig zur Idealisierung. Er mochte sich vorstellen, dass seine Hunde ihm reine Liebe entgegenbrachten, die er vielleicht sogar manchmal erwiderte. Nun hatte er auch dieses Vergnügen verloren. Freuds Leben war jetzt, wie er es in einem Brief an Prinzessin Bonaparte beschrieb,

»eine kleine Insel Schmerz schwimmend auf einem Ozean Indifferenz«.

Am Ende der ersten Augustwoche, in der er seine Praxis aufgelöst hatte, sah er auch die Prinzessin zum letzten Mal. Vor vielen Jahren hatte er ihr in gewissem Sinne das Leben gerettet. Nicht dass ihre Analyse so erfolgreich gewesen wäre – sie war bestenfalls teilweise abgeschlossen. (Obwohl Freud nie müde wurde zu betonen, dass es töricht sei, zu viel von einem solchen Unterfangen zu erwarten.) Nein, viel wichtiger war, dass Freud die Energie und das gute Herz der Prinzessin sowie ihr intellektuelles Vermögen erkannt hatte. Er half ihr dabei, Psychoanalytikerin zu werden, und ermutigte sie dazu, selbst psychoanalytische Studien zu verfassen, was sie auch mit beträchtlichem Erfolg unternahm. Trotz seiner häufig dokumentierten Skepsis gegenüber den intellektuellen Fähigkeiten von Frauen konnte er sie nach Kräften unterstützen, wenn sie diese Fähigkeiten entwickeln wollten. Freud rettete die Prinzessin vor einem Leben, das allein aus High-Society-Intrigen, vergeblichen Liebesaffären und unaufhörlicher Beschäftigung mit sich selbst bestanden hätte.

Später dann tat Prinzessin Bonaparte das Ihre, um Freud zu retten. All die Eigenschaften, die sie in ihrer langen Freundschaft mit ihm und im Umgang mit seiner seltsamen Kunst entwickelt hatte, Vitalität, Selbstvertrauen, Intelligenz und Mut, halfen ihr bei ihren Bemühungen, Freud aus Wien herauszuhelfen. Ein ungewöhnliches Märchen spielte sich hier ab: Nicht der forsche Ritter, sondern die schöne und reiche Prinzessin kam, rettete den gealterten Monarchen und führte ihn aus der Ödnis an einen grüneren, fruchtbareren Ort. Und nun nahm die Prinzessin Abschied von ihm und Freud wusste, dass er sie wahrscheinlich nicht mehr wiedersehen würde. Für jemanden, der so streitlustig war, hatte Freud eine außergewöhnliche Begabung, Freundschaften zu schließen und zu pflegen. Die Menschen mochten ihn, sie mochten seine Aufrichtigkeit, seine geistige Kraft und seinen Humor, der ihn, obwohl er mit der Zeit schwärzer wurde, nie ganz verließ. Freud hatte viele Bewunderer, Schüler und Freunde, aber vielleicht hatte er niemals eine bessere Freundin gehabt als Marie Bonaparte, die für den Rest ihres Lebens – sie starb 1962 – eine leidenschaftliche Verfechterin ihrer gemeinsamen Sache, der Psychoanalyse, bleiben sollte.

Viele Angehörige seiner Familie waren für Freud ebenfalls verloren. Er dachte wohl täglich an seine vier Schwestern, für die er und die Prinzessin keine Ausreisevisa hatten bekommen können. Sie waren in Wien zurückgeblieben, finanziell gut versorgt und, so weit diese reichte, unter der schützenden Hand der Prinzessin. Ursprünglich waren sie fünf Schwestern gewesen: Anna, Adolfine, Mitzi, Paula und Rosa. Anna, die älteste, heiratete einen Bruder von Freuds Frau, einen Mann namens Eli Bernays. Sie starb 1955 neunundsiebzigjährig in New York City.

Adolfine, oder Dolfi, wie sie genannt wurde, war die einzige der Schwestern, die nie geheiratet hatte. Sie kümmerte sich fast ihr ganzes Leben um Freuds Mutter Amalia und war, in Martin Freuds Worten, »nicht klug oder in irgendeiner Weise bemerkenswert«. In seinen Erinnerungen erzählt er, wie er mit ihr eines Tages durch Wien gegangen sei. Dabei seien sie einem ganz gewöhnlichen Mann begegnet, der, wie Martin dachte, keine Notiz von ihnen genommen hatte, doch als er vorüber war, habe Dolfi ihm zugeflüstert: »Hast Du gehört, was der Mann gesagt hat? Er nannte mich eine schmutzige, stinkende Jüdin und sagte, es sei Zeit, daß wir alle umgebracht würden.« Damals, so Martin, seien viele seiner Freunde Nichtjuden gewesen, Professoren, Juristen und ähnlich gebildete Menschen. »Es erscheint merkwürdig, daß keiner von uns... auch nur eine Ahnung von der Tragödie hatte, die die Kinder der jüdischen Rasse vernichten würde, daß aber eine ziemlich ungebildete alte Dame diese Zukunft vorhersah oder vorherzusehen schien.«

Dolfi verhungerte im jüdischen Ghetto in Theresienstadt, sie starb am 29. September 1942. Die drei anderen Schwestern wurden zunächst von Wien nach Theresienstadt gebracht und von dort aus ins Vernichtungslager Treblinka, wo sie 1942 von den Nazis ermordet wurden.

Im September 1939 verlor Freud noch etwas, was er bis dahin zusammen mit dem Rest der Welt genossen hatte, nämlich den Frieden. Drei Wochen, nachdem er seine Praxis aufgegeben hatte, einigte sich Russland, dieses »Rätsel, umwittert von einem Geheimnis und eingebettet in tiefes Dunkel«, wie Churchill meinte, mit Nazideutschland und schloss mit ihm einen Nichtangriffspakt. Schon lange bevor Hitler 1933 an die Macht gekommen war, hatte er den Kommunismus zum Todfeind erklärt, und Stalin dachte ähnlich über den Nationalsozialismus. Nichtsdestoweniger brachte er nach der Unterzeichnung des Paktes einen Trinkspruch auf Hitler aus: »Ich weiß, wie sehr das deutsche Volk seinen Führer liebt, ich möchte deshalb auf seine Gesundheit trinken.«

Hitler hatte verlangt, dass während der Unterzeichnung des Paktes Nahaufnahmen von Stalin gemacht werden sollten, weil er wissen wollte, ob seine Ohrläppchen »angewachsen, also jüdisch« waren »oder frei und arisch«. Die Bilder beruhigten ihn. Besonders eine Profilaufnahme schien zu beweisen, dass Stalins Ohrläppchen nicht die eines Juden waren. Dass Stalin rauchte, fand dagegen nicht den Beifall des »Führers«. Auf allen Fotos, die von ihm während der Unterzeichnung gemacht worden waren, hatte Stalin eine Zigarette im Mund. »Ein Pakt ist ein feierliches Ereignis«, bemerkte der lebenslange Nichtraucher Hitler, »man schließt ihn nicht mit einer Zigarette zwischen den Fingern! Ein derartiges Bild wirkt nicht seriös.« Er befahl deshalb dem Fotografen, die Zigaretten wegzuretuschieren, ehe er die Bilder für die Presse freigab.

Churchill behauptete, es sei eine offene Frage, wer den Nichtangriffspakt mehr hasse, Hitler oder Stalin. Die innere Gegensätzlichkeit der beiden Systeme war nach Churchill unüberwindbar. Freuds Werk legt jedoch eine andere Deutung nahe. Die unterschiedlichen Wirtschaftssysteme sowie die verschiedenen Ikonographien und Liturgien des russischen Kommunismus und des deutschen Nationalsozialismus lassen ihre Gegensätzlichkeit größer erscheinen, als sie in Wirklichkeit waren. Beide Herrschaftssysteme sind von patriarchalischer Natur und antworten auf ein perverses, aber sehr menschliches Verlangen. Die Tatsache, dass Hitler und Stalin schließlich gegeneinander Krieg führen sollten, scheint zu zeigen, dass es auf der Welt nur einen wirklich gottgleichen Menschen geben konnte, und zwar deshalb, weil diejenigen, die diesen Status beanspruchen, dies so wollen und weil die Menschen diesen Wunsch leider häufig teilen.

Jetzt war der Weg frei für Hitlers nächsten Schachzug. Am 1. September, dem Tag, an dem Freud in seinem Arbeitszimmer lag und mit letzter Kraft versuchte, die Schmerzen in seinem Kiefer zu ertragen, drangen deutsche Truppen in Polen ein. Die polnischen Soldaten wehrten sich standhaft, oft bis zum letzten Mann. Man kann sich jedoch vorstellen, wie wenig die polnische Kavallerie gegen die deutschen Panzerdivisionen ausrichten konnte. Bald sollte das ganze Land von den Deutschen überrannt werden. Hitler begab sich in Frontnähe, um nahe bei den Soldaten sein. Die Truppen an der Front, so sagte er, sollten wissen, dass die Offiziere ihre Entbehrungen teilten. In einem Wagen mit offenem Verdeck ließ er sich jeden Tag zum Heer bringen. Er war an allen Aspekten des Lebens der kämpfenden Truppen interessiert, vor allem an ihrer Ernährung. Als der Offiziersstab ihm allerdings vorschlug, die erste Zugladung verwundeter Soldaten zu besuchen, erwiderte Hitler, dass er dazu nicht in der Lage sei; er könne den Anblick ihres Leidens nicht ertragen.

Nur kurze Zeit später fasste Hitler den Plan, die polnischen Juden zu vernichten, aber in diesem Moment wollte er einfach nur seinen erstaunlichen Sieg genießen. Am Tag des deutschen Angriffs auf Polen hatte Großbritannien ein weiteres Ultimatum gestellt, das von Hitler erneut ignoriert worden war. Zwei Tage später erklärten Frankreich und England Deutschland den Krieg – der Flächenbrand hatte begonnen. Das letzte Wort, das Freud eine Woche vor Kriegsbeginn in sein Tagebuch eingetragen hatte, war »Kriegspanik«. Die Hoffnung auf eine friedliche Lösung der Krisen dieser Welt, die Freud gehegt haben mochte, war nun endgültig zunichtegemacht. Als Schur ihn fragte, ob er glaube, dass dies der letzte Krieg sei, erwiderte er trocken: »*Mein* letzter Krieg.«

Nach Freuds Auffassung wird es sehr wahrscheinlich immer Kriege geben. Er glaubte, die Menschen besäßen ein Übermaß an aggressiver Energie und es gäbe nur zwei Möglichkeiten, wie sie diese Energie ausleben könnten: Eine wäre, ihre aggressive Libido ohne eine Möglichkeit zur Abfuhr in sich aufzustauen. Die so gebundene Energie käme häufig dem Über-Ich zugute, das sie zur Bestrafung des Ich verwenden würde, indem es dessen Schuldgefühle steigere. Es gebe aber auch einen anderen naheliegenden Ausweg aus diesem Dilemma. Das Individuum könne seine aggressive Energie nämlich auch nach außen richten, sozusagen gegen einen äußeren Feind. Je leidenschaftlicher es dies tue, umso vollständiger könne es sich von seinen inneren Spannungen befreien. Gewalt öffne die blockierte Seele, so Freud, sie sei aber auch von entsetzlicher Zerstörungskraft. Nach der Freud'schen Sichtweise bewegt sich die menschliche Geschichte zwischen Perioden der Angst, in denen die Kultur den Zerstörungstrieb hemmt, und Zeiten, in denen sich der Zerstörungstrieb nach außen richtet und sich in Mord, Vergewaltigung und Eroberungen austobt.

Die einzige Alternative, die Freud hierzu anbieten kann, besteht in der Kunst der Sublimierung. Es ist nämlich seiner Ansicht nach möglich, instinktive Energien in Energien zu verwandeln, die in die Wissenschaft, den Handel und in künstlerisches Schaffen fließen. Unklar ist aber, wie viele Menschen zu einer solchen Transformation ihrer instinktiven Energien überhaupt in der Lage sind. Freud war der Ansicht, dass den meisten Menschen nicht nur die Fähigkeit fehle, diese Energien in andere Bahnen zu lenken, sondern auch die künstlerischen und intellektuellen Fähigkeiten, die solche Bemühungen lohnenswert machten. Freud musste den Beginn zweier Weltkriege erleben, in denen sich zerstörerische Energien in einem gewaltigen Ausmaß entluden. Dafür gab es Freuds Auffassung zufolge mehrere Gründe, ein wesentlicher war jedoch, wie er in dem Briefwechsel mit Einstein zur Frage *Warum Krieg?* schrieb, dass die meisten Menschen einfach nur schwer mit der Angst und den relativ schwachen Befriedigungen zu leben vermögen, die der

Frieden mit sich bringt. Zeiten des Friedens sind nicht nur langweilig, sie verursachen auch anhaltendes Leiden, da in Friedenszeiten selbst die Menschen mit dem größten Vermögen zur Sublimierung ihre elementare Natur verleugnen. Freud glaubte nicht, dass das Maß an Befriedigung, das die Zivilisation den Menschen bieten kann, mit jenem zu vergleichen sei, das ihm das Ausleben seiner Instinkte verschafft. Deshalb gebe es so gut wie keine Aussicht auf ein Ende der Kriege.

In seinem Spätwerk spricht Freud vom Todestrieb, womit er den Trieb eines – menschlichen oder tierischen, komplexen oder einzelligen – Organismus meint, nach seiner eigenen Zerstörung zu streben. Ein jeder Organismus, so Freud, strebe auf seine Weise nach seiner Zerstörung. Der Todestrieb ist nach Freud das Ergebnis einer zu großen Anpassung an die Forderungen der Zivilisation, das Resultat ständig zunehmender Spannungen und der entsprechenden Unfähigkeit, im friedlichen Leben einer Kultur hinreichend starke Befriedigung oder lohnende Arbeit zu finden. In diesem Sinne schreib Freud in *Das Unbehagen in der Kultur*: »Die Befriedigung solcher Art, wie die Freude des Künstlers am Schaffen, an der Verkörperung seiner Phantasiegebilde, die des Forschers an der Lösung von Problemen und am Erkennen der Wahrheit, haben eine besondere Qualität, die wir gewiß eines Tages werden metapsychologisch charakterisieren können. Derzeit können wir nur bildweise sagen, sie erscheinen uns ›feiner‹ und ›höher‹, aber ihre Intensität ist im Vergleich mit der aus der Sättigung grober, primärer Triebregungen gedämpft; sie erschüttern nicht unsere Leiblichkeit. Die Schwäche dieser Methode liegt aber darin, daß sie nicht allgemein verwendbar, nur wenigen Menschen zugänglich sind.« Im Allgemeinen ist das Lesen oder Schreiben eines

Buches kein Ersatz für das Niederbrennen einer Bibliothek, zumindest wenn Letzteres im Dienste einer ›höheren Sache‹ geschieht.

Dem Todestrieb steht nach Freud die Macht des Eros gegenüber, die die Menschen in größeren zivilisierten und zivilisierenden Gruppen zusammenbringt. Indes kann sich die Menschheit auch kollektiv gegen den Eros wenden, gegen die Freuden der Liebe, und allein den Tod bejahen. »Lang lebe der Tod!«, pflegten die spanischen Faschisten zu rufen – Freud hätte das durchaus nicht rätselhaft gefunden.

Es ist seltsam, aber einer der letzten Verluste, die Freud hinnehmen musste, und in einem gewissen Sinne der für ihn am schwersten zu ertragende, war der, nicht mehr die Kraft zum Lesen zu haben. Freud hat einmal gesagt, er habe die Psychoanalyse erfunden, weil es keine Literatur über sie gäbe, das heißt, kein Korpus kanonischer Schriften, die man studieren musste, wenn man Psychoanalytiker werden wollte. Das bedeutete, Freud konnte lesen, was er wollte. Und dies tat er, beständig. Allein die archäologischen Bücher, die er las, hätten eine kleine Bibliothek füllen können. Für *Totem und Tabu* beschäftigte er sich ausführlich mit ethnologischen Schriften. Er las Twain und Heine, Goethe und Schiller. Shakespeare, dem er immer neue Ideen entnahm, las er im Original und Miltons *Verlorenes Paradies* war eines seiner Lieblingsbücher. Er schätzte Kipling, Zola, Anatole France und Macaulay. Hin und wieder fand er sogar Zeit, die eine oder andere wissenschaftliche Abhandlung zu lesen und vielleicht, unter Protest, ein Werk der nichtpsychoanalytischen Psychologie. Freud las, weil er alle Formen menschlichen, kollektiven und individuellen, vergangenen und gegenwärtigen Verhaltens verstehen wollte. Er las, weil er wissen wollte, welche Art von Kunst die Menschen bewegt.

Das letzte Buch, das Freud las, war Balzacs *Chagrinleder*, eine Variation der Faustlegende. Sein Held, Raphael de Valentin, erwirbt die Haut eines wilden Esels, mit deren Hilfe er sich alle Wünsche erfüllen kann. Aber in der Welt von Balzac gibt es ebenso wie in der Freud'schen keine großen Freuden, für die man nicht auch bezahlen müsste; nichts ist umsonst. So schrumpft das Leder jedes Mal, wenn Raphael einen Wunsch hegt, ein kleines Stück. Er weiß, sobald es ganz zusammengeschrumpft ist, wird er sterben. Raphael erfüllt sich zunächst jene Wünsche, die bekanntlich auch die Wünsche des Verfassers des Romans waren und die Freud zufolge die meisten Männer quälen: den Wunsch nach Ruhm und Reichtum und den Wunsch nach der Liebe schöner Frauen. Am Anfang des Buches beschreibt Balzac eine ausschweifende Orgie, so, wie nur er es kann. Dort und auch später bekommt Raphael alles, was er sich ersehnt, aber der Preis, den er dafür zahlen muss, ist hoch. Denn nicht nur das Leder schrumpft, sondern auch Raphaels Lebensenergie. So wird er schließlich zu einem verkümmernden und verdorrenden medizinischen Kuriosum, das von einer Gruppe angesehener Pariser Ärzte begafft, herumgeschubst und herablassend behandelt wird. In der unschuldigen Pauline, die früher seine arme Nachbarin war und später ein ungeheuer reiches Mädchen wurde, findet er am Ende zwar seine wahre Liebe, aber dies macht sein Schicksal nur umso beklagenswerter.

Wie konnte Freud die Lektüre eines solchen Buches ertragen? Ein Buch, in dem der Held allen weltlichen Freuden frönt, angefangen von jenen des sinnlichen Genusses bis hin zu denen des intellektuellen Schaffens. (In dem einsamen Zimmerchen, das er bewohnt, bevor er zu Reichtum kommt, verfasst er ein an Schopenhauer erinnerndes Buch über den Willen.) Raphael lebt in Balzacs symbolisch aufgeladener Welt, in der alles auf unnatürliche Weise überhöht ist: Die Küchenmägde sehen aus wie Prinzessinnen, die Stallburschen haben etwas Geniales an sich, das Tafelsilber glänzt wie der Mond und der Dreck auf der Straße ist fußtief und riecht nach Friedhof. Bei der Lektüre des Buches hatte Freud gewiss nicht sein eigenes Leben vor Augen; die seltsame Mischung aus Abenteuer und Ruhe, Kühnheit und Selbstbeherrschung, die Freuds einzigartiges Genie nährte, lässt sich in Balzacs Erzählung nur schwerlich finden. Was er jedoch an sich vorüberziehen sah, war ein überaus intensiv gelebtes Leben. Sollte Freud beim Lesen nicht den innigen Wunsch verspürt haben, wieder gesund zu werden? Musste er nicht das Leben um eine letzte Chance anflehen?

Schließlich wird ihn auch Raphaels Tod beschäftigt haben. Mit jedem neuen Wunsch, der sich oft gegen Raphaels bewussten Willen bildet, schildert Balzac, was Freud als einen Kampf zwischen einem hungrigen Es und einem häufig verwirrten Ich angesehen hätte – das magische Leder schrumpft und Raphaels Gesundheit verschlechtert sich. Er endet in einem Sanatorium, wo er von den anderen Patienten verachtet wird, und schwindet allmählich auf entsetzliche Weise dahin. Als Freud das Buch beendet hatte, sagte er zu Schur: »Das war das richtige Buch für mich; es handelt von Einschrumpfen und Verhungern.« Auch er schrumpfte ja immer mehr zusammen. Anders als Raphael jedoch verfiel Freud, wie Schur bemerkte, nicht in Panik, sondern nahm sich vor, in stiller Würde aus dem Leben zu scheiden. Welchen inneren Nutzen er aus der Lektüre dieses Buches auch gezogen haben mag, es war auf jeden Fall sein letztes: Er musste sich dem, was auf ihn zukommen würde, stellen, ohne in heiligen oder profanen Schriften Trost finden zu können.

Am 19. September begab sich Ernest Jones zu Freud, um sich von ihm zu verabschieden. Als er in Maresfield Gardens eintraf, lag Freud auf der Couch unter dem Moskitonetz. »Da er döste, rief ich ihn beim Namen«, erinnert er sich. »Er öffnete die Augen, erkannte mich und hob die Hand zum Gruß, dann ließ er sie mit einer überaus ausdrucksvollen Geste fallen.« Für Jones lagen in dieser Geste »Grüße, Lebewohl, Resignation«, »sie besagte denkbar deutlich: ›Der Rest ist Schweigen.‹«

Am 21. September saß Max Schur an Freuds Bett, in dem der immer mehr dahinschwindende Mann mit seinem verwesenden, übel riechenden Kiefer lag. Es muss Schur in diesem Augenblick schwergefallen sein, in ihm den Mann mit dem vielleicht mächtigsten und einflussreichsten Intellekt seines Jahrhunderts zu sehen, der vermutlich mehr als jeder andere das Selbstverständnis der Menschen in unserem Kulturkreis verändert hat. Freud lag da, völlig ausgezehrt, blass und zerbrechlich. Aber noch war nicht alle Willenskraft aus ihm gewichen. Er nahm die Hand seines Arztes und sagte: »Lieber Schur, Sie erinnern sich wohl an unser erstes Gespräch. Sie haben mir damals versprochen, mich nicht im Stich zu lassen, wenn es soweit ist. Das ist jetzt nur noch Quälerei und hat keinen Sinn mehr.«

Schur versicherte Freud, dass er sein Versprechen nicht vergessen habe. Darauf sagte Freud: »Ich danke Ihnen« und fügte hinzu: »Sagen Sie es Anna«. Schur sprach mit Anna und diese willigte voll Kummer in den letzten Wunsch ihres Vaters ein.

Noch am selben Tag verabreichte Schur Freud eine Injektion von zwei Zentigramm Morphium, einer viel stärkeren Dosis, als es ihrer zur bloßen Schmerzlinderung bedurft hätte. Auf diese Weise half er Freud zu sterben. Später gab er ihm noch eine zweite Injektion und am 22. September eine dritte. Freud fiel ins Koma. Es wurde Mitternacht, und als der 23. September anbrach, war Freud immer noch am Leben. Es war Jom Kippur, der jüdische Versöhnungstag. Am Morgen würden sich in London viele Juden auf den Weg in die Synagoge machen, um das rituelle Beten und Fasten, das sie am Abend zuvor begonnen hatten, fortzusetzen und ihren Gott um Vergebung zu bitten. In ganz London lagen Sandsäcke zur Vorbereitung auf die Luftangriffe aus, die bald beginnen sollten. Einige rote Briefkästen waren für einen Giftgastest mit gelbem Klebeband markiert, und die Menschen, die ihren alltäglichen Geschäften nachgingen, trugen Gasmasken mit sich herum. Überall in der Stadt wurden Standbilder entfernt oder zu ihrem Schutz eingemauert. Britische Kampfflugzeuge überflogen die Stadt und versetzten mit ihrem schaurigen Dröhnen Hunde und Katzen in Angst und Schrecken. Sperrballone schwebten in der Luft, riesige Flugschiffe, die angeblich so stabil waren, dass im Falle einer Kollision Flugzeuge an ihnen zerschellen würden. In den Londoner Parks standen keine Stühle für Konzertbesucher mehr, da man befürchtete, sie würden den Zugang zu den kürzlich ausgehobenen Gräben verstellen. Bald würde man auch die große Eros-Statue vom Piccadilly Circus entfernen, um sie vor Bombenangriffen zu schützen. Thanatos, in Freuds Mythologie der Widersacher von Eros, machte sich für seinen Auftritt bereit.

Am Samstag, den 23. September 1939, um drei Uhr morgens starb Freud an Krebs und der Überdosis Morphium.

Viele Jahre zuvor hatte er kundgetan, wie er einmal zu sterben wünsche. Niemals hatte er in die Lage kommen wollen, weiterleben zu müssen, wenn er nicht mehr im Vollbesitz seiner geistigen Kräfte wäre. Nichts fürchtete Freud so sehr wie einen Schlaganfall, der nicht nur seinen Körper, sondern auch seinen Geist lähmen würde. Er erklärte, er wolle »im Harnisch sterben«, wie er es in einem Brief an seinen Freund Oskar Pfister ausdrückte: »Darum habe ich bei aller Ergebung in das Schicksal, die einem ehrlichen Mann geziemt, doch eine ganz heimliche Bitte: nur kein Siechtum, keine Lähmung der Leistungsfähigkeit durch körperliches Elend. Im Harnisch laßt uns sterben, wie König Macbeth sagt.« Freud wollte mit gezücktem Schwert von der Bühne abtreten.

Und genau so tat er es, zumindest beinahe. Die Wochen vor seinem Zusammenbruch im August hatten ihn sehr belastet, weil er zwar noch klar denken und lesen konnte, aber zum Schreiben zu schwach war. Eine Zeit lang dachte er vielleicht, dass er diese Fähigkeit und damit auch die Möglichkeit wiedererlangen würde, sich der Welt mitzuteilen. Als ihm jedoch klar wurde, dass dies nicht geschehen würde, wusste er, dass seine Zeit gekommen war. Freud, der Atheist gewesen war, solange er zurückdenken konnte, wandte sich nicht an Gott, er erbat keine göttliche Vergebung und widerrief seinen Unglauben nicht. Bis zu seinem Ende blieb er hartnäckig der weltliche Mensch, der er war. Obwohl todkrank, hielt er an seinen schwer errungenen Ansichten und Werten fest und bekräftigte, was ihm in besseren Tagen am Herzen gelegen hatte. So blieb er sich bis zu seinem Ende treu.

Freud erzählte gerne die Geschichte des atheistischen Versicherungsvertreters. Als dieser im Sterben liegt, sucht ihn ein Geistlicher auf, der entschlossen ist, seine Seele zu retten. Der Geistliche bleibt zwei Stunden bei ihm, im Kampf mit dem Teufel, oder welche Kraft auch immer zwischen dem eigensinnigen Vertreter und seinem Seelenheil steht. Als der Geistliche schließlich aus dem Krankenzimmer tritt, drängen sich alle um ihn. Ist er gerettet? Hat er wieder eine reine Seele? Nein, das nicht, muss der Geistliche gestehen, all sein Flehen habe nichts geholfen. Aber dafür sei er selbst nun der glückliche Besitzer einer sehr günstigen Versicherung.

Was Freud an der Geschichte gefiel, ist zweifellos der fröhliche Trotz des Mannes, seine »gutmütige Unbeugsamkeit«, wie Emerson es nannte. Auch Freud ist bis zu seinem Ende unbeugsam geblieben, wie seine Entschlossenheit, das Moses-Buch zu veröffentlichen, bewiesen hatte. Als ihm in London das soziale Über-Ich huldigte, nickte er dankbar, ging aber nichtsdestoweniger seinen Weg unbeirrt weiter und schenkte schließlich der Welt das ganz und gar nonkonformistische Buch *Der Mann Moses und die monotheistische Religion*. In Wien hatte es Freud in den Worten des von ihm hochgeschätzten epischen Gedichts *Das verlorene Paradies* »in böse Zeiten… verschlagen… / In Finsternis, und von Gefahren rings / Und Einsamkeit umgeben«. Doch der alte Mann hielt allen Widrigkeiten tapfer stand und verlor dabei nicht einmal seinen Humor.

Freud kam ohne religiösen und metaphysischen Trost aus. Während die große Mehrheit der Menschen seiner Kultur die letzten zweitausend Jahre in der festen Hoffnung auf ein Weiterleben nach dem Tod gestorben war, glaubte Freud, als er starb, nur an ein Versprechen: dass die Menschen sich in der Zukunft vielleicht selbst einmal etwas besser kennen würden (oder sich zumindest bewusst würden, wie wenig sie sich selbst doch kannten) und aufgrund dieses Wissens besser zu leben verstünden. Er hatte einen Punkt erreicht, den Nietzsche treffend beschrieben hatte: »Das glücklichste Los hat der Autor gezogen, welcher, als alter Mann, sagen kann, daß alles, was von lebenzeugenden, kräftigenden, erhebenden, aufklärenden Gedanken und Gefühlen in ihm war, in seinen Schriften noch fortlebe, und daß er selber nur noch die graue Asche bedeute, während das Feuer überallhin gerettet und weitergetragen sei.«

Eine Institution ist nach Emerson der verlängerte Schatten eines Individuums. Auf keine Institution und kein Individuum trifft dies mehr zu als auf die Psychoanalyse und ihren Begründer Sigmund Freud. Mit seinem Tod wurde der Schatten, den seine Autorität schon zu seinen Lebzeiten geworfen hatte, noch länger. Er starb auf eine Weise, die sein Ansehen als Führerfigur hob und ihm für lange Zeit die Treue der Menschen sichern sollte, wie dies sonst nur der Tod eines Königs bewirken kann. Das gelang Freud, indem er den Menschen das Gefühl gab, dass er mehr als nur ein Mensch gewesen sei; jemand, an den man glauben und dem man folgen durfte. Freud wollte, dass die Menschen an ihn glaubten, und er wollte, dass sie ihm folgten, auch in der Zukunft; und wenn es vielleicht auch etwas taktlos erscheinen mag, so muss man doch sagen, dass er seinen Tod auf eine Weise arrangierte, die einer solchen Wirkung durchaus förderlich war.

Wer über Freuds Tod nachsinnt, denkt dabei vielleicht an die Zeilen von Audens großer Elegie, in denen er von »der autokratischen Pose« Freuds spricht, »jener väterlichen Strenge«, von der noch »einige Spuren … in seinen Äußerungen, seinen Zügen lagen«. Audens Worte liefern eine zu jedem Zeitpunkt seiner Laufbahn zutreffende Charakterisierung Freuds, doch kommt ihnen gerade in seiner Todesstunde, der etwas übertrieben Stoisches und Beherrschtes anhaftet, eine besondere Bedeutung zu. Freud hatte eine Abmachung mit Schur, der ihn bewunderte; ihm stand Anna zur Seite, die tat, was er von ihr verlangte. Er lag in seinem mit Büchern überladenen Arbeitszimmer, wie ein Pharao, der, umgeben von seinen Besitztümern, seinen Weg ins Jenseits antritt; und er sprach die unvergesslichen Abschiedsworte: »Das ist jetzt nur noch Quälerei und hat keinen Sinn mehr.«

Betrachten wir zum Vergleich die Abschiedsworte anderer bedeutender Männer, etwa jene des todkranken Oscar Wilde, der in einer Pariser Absteige verkündete: »Meine Tapete und ich fechten gerade ein Duell auf Leben und Tod aus. Einer von uns muss verschwinden«; oder Goethes rätselhaften und bewegenden Ausruf: »Mehr Licht«; die Worte von John Maynard Keynes, der auf ein an Freuden nicht gerade armes Leben zurückblickte und bedauerte, nicht mehr Champagner getrunken zu haben; oder jene von Sir Walter Raleigh, der auf dem Schafott bemerkte, dies sei eine bittere Medizin, aber gewiss gut für alle Übel; oder schließlich die Abschiedsworte von Picasso, der jedermann bat, auf sein Wohl zu trinken. Im Gegensatz dazu klingen Freuds letzte Worte einigermaßen nüchtern und korrekt.

Freud hatte die letzten zwanzig produktiven Jahre seines Lebens der Dekonstruktion des menschlichen Bedürfnisses nach absoluter Autorität gewidmet. Keiner wusste mehr über die subtilen Besonderheiten der Macht als er. Und doch haftete ihm eine »autokratische Pose« an, was allerdings nicht überrascht. Freud glaubte, das Geheimnis der Macht entschlüsselt zu haben, glaubte zu wissen, warum sich die Menschen einem bestimmten Typus großer Männer unterwarfen. Und sein ganzes Leben lang war er versucht, selbst die Rolle so eines großen Mannes einzunehmen. Und ist es nicht wahrscheinlich, dass ihm die Welt auf diese Weise leichter Gehör und Glauben schenken würde? Freud war ein spekulatives Genie, er war aber auch der Begründer einer Institution, und um dieser Institution dauerhafte Geltung zu verschaffen, fühlte er sich gelegentlich zu taktischen Anleihen bei der Kunst, wie man Menschen beherrscht, gezwungen, die eigentlich den Zielen der Psychoanalyse zuwiderliefen. Mit seinem Tod trug Freud dazu bei, dass man sich eine bestimmte Vorstellung von seiner Person und seinem Werk machte, die nicht zu den wichtigsten Lehren der Psychoanalyse passt. In einem glänzenden Essay über Freuds letzte Tage behauptet Adam Phillips, Freud sei als eine gewaltige Autorität gestorben, und doch habe er als jemand geschrieben und bisweilen auch gelebt, der die Menschheit aufforderte, sich von der mit Zwang drohenden Macht des Vaters abzuwenden. Freuds Tod bringt das eigentliche Rätsel seiner Person auf den Punkt: Er war der große kulturelle Übervater, der für nichts so sehr stand wie für die Aufhebung der Herrschaft des Vaters.

Wenn man sich das Moses-Buch etwas genauer ansieht, als seine ersten Rezensenten dazu in der Lage waren, drängt sich eine Dimension des Freud'schen Denkens in den Vordergrund, die das Bild der Autorität gebietenden Figur Freuds um etliche Facetten bereichert und komplizierter macht. *Der Mann Moses und die monotheistische Religion* mag von einer scharfen Religionskritik seinen Ausgang nehmen, insbesondere von einer auf die Überlegungen von *Die Zukunft einer Illusion* zurückgehenden Kritik am Monotheismus. Aber ungeachtet der Angriffe, die vonseiten strenggläubiger Leser gegen das Moses-Buch vorgebracht wurden, ist die darin vertretene Einstellung gegenüber dem Glauben wohlwollender als in seinen früheren Werken. Denn das Wesen des Judentums liegt nach Freud in der Fähigkeit der Juden, an einen unsichtbaren Gott zu glauben, gleichgültig, ob dieser Glaube nun jüdischen oder ägyptischen Ursprungs ist. Jude ist, wer sich dem nicht anwesenden Gott verschreiben kann, denn der Gott der Juden existiert allein in ihrem Bewusstsein. Dieses hervorstechende Merkmal unterscheidet das Judentum von anderen Glaubensrichtungen, die sich in seiner Nachbarschaft etablierten und mit denen es konkurrierte. Gleichgültig, wer als Erster die Vorstellung des Monotheismus entwickelte, die Juden waren diejenigen, die an ihr festgehalten haben. Gewiss bestand immer die Gefahr, dass die Juden zur Götzenanbetung zurückkehren würden, wie damals, als sie um das Goldene Kalb tanzten, denn wie jedes andere Volk hatten auch sie den Wunsch, das Göttliche *mit den Augen zu sehen*.

Freud beharrt darauf, dass unsere Lust am Sehen beinahe ebenso intensiv ist wie jene, die uns die Befriedigung instinktiver Triebregungen verschafft. Der Mensch schwelgt in Erscheinungen, er ist entzückt über die bunte Pracht der Welt. Um des Unsichtbaren willen auf das Sichtbare zu verzichten, ist eine ungeheuer schwere Aufgabe. Eine tiefe Befriedigung wird dabei durch eine Befriedigung ersetzt, der es zwar an vitaler Kraft mangelt, die aber langfristig von größerer Bedeutung ist. »Unter den Vorschriften der Mosesreligion«, so Freud, »findet sich eine, die bedeutungsvoller ist, als man zunächst erkennt. Es ist das Verbot, sich ein Bild von Gott zu machen, also der Zwang, einen Gott zu verehren, den man nicht sehen kann … [W]enn man dies Verbot annahm, mußte es eine tiefgreifende Wirkung ausüben. Denn es bedeutete eine Zurücksetzung der sinnlichen Wahrnehmung gegen eine abstrakt zu nennende Vorstellung, einen Triumph der Geistigkeit über die Sinnlichkeit, strenggenommen einen Triebverzicht mit seinen psychologisch notwendigen Folgen.«

Als Salvador Dalí Freud besuchte, ließ dieser die rätselhafte Bemerkung »Moses ist das Fleisch der Sublimation« fallen. Damit meinte er offenbar, dass Moses derjenige gewesen sei, der das Gebot, den abstrakten Gott anzunehmen, gänzlich verinnerlicht habe. Er habe die unmittelbareren, instinktiven Befriedigungen zugunsten der zivilisierteren und zivilisierenden Befriedigung aufgegeben, die der Glaube an eine einzige, unsichtbare Gottheit verschaffe. Aber Sublimierung ist auch schmerzvoll, da sie bedeutet, einen Aspekt der Psyche, das Es, den anderen, dem Ich und dem Über-Ich, unterzuordnen. Sie erzeugt innere Spannung und seelischen Schmerz. Vermutlich litt Moses unter der Anstrengung, weiter an einen unsichtbaren Gott zu glauben, obwohl es so viele verlockende religiöse Illusionen gab, ebenso wie er, zumindest nach Freuds Deutung, darunter gelitten hatte, seinen Zorn über die feiernden Juden zu sublimieren, als er vom Berg Sinai herabgestiegen war. Moses war jemand, der die Fähigkeit hatte, innere Spannungen und innere Konflikte in einem größeren Maße zu ertragen als andere: Er konnte gleichzeitig etwas wollen und es nicht wollen, er vermochte einen bestimmten Wunsch zu verspüren und gleichzeitig den konträren Wunsch und konnte für längere Zeit in diesem Zustand zu leben. Freud behauptet, die hoch entwickelte Fähigkeit, solche Spannungen zu ertragen, sei das, was einen Helden der Zivilisation ausmache. Der große Schwertkämpfer Achill und seine zahllosen Nachfolger konnten es sich erlauben, alle ihre Energien in die eine Richtung fließen zu lassen, die durch das Ziel des Ruhmes bestimmt war. Aber das Gesetz der Schwerter ist nicht das der Zivilisation. Für Freud bedeutet Zivilisation die in Fleisch und Blut übergegangene, in Geist und Seele aufgenommene Ambivalenz, und in dieser Hinsicht war Moses ein Held, ein Held ganz neuer Art.

In *Der Mann Moses und die monotheistische Religion* vertritt Freud den Standpunkt, dass die Verinnerlichung Gottes das Individuum unendlich bereichere. Die Fähigkeit, einen unsichtbaren Gott zu verinnerlichen, erweitere das menschliche Abstraktionsvermögen enorm. Wenn die Menschen zu einem Gott beten könnten, der nicht präsent sei, so könnten sie auch über das nachdenken, was nicht präsent sei, beziehungsweise über das, was sich ihnen nur in symbolischer Form präsentiere. Daher bereite die mit dem Monotheismus verbundene geistige Arbeit die Juden darauf vor, sich in der Mathematik, in der Beschäftigung mit Rechtsfragen, in der Wissenschaft und der Literatur hervorzutun – in all jenen Tätigkeiten also, die es erforderten, mit abstrakten Modellen, mit Worten, Zahlen und Linien zu arbeiten, um die Herrschaft über die Natur zu erlangen oder dem Leben der Menschen ordnende Strukturen aufzuerlegen.

Freud nennt diesen Prozess der Verinnerlichung einen »Fortschritt in der Geistigkeit«, der jene, die an ihm teilhaben, nicht nur geschickter in bestimmten Tätigkeiten macht, sondern auch sehr stolz. Die Fähigkeit, starken Befriedigungen zu entsagen, verursacht dem Individuum stets Schmerzen, aber da das Über-Ich diese Entsagung und Schmerzen gutheißt, entwickelt das Individuum eine überhöhte Vorstellung von sich selbst und seinem Wert. Es beginnt, Stolz zu empfinden auf das, was es durch Sublimierung erreicht hat, und blickt auf jene herab, die hierzu nicht in der Lage sind. »Moses«, schreibt Freud, habe »den Juden das Hochgefühl vermittelt«, »ein auserwähltes Volk zu sein«. Gewiss, der Held der Sublimierung wird von Sorgen gequält, aber diese Sorgen dienen einem höheren Ideal; wenn er ein Märtyrer ist, so ist er ein Märtyrer für die Zivilisation, und das ist etwas, worauf er stolz sein kann. Infolgedessen habe das Judentum einen großartigen Beitrag zu unserem kollektiven Leben geleistet. Diesem Schritt müsse jedoch ein weiterer folgen, da das Judentum ja immer noch eine Form des Monotheismus und dementsprechend ein infantiler Glaube sei. Freud möchte damit sagen, dass die Menschheit einen weiteren Schritt auf dem Weg hin zu Innerlichkeit und Abstraktion vollziehen muss. Denn der Glaube an einen unsichtbaren Gott vermag nicht nur den Boden für Wissenschaft, Literatur und Recht zu bereiten, sondern auch für den Glauben an jene innere, nicht beobachtbare Struktur dessen, was Freud die Psyche nennt. Derjenige, der zu einem unsichtbaren Gott beten kann, ist viel eher in der Lage, die unsichtbare, aber vielleicht alles bestimmende Dynamik der inneren Welt ernst zu nehmen. Um ein gelingendes Leben zu führen, um sich selbst kennenzulernen, muss das moderne Individuum mit seiner in sich geteilten Psyche leben; es muss mit Abstraktionen leben. Das Judentum, mit seinem Glauben an den einen unsichtbaren Gott, bereitete dafür den Weg, aber erst die Psychoanalyse macht einen solchen Blick nach innen wirklich möglich, indem sie die Begriffe Ich, Es und Über-Ich und viele andere bereitstellt, die dem Individuum erlauben, sein geheimnisvolles Innenleben zu erkunden.

Die Gabe der Innerlichkeit, so behauptet Freud, ist eine Gabe des Judentums, nicht des Christentums. Das Christentum begann mit einer kulturellen Regression hin zu heidnischem Götzendienst. Es schwächte das Beharren des Judentums auf dem Unsichtbaren ab und stellte den erreichten Fortschritt in Frage, indem es das ganze Spektrum heidnischer Götter wiederauferstehen ließ. Die alten Idole kehrten in Form der christlichen Heiligen zurück, die alten Tempel in Form katholischer Kirchen in all ihrer Buntheit, ihrem Pomp, mit ihrem Weihrauch und ihrer Musik. Trotz des Kampfes, den der Protestantismus gegen die Idolatrie führte, stellt das Christentum für Freud im Wesentlichen einen Rückschritt dar. Denn so streng und nüchtern der protestantische Glaube auch sei, seine Anhänger glaubten doch an die Menschwerdung Gottes. Die jüdische Abstraktion hingegen führe zur wahren Entwicklung des Geistes. In Freuds weiteren Überlegungen zur Religion ist Gott zwar immer noch eine Figur, die abgeschafft werden muss, aber der Glaube an ihn ist eine notwendige Stufe der Entwicklung hin zu einem weitaus besseren Glauben.

Der Faschismus huldigt dem Auge. Er gibt den Menschen Prunk, Farben, Licht und Klänge, die ihnen das Judentum, der durch das Judentum beeinflusste Protestantismus und der Islam genommen haben. Freud stellt die fragwürdige, aber scharfsinnige Vermutung an, dass eine der Ursachen des Antisemitismus in dem Zorn der Christen über den ihnen durch die Juden auferlegten Triebverzicht liege. Die Juden hatten den größeren Verzicht geleistet, sie hatten aufgehört zu glauben, dass die Götter auf Erden wandeln und sich unter die Menschen mischen. Die Menschheit will diese alten Götter und den heidnischen Prunk zurückhaben. In den faschistischen Festzügen bekommt sie etwas von dem Wunder, dem Geheimnis und der Autorität wieder, nach denen sie sich sehnt. Keine gesellschaftliche Feierlichkeit ist der jüdischen und psychoanalytischen Innerlichkeit fremder als die Massenkundgebung mit ihren Fackeln und den Scheinwerferstrahlen am Himmel, ihren wehenden Bannern und dem Führer, der ›die Wahrheit‹ verkündet.

Der Mann Moses und die monotheistische Religion entwirft eine Genealogie der Kultur, die die Entstehung des durch Moses verkörperten Judentums aus dem Heidentum sowie die Entstehung des säkularen Glaubens der Psychoanalyse aus dem Judentum erklärt. In dieser Genealogie wird Freud zu einem zweiten Moses, der seine kleine Schar hinaus in die Wüste führt, bedrängt und belagert, aber zuversichtlich, dass sich die westliche Kultur das Ethos der Psychoanalyse schließlich zu eigen machen wird, so, wie sie sich zuvor den Glauben an einen unsichtbaren Gott zu eigen gemacht hat. Sein Leben lang hat sich Freud gegen die Behauptung gewehrt, dass die Psychoanalyse eine jüdische Wissenschaft sei. Am Ende seiner Laufbahn aber hat er seine Denkweise stillschweigend mit der jüdischen Tradition verknüpft und sein Selbstbild mit dem Bild von Moses, dem Vorbild der Juden.

Die Identifikation mit Moses hatte für Freud aber vielleicht noch eine andere und wichtigere Bedeutung. Denn indem er über Moses nachdachte, wurde ihm klar, was für ein Held er selbst sein wollte. In Moses sah er die Verkörperung einer neuen Art von Autorität. Bis dahin waren seine Reflexionen über Autorität immer an derselben Stelle an ihre Grenze gelangt. Autorität war zwangsläufig etwas Männliches, Narzisstisches, Arrogantes, Eigensüchtiges, Willkürliches und sehr oft Tyrannisches. In Moses sah Freud an vielen Stellen etwas anderes. Gewiss, auch Moses kann all diese patriarchalischen Eigenschaften verkörpern. Aber er unterscheidet sich von allen anderen Führern dadurch, dass er ein Held der Sublimierung ist: Er ist ein Mensch mit inneren Konflikten, der seine Autorität nicht dadurch erlangt, dass er selbstsüchtig agiert, sondern indem er auf intelligente Weise seine Triebregungen und Impulse in andere Kanäle umleitet und andere Menschen lehrt, dasselbe zu tun. Er schwört den heidnischen Göttern ab und verkündet Gesetze, die auf Verboten beruhen. Schon in seinem frühen Essay über Moses versucht Freud zu zeigen, dass es diesem gelingt, seine Wut gegen die rebellierenden Juden zu beherrschen. Anders als der Prototyp des Führers lebt Moses mit seinen inneren Konflikten und Ängsten, und er tut dies im Interesse der Kultur. An seinem Beispiel erkennt Freud, dass man als Autorität gelten kann, ohne ein Patriarch im herkömmlichen Sinne zu sein.

Der den allgemeinen Willen verkörpernde faschistische Führer weiß, was er will, und nimmt es sich; er hat diesen oder jenen Wunsch und greift zu, wenn er die Zeit dazu für gekommen hält. Er leidet augenscheinlich nicht an inneren Konflikten. Der Held der Kultur dagegen versteht es, seine unmittelbaren Neigungen um höherer Werte willen zu beherrschen. Er kann mit der aus widersprüchlichen und unerfüllten Wünschen erwachsenden Angst leben, und er betrachtet diese Angst als einen Zustand, mit dem er leben muss, und nicht als etwas, wofür er eines persönlichen oder kulturellen Heilmittels bedarf. Vielleicht ist er niemals besonders glücklich, aber seine Selbstbeherrschung beeindruckt andere und erweitert seine Handlungsmöglichkeiten in Wissenschaft, Kunst und Politik. Anders als der faschistische Führer ist der Führer, wie ihn sich Freud vorstellt, in der Lage, über seine inneren Konflikte zu sprechen. Er kann ironisch sein und ist einem Scherz nicht abgeneigt. (Die ironische wie auch die scherzhafte Rede zeigen nach Freud, dass die Realität beziehungsweise die Wahrheit nicht so einfach ist, wie man vielleicht denkt; sie bezeugen, dass es stets rivalisierende Kräfte und Deutungen gibt.) Außerdem stellt der zivilisierte Führer für die Menschen ein Vorbild in puncto

Selbstbeherrschung und Umsicht dar, das diese davon abhält, sich gegenseitig die Köpfe einzuschlagen.

Freud erkannte, dass die Menschen immer ein ambivalentes Verhältnis zur Autorität haben werden, ein Verhältnis, in dem Liebe und Hass verbunden sind. Wir vergöttern den Urvater, weil er Einheit stiftet und uns ein Ziel gibt, nach dem wir streben können, und weil er uns ein Gefühl der Sicherheit und Gewissheit schenkt. Aber irgendwann werden wir anfangen, ihn zu hassen. Denn wir erkennen, dass seine angebliche Wahrheit nicht der Wirklichkeit entspricht, dass die Aufrechterhaltung der von ihm gestifteten Einheit einen zu hohen Preis hat und er zu viele Freiheiten der Menschen unterdrückt. Als Folge davon rebellieren wir gegen ihn. Freud konnte manchmal selbst den Eindruck vermitteln, er wolle das Reich der Kultur wie ein Diktator beherrschen. Es ist daher zu erwarten, dass sein Ruf seltsamen und manchmal unerklärbaren Schwankungen unterworfen bleibt. Manchmal genießt er größtes Ansehen, dann wieder, aus relativ unerfindlichen Gründen, verliert er es. Aber natürlich unterscheidet sich Freud von anderen Patriarchen in Politik und Kultur dadurch, dass er uns lehrt, wie wichtig es ist, die Herrschaft des Vaters zu entlarven, und uns hierzu die begrifflichen Mittel an die Hand gibt. Dass Freud gleichzeitig Patriarch und Patriarchatskritiker ist, macht es uns schwer, seine Bedeutung für unsere Kultur zu begreifen und ein klares Bild von ihm zu zeichnen – was nicht unterschätzt werden darf, da es uns auch daran hindert, von Freud zu lernen.

Freud, so könnte man sagen, hat im kulturellen Bewusstsein der westlichen Zivilisation eine Übertragung großen Stils ausgelöst. Alle Hoffnungen und Hassgefühle, die früher einmal das Verhältnis der Menschen zur Autorität bestimmten, hat man auf ihn gerichtet. Freud ist Auslöser einer »artifiziellen Krankheit«, an der die regressive Dynamik der Autorität sichtbar und somit der Analyse zugänglich wird. Bisweilen geraten alle bedeutenden Erkenntnisse, die uns Freud hinterlassen hat, sein ganzes Vermächtnis, in Vergessenheit: seine Einsichten in die Bedeutung von Träumen oder Witzen und in die Struktur der Psyche nicht weniger als seine Behauptung, es gebe mehr zu verstehen und weniger zu verurteilen, als wir uns vorstellen können. An ihre Stelle rücken Freud der Kokainsüchtige, Freud der Frauenfeind und Freud der Pseudowissenschaftler. Vielleicht wird auch diese Phase wieder zu Ende gehen und Freud wird einmal mehr zum Idol werden, zum kulturellen Übervater (was indes kaum besser wäre).

Vielleicht können und werden wir uns irgendwann einmal der Psychoanalyse bedienen, um unsere seltsamen Einstellungen zu Freud (an denen er nicht ganz unschuldig ist) durchzuarbeiten, damit wir aufhören, sie immer aufs Neue zu wiederholen. Eine solche Analyse zielt nicht darauf ab, Freud zu entlarven oder vom Thron zu stoßen, sondern sollte uns in die Lage versetzen, sein Werk mit Ironie, Humor und Distanz zu lesen, aber auch mit der nötigen Offenheit für das, was er uns zu sagen hat.

In seiner letzten Schaffensperiode sagte Freud zwei schockierende Ereignisse des 20. und 21. Jahrhunderts voraus. Das eine war der Aufstieg von Tyrannei und Diktatur. Die Revolutionen des 18. und 19. Jahrhunderts in den Vereinigten Staaten und Frankreich, in Lateinamerika und anderswo hatten viele Menschen glauben gemacht, dass das Zeitalter des demokratischen Liberalismus angebrochen sei. Monarchie und Aristokratie schienen überall auf dem Rückzug zu sein. Walt Whitmans Prophezeiung des Aufstiegs des einfachen Mannes, der Ausweitung des Wahlrechts, der Befreiung der Sklaven und der Mehrheitsregierung darf in vielerlei Hinsicht als repräsentativ für diese Überzeugungen angesehen werden. Es stellte sich jedoch heraus, dass Freiheit und Gleichheit nicht immer das waren, was die Menschen wollten. Sie hielten Demokratie für ineffizient, fanden sie glanz- und orientierungslos. Die Demokratie stiftete Verwirrung – innerhalb des Selbst und im gesellschaftlichen Zusammenleben; die Menschen träumten von Ordnung. Und siehe da, es traten Männer von schicksalhafter Bedeutung in Erscheinung, die nur allzu gerne ihre Zielsetzungen, Entschlüsse und Wahrheiten anboten. Diese Tendenz, die im 20. Jahrhundert mit Lenin, Franco, Mussolini und Hitler einsetzte und sich mit Stalin und Mao fortsetzte, hat sich gewiss noch nicht erschöpft. Manchmal scheint es, als seien die Menschen im 20. und 21. Jahrhundert an einer Art Gegenrevolution beteiligt gewesen, als habe eine Regression zu primitiveren Zuständen der Psyche und des Politischen stattgefunden. Freud hat hierzu einige überzeugende Hypothesen entwickelt, die ansatzweise eine Erklärung dafür bieten, weshalb die Menschheit gegen ihre eigenen Interessen revoltierte.

Freud prophezeit darüber hinaus die Wiedergeburt fundamentalistischer Sehnsüchte. Die Religion ist im 20. und 21. Jahrhundert nämlich nicht, wie man vielleicht erwarten durfte, zur Privatsache geworden, sie ist auch nicht nuancierter geworden, zumindest für die meisten Menschen nicht. Sie verschwand auch nicht von der Bildfläche, im Gegenteil. Zu beobachten ist vielmehr der Wiederaufstieg patriarchalischer Religionen, und zwar nicht allein in der islamischen, sondern auch in der christlichen Welt. In der mächtigsten und in technologischer Hinsicht fortgeschrittensten Nation gibt es eine beträchtliche Anzahl von Wählern, die sich nichts so sehr wünschen wie einen Gottesstaat, also die Herrschaft der Religion.

Von einer Freud'schen Perspektive aus gesehen sind autoritäre Religion und autoritäre Politik zwei Seiten ein und derselben Medaille. Sie nähren sich gegenseitig, borgen einander Techniken der Beeinflussung und Überredung sowie Mittel der Ikonographie. Sie handeln mit den gleichen Wundern, Geheimnissen und Autoritäten. Und sie sind das wahrscheinlichste Schicksal der Menschheit, wenn diese ihnen nicht machtvollen Widerstand entgegensetzt. Wenn Freud recht hat, sollte niemand glauben, dass Faschismus und Fundamentalismus passé sind. Die Bedürfnisse, die sie befriedigen, gehören zur Natur des Menschen. Es wäre daher vermessen zu glauben, dass die Menschheit sie für immer überwunden hat.

Freud warnt uns auch davor zu denken, es gebe einen grundlegenden Gegensatz zwischen Faschisten und Fundamentalisten. Es gibt zahllose Bücher und Aufsätze, die die Einzigartigkeit der deutschen Nationalsozialisten nachzuweisen versuchen. Man glaubt sie in der politischen Geschichte, der Kultur und der militärischen Tradition der Deutschen zu finden, im Versailler Vertrag und der Depression von 1929. Dieselbe Fragestellung kann auch im Falle Japans und, in einem geringeren Maße, Italiens festgestellt werden. Wir scheinen unbedingt wissen zu wollen, wie sehr sich diese Menschen von uns unterschieden. Wenn Freud recht hat, ist eine solche Suche illusorisch, da wir alle potenzielle Faschisten und Fundamentalisten sind. Durch autoritäre Regierungssysteme und Religionen gelangen wir zu einer Form von Gewissheit und Glück. Nur ein konstantes kritisches Bewusstsein kann verhindern, dass die schlimmsten politischen und religiösen Möglichkeiten verwirklicht werden.

Darüber hinaus behauptet Freud, dass Faschismus und Fundamentalismus aufgrund ihrer erstaunlichen Anziehungskraft immer einen Ernstfall darstellen. Wenn eine mächtige oder reiche Nation eine dieser Möglichkeiten realisiert, muss gehandelt werden, je schneller, desto besser. Einer der Gründe, weshalb Frankreich und England vor Beginn des Zweiten Weltkriegs so langsam reagierten, war vielleicht, dass die Staatsmänner dieser Länder nicht verstanden, welche Freude – denn kein geringeres Wort genügt hier – der Faschismus den Menschen schenkt. Unfrieden und Uneinigkeit im Innern lösen sich auf, und die Menschen fühlen sich mächtig und stark. Sie haben sich nie zuvor so gut gefühlt und sie werden dieses Gefühl nicht leicht aufgeben; und ihre Freude teilt sich anderen mit, die von ihr ebenfalls angezogen werden. Solche Menschen sind entschlossene und starke Feinde.

Wenn der religiöse Fundamentalismus nationale Grenzen überschreitet und sich mit autoritären politischen Kräften verbündet, stehen demokratische Nationen vor einer ungeheuren Bedrohung. Die Feinde der Demokratie sind aufs Äußerste entschlossen und dürsten nach gewaltsamer Auseinandersetzung. Sie sind sich ihrer selbst gewiss. Der Selbstbehauptungskampf einer Demokratie ist umso härter, als die demokratischen Kräfte der Versuchung widerstehen müssen, so einig, monolithisch und selbstgewiss zu werden wie ihre Gegner, das heißt zu Fundamentalisten, die für die Freiheit der Menschen kämpfen.

Manche Menschen versuchen die Krise der Autorität dadurch zu lösen, dass sie an gar nichts glauben oder zumindest so tun. Wenn man jeglicher Autorität abschwört und sich gegenüber allem skeptisch zeigt, wird man gewiss nicht dem Über-Ich in seiner schlimmsten Form erliegen. Eine solche postmodernistische Lebensweise, wie sie manchmal genannt wird, leugnet jedoch das menschliche Verlangen, an etwas zu glauben; sie raubt dem Einzelnen das, wonach er hungert, nämlich irgendeine Form von Autorität, und gibt damit totalitären Systemen freie Bahn, die Menschen für sich zu gewinnen, wenn sich die Gelegenheit dafür bietet.

Nach Freud ist ein nachdenklicher und kritischer Mensch stets darum bemüht, die verschiedenen Ersatzgötter zu dekonstruieren, um schließlich selbst eine etwas skeptischere und ironischere Position in der Mitte zwischen den verschiedenen Extremen zu beziehen. Auch das vernünftige oder halbwegs vernünftige Selbst fällt immer wieder auf diese oder jene »Wahrheit« herein, da wir nun einmal von Natur aus nach Wahrheit dürsten. Am Ende befreit es sich aber doch wieder von ihr und findet eine vernünftigere Autorität. Beständig zieht es seine Erfahrung zurate, sichtet die verfügbaren Daten und bedient sich des Wissens der Vergangenheit und Gegenwart, um herauszufinden, welche Überzeugungen vernünftig sind. Es erliegt letztendlich weder der Versuchung, an gar nichts, noch jener, an die ›eine Wahrheit‹ zu glauben. Der nachdenkliche Mensch ist selbstkritisch, aber auch ein selbstkritischer Mensch ist nicht davor gefeit, neuen Götzen zu erliegen oder, umgekehrt, versucht zu sein, an gar nichts mehr zu glauben. Er ist aber auch offen für neue Entdeckungen und freut sich über unerwartete, wenn auch vorläufige Wahrheiten und Möglichkeiten, wie sie ihm die Welt eröffnet. Alles in allem empfindet er sein Leben als Glück. Solche Menschen können beachtliche Kräfte entwickeln, wenn man sie an die Wand drängt. (Das sollte Faschisten und Fundamentalisten eine Warnung sein.) Sie sind gewohnt, selbstständig zu urteilen und zu handeln, und sie fühlen sich nicht wie gelähmt, wenn sie ihre Führer verlieren, da sie auch ohne ihre Väter auskommen.

Dank

Wer über Freuds Leben schreibt, ist zwei bemerkenswerten Biographien zu Dank verpflichtet: Ernest Jones' dreibändigem Werk *Sigmund Freud. Leben und Werk*, das seinen Gegenstand mit großer Menschlichkeit und Generosität behandelt, und Peter Gays ungewöhnlich ausführlichem und ideenreichem Buch *Freud. Eine Biographie für unsere Zeit.* Wer sich mit der letzten Lebensphase von Freud beschäftigt, muss auch noch einem Dritten Dank abstatten, nämlich Michael Molnar, dem kenntnisreichen Herausgeber des Bandes *Sigmund Freud. Tagebuch 1929–1939. Kürzeste Chronik.* Die Sekundärliteratur zu Freud ist im Allgemeinen von hoher Qualität und ich habe von allen in der Bibliographie aufgelisteten Büchern profitiert. Zwei Autoren allerdings kommt für meine Studie eine besondere Bedeutung zu. Es handelt sich dabei um den verstorbenen Philip Rieff, dessen Buch *Freud. The Mind of the Moralist* ein Vorbild dafür ist, wie man sich mit seinem Gegenstand ethisch auseinandersetzt, und um Adam Phillips, der Freuds Denken in mehr als einem Dutzend Büchern analysiert und dabei vielfach neue Perspektiven eröffnet hat.

Das vorliegende Buch erfreute sich der großzügigen Unterstützung verschiedener Institutionen. Es wurde von der John-Simon-Guggenheim-Stiftung unterstützt, von der Familie Daniels und dem National Endowment for the Humanities sowie durch ein Distinguished Teaching Professorship an der Universität von Virginia. (Mein Dank gilt besonders Raymond Nelson, der sich für die Einrichtung dieser Professur eingesetzt, und Marva Barnett, die die Umsetzung dieses Vorhabens geleitet hat.) Meine beiden Dekane, Edward Ayers und Karen Ryan, sowie der stets großzügige Leiter des Englisch-Departments Gordon Braden haben mir sehr dabei geholfen, dass ich das Buch rasch schreiben konnte. Ich bin allen Dreien äußerst dankbar. Mein Dank gilt auch den anderen Lehrstuhlinhabern an unserem Department, Michael Levenson, Johan Ramazani und Alison Booth, sowie allen anderen Kollegen im Englisch-Department der Universität von Virginia. Ich möchte auch dem Präsidenten der Universität, John Casteen, für die Ehre und Ermutigung danken, die mir durch die Übertragung eines Lehrstuhls zuteilwurde.

Von der ausgezeichneten Redaktion Gillian Blakes hat das Buch in vielerlei Hinsicht profitiert. Ich schätze mich glücklich, ihren Beistand und Rat zu genießen. Dies ist mein viertes Buch, das von Chris Calhoun vertreten wurde. Er war in jeder Phase seiner Entstehung beteiligt, als kritischer Leser, Verhandlungspartner, Unterstützer und Freund. Für all das bin ich ihm sehr dankbar. Michael Pollan hat eine frühe Fassung des Buchs gelesen, wie er das auch bei meinen anderen Büchern getan hat. Durch seine scharfsinnigen Kommentare hat er vieles deutlich verbessert. Noch wichtiger ist es jedoch, ihn als verlässlichen Freund zu haben, dessen Ermutigungen von wesentlicher Bedeutung dafür waren, dass das Buch überhaupt fertig geworden ist. Als ein Autor, der einem breiten Publikum anspruchsvolle Ideen vorstellt und seinen Lesern dabei stets großen Respekt entgegenbringt, war er für mich ein Vorbild. Außerdem bin ich Nick Meyer dankbar, nicht nur für seine hilfreichen Anmerkungen, sondern für sein für mich beispielhaftes Bemühen, als Schriftsteller höchsten

Standards zu genügen. Darüber hinaus möchte ich mich bei Richard Rorty bedanken. Es lässt sich kaum beschreiben, wie sehr er mir als Kollege, Freund und Kritiker geholfen hat; kein anderer Autor war mir ein größeres Vorbild.

Dank geht auch an Erik Midelfort, Maya Jasanoff und Alon Confino für ihre Hilfe bei historischen Fragen. Für ihre Hilfe bei der Recherche stehe ich in der Schuld von John Harvard, Katie Matson, Peter Teigland, Sara Hoover und Ryan Condell. Für ihre vorbildliche Arbeit bedanke ich mich bei Mike O'Connor, Cheryll Lewis und Ben Adams.

Bedanken möchte ich mich auch bei meinen früheren Lehrern D. R. Lenson (einem außergewöhnlichen Saxofonspieler), Doug Meyers, Alan Cheuse (der das Projekt von Anfang an begriffen hat) und bei den vier groß- und einzigartigen Lehrmeistern J. Hillis Miller, Harold Bloom, Geoffrey Hartman und Leslie Brisman.

Dank geht an Alex Star, den begabten und großzügigen Herausgeber, der mir die Gelegenheit gab, einige der Ideen dieses Buchs für die *New York Times* zu entwickeln, und an Paul H. Fry, dessen Einladung zu einem Vortrag über Freud dabei half, das Projekt aus anfänglichen Unklarheiten zu befreien. Die New Yorker Philoctetes Society gab mir freundlicherweise die Gelegenheit, Diskussionsbeiträge zum Thema Freud beizusteuern; dies gilt auch für die Sponsoren der Konferenz zu dem Thema: »Freuds jüdische Welt«. Ich habe mich über diese Möglichkeiten sehr gefreut.

Meine Frau Liz hat mir gezeigt, warum dieses Projekt wichtig war, wenn ich selbst an seiner Bedeutung gezweifelt habe, und sie hat mich während der ganzen Zeit äußerst großzügig unterstützt. Darüber hinaus hat sie das Manuskript genau gelesen und ausgezeichnete Verbesserungsvorschläge gemacht. Matthew, mein ältester Sohn, hat dem Schreiben mit seiner guten Laune und Lebensfreude Schwung verliehen. Mein Bruder Philip und meine Mutter Eileen nahmen lebhaften Anteil an der Entstehung des Buchs, wofür ich ihnen herzlich danke. Willie Denton-Edmundson, meiner immerwährenden Inspiration, ist dieses Buch gewidmet.

Für alle Irrtümer und Fehlleistungen in diesem Buch bin ich selbst verantwortlich – auch wenn sie Freud'scher Natur zu sein scheinen.

Anmerkungen

Wien

Die Schilderung von Freuds Leben in Wien im ersten Teil des Buches stützt sich insbesondere auf Peter Gays *Freud. Eine Biographie für unsere Zeit* und Ernest Jones' *Sigmund Freud. Leben und Werk* sowie Michael Molnars Anmerkungen zu *Sigmund Freuds Tagebuch 1929–1939*. Die in diesem Teil verwendeten Informationen zu Hitler stammen vor allem aus John Tolands *Adolf Hitler. Biographie 1889–1945*, Ian Kershaws *Hitler* und August Kubizeks Erinnerungen. Die Darstellung der geschichtlichen Ereignisse in Deutschland und Österreich lehnt sich an den zweiten Band der ausgezeichneten Studie zum Dritten Reich von Richard J. Evans sowie an Augenzeugenberichte von William L. Shirer und G. E. R Gedye.

13 »Verwirklichung eines unglaubwürdigen Tagtraums«: S. Freud: »Selbstdarstellung«, in: ders., *Gesammelte Werke*, hrsg. v. Anna Freud, Bd. 14, S. 78.

16 »die Schriften des Sigmund Freud«: Zugänglich unter: http://www.verbrannte-buecher.de/t3/index.php?id=83

17 »meine Bücher zu verbrennen«: zit. nach Jones, Bd. 3, S. 218.

19 »einem Deutschen zu leisten bestimmt war«: Schuschnigg, S. 39–42.

23 »am dringendsten bedurfte«: E. Freud und L. Freud (Hrsg.): *Sigmund Freud. Briefe 1873–1939*, S. 18. (Im Folgenden kurz Briefe)

24 »im homosexuellen Wettkampf«: S. Freud: *Das Unbehagen in der Kultur*, in: ders., *Gesammelte Werke*, hrsg. v. Anna Freud, Bd. 14, S. 449.

27 »Phantasie, die immerdar lebt«: zit. nach Ackroyd, S. 420.

27 »ihrer Weltanschauung bekannten«: Gedye, S. 233.

28 »die einzelnen Worte verstand«: Gedye, S. 234.

28 »denn es kommen für uns kaum welche in Betracht«: zit. nach Molnar, S. 406.

31 »an den Römern Rache zu üben«: S. Freud: *Die Traumdeutung*, in: ders., *Gesammelte Werke*, hrsg. v. Anna Freud, Bd. 2/3, S. 203.

32 »von neuem zu verschaffen«: S. Freud: *Die Traumdeutung*, in: ders., *Gesammelte Werke*, hrsg. v. Anna Freud, Bd. 2/3, S. 487.

32 »in die Opposition zu gehen«: *Briefe*, S. 381 f.

33 »nicht so ganz unrecht«: zit. nach Jones, Bd. 1, S. 404.

34 »Mander, s'ischt Zeit!«: zit. nach Toland, S. 215 f.

34 »klar und deutlich zu entscheiden«: zit. nach Fest, Bd. 2, S. 750 f.

35 »Gewalttaten gegen die deutschgesinnte Bevölkerung zu unterbinden«: zit. nach Fest, Bd. 2, S. 751.

36 »bevor er gehängt wurde«: Churchill, S. 333.

37 »wie wir es zu tun bereit sind«: Paskauskas (Hrsg.), S. 419.

38 »kulturellen Sexualmoral«: siehe S. Freud: »Die ›kulturelle‹ Sexualmoral und die moderne Nervosität«, in: ders., *Gesammelte Werke*, hrsg. v. Anna Freud, Bd. 7, S. 143–167.

38 »psychologischen Elend der Massen«: S. Freud: *Das Unbehagen in der Kultur*, in: ders., *Gesammelte Werke*, hrsg. v. Anna Freud, Bd. 14, S. 475.

39 »nicht zu besiegen«: zit. nach Gay, S. 641.

41 »Gott schütze Österreich«: zit. nach Shirer, S. 98.

42 »An den Galgen mit Schuschnigg‹…unterscheiden«: Gedye, S. 282 f.

42 »es kann sein, was will (…)«: zit. nach Fest, Bd. 2, S. 753 f.

43 »A plague on both your houses««: *Briefe*, S. 434.

44 »der Vorgang fällt«: E. L. Freud (Hrsg.): *Sigmund Freud – Arnold Zweig. Briefwechsel*, S. 142 f.

44 »nach Rom reisen«: Paskauskas (Hrsg.), S. 102 f.

46 »Woher kamen sie so rasch?«: Shirer, S. 102.

48 »nahmen Almosen von ihren Verwandten«: Gay, S. 663 f.

49 »Alles Ständische und Stehende verdampft«: Marx, S. 528 f.

50 »Da kann man nichts machen«: Molnar, S. 409.

52 »das Medium der Offenbarungen«: DeLillo, S. 107.

53 »heute abend bin ich hier«: zit. nach Toland, S. 560.

54 »in das Deutsche Reich«: zit. nach Fest, Bd. 2, S. 754.

54 »Juden begehen Selbstmord«: Shirer, S. 109.

55 »und mach mit«: zit. nach Schmidt, S. 22.

55 »und weint die ganze Nacht«: Shirer, S. 109.

55 »und schnitt sich die Kehle durch«: Shirer, S. 108.

58 »tobte sich am hellen Tage aus«: Zweig, S. 382.

59 »gewaltigsten deutschen Bürgermeister aller Zeiten«: zit. nach Fest, Bd. 1, S. 67.

60 »von meinem Standpunkt aus tadeln kann«: zit. nach Koestler, Bd. 2., S. 333 f.

62 »daß die Liebe den Narzißmus eindämmt«: S. Freud: *Massenpsychologie und Ich-Analyse*, in: ders., *Gesammelte Werke*, hrsg. v. Anna Freud, Bd. 13, S. 138.

65 »auf der Stelle erschießen«: M. Freud, S. 227.

66 »eine verantwortliche Nazipersönlichkeit zu wenden«: M. Freud, S. 227 f.

66 »marschierte der Rest ab«: M. Freud, S. 229.

69 »wenn ich das Rauchen aufgeben müßte«: Pfeiffer (Hrsg.), S. 124.

70 »für ihr späteres Leben«: *Briefe*, S. 456.

76 Was will das Weib?«: zit. nach Jones, Bd. 2, S. 493.

80 »niemals so viel für einen einzelnen Besuch bekommen«: M. Freud, S. 230.

80 »Wien zu verlassen«: zit. nach Clark, S. 568.

82 »Sie werden mich verstehen«: Paskauskas (Hrsg.), S. 61.

83 »schon lange mit dem Leben fertig«: zit. nach Jones, Bd. 3, S. 260 f.

83 »das Schiff verließ mich«: Jones, Bd. 3, S. 261.

85 »Ein Abenteurer«, zit. nach Bertin, S. 286.

85 »Davon werden Sie nichts erfahren«, zit. nach Bertin, S. 287.

85 »wenn ich ruiniert wäre«: zit. nach Bertin, S. 287.

86 »die öffentliche Meinung in Amerika machen könne«: zit. nach Clark, S. 568.

89 »auf dem Weg zu einem Einkaufsbummel befindet«: M. Freud, S. 231.

93 »den Kulturheros erkennt«: Jones, Bd. 3, S. 216.

94 »daß wir das tun«: zit. nach Schur, S. 587.

95 »an Verfolgung gewöhnt«: zit. nach Jones, Bd. 3, S. 262 f.

96 »den Juden gegenüber feindselig sind«: Jones, Bd. 3, S. 263.

96 »erstaunlicher März«: zit. nach Molnar, S. 414.

97 »lebende Menschen verbrennen«: zit. nach Friedrich, S. 315.

98 »meine Phantasie nicht frei«: *Briefe*, S. 439.

99 »like a ghost not laid«: Paskauskas, S. 763.

99 »bis auf den heutigen Tag festgelegt hat«: *Briefe*, S. 454.

100 »als ob sie alles verstünde«: zit. nach Molnar, S. 379.

101 »nicht leicht hinweg«: E. L. Freud (Hrsg.): *Sigmund Freud – Arnold Zweig. Briefwechsel*, S. 145 f.

101 »auch hinter dieser Schöpfung«: *Briefe*, S. 449.

101 »Bindet uns beide«: *Briefe*, S. 449 f.

102 »in deinem goldenen Schädel gestalten«: Bonaparte, S. 72.

102 »die Ilias geschrieben hätte«: Bonaparte, S. 71.

103 »daß sie übersetzt wird«: *Briefe*, S. 452.

105 »um Ihre Kinder handelt, Kubizek«: Kubizek, S. 275 ff.

106 »in das Reich heimzuführen«: zit. nach Toland, S. 569.

106 »die stolzeste meines Lebens«: zit. nach Toland, S. 569.

108 »Ausdruck eines Rückzuges von der Gefahr«: S. Freud: »Das Ich und das Es«, in: ders., *Gesammelte Werke*, hrsg. v. Anna Freud, Bd. 13, S. 286.

111 »zur vollen Abfuhr in Handlung«: S. Freud: *Massenpsychologie und Ich-Analyse*, in: ders., *Gesammelte Werke*, hrsg. v. Anna Freud, Bd. 13, S. 129.

111 »imaginäre Hoffnungen«: Bullock, S. 303.

113 »für das Unbewusste interessieren«: zit. nach Molnar, S. 417.

114 »des Fluchtweges sicher«: Auden, S. 48.

116 »ich nicht mehr«: *Briefe*, S. 458.

116 »nur bedauern«: zit. nach Gay, S. 195.

116 »Schutz und Waffe im Kampf mit dem Leben«: zit. nach Gay, S. 644.

119 »wie ein wildgewordener Oberkellner«: Toland, S. 573.

120 »kein Anzeichen«: zit. nach Toland, S. 574.

122 »einer Art von Sehnsucht entgegen«: zit. nach Gay, S. 687.

122 »als zutreffend erweist«: zit. nach Jones, Bd. 3, S. 243.

123 »das alles beherrschende Moment«: Paskauskas (Hrsg.), S. 763.

123 »›to die in freedom‹«: *Briefe*, S. 459.

126 »bei der Gestapo anzeigen müsse«: M. Freud, S. 235.

130 »begnügen mußten«: *Briefe*, S. 461.

131 »auf Beste empfehlen«: zit. nach Jones, Bd. 3, S. 267 f.

134 »nicht schuldig, sondern krank«: S. Freud: »Das Ich und das Es«, in: ders., *Gesammelte Werke*, hrsg. v. Anna Freud, Bd. 13, S. 279.

135 »die Genehmigung liberaler Freiheit«: Hitler, S. 44.

London

Neben den Büchern von Gay, Jones und Molnar stützt sich die Schilderung von Freuds Leben in London auf Max Schurs *Sigmund Freud*. Peter Clarkes Buch *Hope and Glory* und Piers Brendons *The Dark Valley* sowie die zeitgenössischen Darstellungen Winston Churchills und A. J. P. Taylors lieferten hilfreiche Informationen zum geschichtlichen Hintergrund. Evans' Studie zum Dritten Reich war die wichtigste Quelle für die historischen Ereignisse, die sich auf dem europäischen Kontinent abspielten.

143 »Zerlumpter Mantel, der am Stock geht«: Yeats, S. 219.

148 »ein Pandämonium sein«: zit. nach Moynahan, S. 163.

149 »dem sie insgeheim selbst gehuldigt hatten«: Taylor, S. 419.

149 »Helden zu machen«: Graves und Hodge, S. 439.

149 »vertikal anstatt horizontal zu leben«: zit. nach Molnar, S. 427.

150 »Heil Hitler‹ auszurufen«: zit. nach Jones, Bd. 3, S. 271.

150 »wie lange ein müdes Herz noch Arbeit wird leisten wollen«: *Briefe*, S. 462.

151 »englische Ansichten zu sehen«: zit. nach Gay, S. 42.

151 »und des Conservativismus«: zit. nach Gay, S. 42.

152 »der Eindruck der ersten Wochen«: *Briefe*, S. 463.

152 »was Berühmtsein bedeutet«: *Briefe*, S. 464.

155 »den fertigen Essay sekretieren«: *Briefe*, S. 436.

156 »eines unglaubwürdigen Tagtraums«: S. Freud: »Selbstdarstellung«, in: ders., *Gesammelte Werke*, hrsg. v. Anna Freud, Bd. 14, S. 78.

156 »die Judenschaft wird sehr beleidigt sein«: *Briefe*, S. 456.

160 »so oft wie möglich zu besuchen«: zit. nach Molnar, S. 450.

161 »den Glauben stören wird«: zit. nach Jones, Bd. 3, S. 277.

162 »Folgen der menschlichen Ohnmacht«: S. Freud: *Die Zukunft einer Illusion*, in: ders., *Gesammelte Werke*, hrsg. v. Anna Freud, Bd. 14, S. 346.

163 »diese Wunscherfüllungen vollziehen sollten«: S. Freud: *Die Zukunft einer Illusion*, in: ders., *Gesammelte Werke*, hrsg. v. Anna Freud, Bd. 14, S. 352.

164 »die Genehmigung liberaler Freiheit«: Hitler, S. 44.

164 »bei Nacht sich schlagen zwei Armeen«: Gelfert (Hrsg.), S. 101.

165 »um nur ihrer würdig zu erscheinen«: Nietzsche, *Die fröhliche Wissenschaft*, Bd. 2, S. 127.

169 »Aber *quien sabe*«: Paskauskas (Hrsg.), S. 763.

170 »ein sehr ernsthaftes und schönes Objekt«: zit. nach Jones, Bd. 1, S. 249.

173 »ich bin doch etwas geworden«: S. Freud: *Die Traumdeutung*, in: ders., *Gesammelte Werke*, hrsg. v. Anna Freud, Bd. 2/3, S. 222.

174 »studiert, gemessen, gezeichnet«: zit. nach Gay, S. 356.

175 »was mich ergreift«: S. Freud: »Der Moses des Michelangelo«, in: ders., *Gesammelte Werke*, hrsg. v. Anna Freud, Bd. 10, S. 172.

175 »am Stein zerschellen«: S. Freud: »Der Moses des Michelangelo«, in: ders., *Gesammelte Werke*, hrsg. v. Anna Freud, Bd. 10, S. 194.

176 »der man sich geweiht hat«: S. Freud: »Der Moses des Michelangelo«, in: ders., *Gesammelte Werke*, hrsg. v. Anna Freud, Bd. 10, S. 198.

176 »das Fleisch der Sublimation«: zit. nach Molnar, S. 434.

178 »die ganze Nacht da«: Dalí, S. 38.

178 »mit einer Nadel herauszuziehen«: Dalí, S. 39.

178 »spazierte eine Schnecke«: Dalí, S. 39.

179 »Welch ein Fanatiker«: Dalí, S. 39 f.

180 »das Todesurteil für den Surrealismus«: Dalí, S. 490.

180 »in der Darstellung seiner Phantasien bietet«: S. Freud: »Der Dichter und das Phantasieren«, in: ders., *Gesammelte Werke*, hrsg. v. Anna Freud, Bd. 7, S. 223.

181 »Der Mann Moses: ein historischer Roman«: zit. nach Molnar, S. 309.

182 »das medizinische Studium zu zwingen«: S. Freud: *Die Frage der Laienanalyse*, in: ders., *Gesammelte Werke*, hrsg. v. Anna Freud, Bd. 14, S. 282.

185 »weil man es noch schwerer erreichen konnte«: Schur, S. 597.

185 »nicht gefallen wird«: zit. nach Gay, S. 471.

186 »auf Zimmer Nummer soundsoviel«: Brod, S. 216.

186 »was das alles bedeutet«: Paskauskas (Hrsg.), S. 527 f.

187 »der Backen- und Zungenschleimhaut«: Schur, S. 431.

187 »von qualvollem Leiden erfüllte Jahre«: Jones, Bd. 3, S. 119.

188 »eines zahnlosen Alten nachahmen«: Koestler, Bd. 2, S. 333.

188 »eine Kombination von beiden«: Schur, S. 433 f.

190 »zu Ende der vierten«: *Briefe*, S. 467.

191 »sein Wort gegeben hatte«: zit. nach Toland, S. 590.

192 »nicht das geringste wissen«: zit. nach Churchill, S. 384.

192 »der Frieden für unsere Zeit«: zit. nach Toland, S. 611.

192 »freuen können wir uns nicht darüber«: *Briefe*, S. 468.

193 »viel zu schön«: zit. nach Molnar, S. 441.

194 »ungleich besser als in der Berggasse«: zit. nach Molnar, S. 444.

194 »ob sie auch wirklich abgegangen sind«: zit. nach Molnar, S. 440.

198 »der größte Drecksjude«: Gilbert, S. 55.

198 »Pogroms in Germany«: zit. nach Molnar, S. 448.

200 »aus der Tschechoslowakei herauszuholen«: Gilbert, S. 716.

200 »derart persönlich betroffen sind wie ich«: S. Freud: *Gesammelte Werke*, hrsg. v. Anna Freud, *Nachtragsband. Texte aus den Jahren 1885–1938*, S. 783.

201 »eine heilige Pflicht«: S. Freud: *Gesammelte Werke*, hrsg. v. Anna Freud, *Nachtragsband. Texte aus den Jahren 1885–1938*, S. 780.

201 »gegen den Geist des Gesetzes verstoßen«: Twain, S. 13.

205 »großer Kraft«: zit. nach Gay, S. 720.

206 »nach Krümeln«: zit. nach Gay, S. 720.

207 »den Arm zum Hitlergruß erhoben«: Woolf, S. 191.

207 »persönliche Härten zu erleichtern«: zit. nach Schur, S. 587.

209 »Ich muß es also riskieren«: *Briefe*, S. 470 f.

210 »im Trotz veröffentlicht«: Gay, S. 727.

210 »diesem Volke angehört«: S. Freud: *Der Mann Moses und die monotheistische Religion*, in: ders., *Gesammelte Werke*, hrsg. v. Anna Freud, Bd. 16, S. 103.

211 »die wirkliche«: S. Freud: *Der Mann Moses und die monotheistische Religion*, in: ders., *Gesammelte Werke*, hrsg. v. Anna Freud, Bd. 16, S. 111.

213 »in Mitleidenschaft gezogen«: Bellow, S. 7.

213 Zu den Rezensionen von *Der Mann Moses und die monotheistische Religion* vgl. Gay, S. 726 ff.

215 »Riß in ihrem Körperkleid«: Yeats, S. 219.

215 »Ein ganz würdiger Abgang«: zit. nach Molnar, S. 462.

216 »starke Antipathie«: zit. nach Molnar, S. 457.

217 »nicht vorhersagen«: E. L. Freud (Hrsg.), *Sigmund Freud – Arnold Zweig. Briefwechsel*, S. 186.

217 »außer Aspirin«: Schur, S. 616.

219 »unnötig quälen lassen«: zit. nach Schur, S. 483.

219 »ein übler Geruch vorhanden«: Schur, S. 616.

221 »daß er es wiederholt«: S. Freud: »Erinnern, Wiederholen und Durcharbeiten«, in: ders., *Gesammelte Werke*, hrsg. v. Anna Freud, Bd. 10, S. 129.

222 »unseren Eingriffen zugänglich ist«: S. Freud: »Erinnern, Wiederholen und Durcharbeiten«, in: ders., *Gesammelte Werke*, hrsg. v. Anna Freud, Bd. 10, S. 135.

224 »zwischen der Mundhöhle und außen«: Schur, S. 217 f.

226 »auf einem Ozean Indifferenz«: zit. nach Molnar, S. 466.

228 »diese Zukunft vorhersah oder vorherzusehen schien«: M. Freud, S. 19 f.

228 »auf seine Gesundheit trinken«: zit. nach Toland, S. 668.

229 »wirkt nicht seriös«: zit. nach Toland, S. 671.

230 »*Mein* letzter Krieg«: zit. nach Jones, Bd. 3, S. 289.

232 »nur wenigen Menschen zugänglich sind«: S. Freud, *Das Unbehagen in der Kultur*, in: ders.: *Gesammelte Werke*, hrsg. v. Anna Freud, Bd. 14, S. 438.

235 »Einschrumpfen und Verhungern«: zit. nach Schur, S. 619.

236 »»Der Rest ist Schweigen««: Jones, Bd. 3, S. 290.

236 »Sagen Sie es Anna«: zit. nach Schur, S. 620.

238 »wie König Macbeth sagt«: E. L. Freud und H. Meng (Hrsg.), *Sigmund Freud – Oskar Pfister. Briefe 1909–1939*, S. 33.

239 »von Gefahren rings / Und Einsamkeit umgeben«: Milton, S. 206.

240 »gerettet und weitergetragen sei«: Nietzsche, *Menschliches, Allzumenschliches*, S. 570.

240 »seinen Zügen lagen«: Auden, S. 47.

242 Der Aufsatz von Adam Phillips ist abgedruckt in *Darwins Würmer und Freuds Tod. Über den Sinn des Vergänglichen*, S. 67–111.

244 »mit seinen psychologisch notwendigen Folgen«: S. Freud:
Der Mann Moses und die monotheistische Religion, in: ders.,
Gesammelte Werke, hrsg. v. Anna Freud, Bd. 16, S. 220.

244 »das Fleisch der Sublimation«: zit. nach Molnar, S. 434.

245 »Fortschritt in der Geistigkeit«: S. Freud: *Der Mann Moses
und die monotheistische Religion*, in: ders., *Gesammelte Werke*,
hrsg. v. Anna Freud, Bd. 16, S. 223.

245 »ein auserwähltes Volk zu sein«: S. Freud: *Der Mann Moses
und die monotheistische Religion*, in: ders., *Gesammelte Werke*,
hrsg. v. Anna Freud, Bd. 16, S. 222.

Ausgewählte Literatur

Ackroyd, Peter: *William Blake. Dichter. Maler. Visionär*, München 2001.

Arendt, Hannah: *Elemente und Ursprünge totaler Herrschaft*, München 2005.

Auden, Wystan Hugh: *Poems – Gedichte. Englisch und Deutsch*, München 1976.

Balzac, Honoré de: *Das Chagrinleder*, Ditzingen 2001.

Behling, Katja: *Martha Freud. Die Frau des Genies*, Berlin 2005.

Bell, Anne Olivier (Hrsg.): *The Diary of Virginia Woolf*, Bd. 5, *1936–1941*, San Diego, New York und London 1984.

Bellow, Saul: *Die Abenteuer des Augie March*, Köln, Berlin 1956.

Berman, Paul: *Terror und Liberalismus*, Hamburg 2004.

Bertin, Célia: *Die letzte Bonaparte. Freuds Prinzessin. Ein Leben*, Freiburg i. Br. 1989.

Blom, Philipp: *To Have and To Hold. An Intimate History of Collectors and Collecting*, Woodstock und New York 2003.

Bonaparte, Marie: *Topsy. Der goldhaarige Chow*, Frankfurt a. M. 1981.

Bowie, Malcolm: *Lacan*, Gießen 2007.

Brabant, Eva, Ernst Falzeder und Patrizia Giampieri-Deutsch (Hrsg.): *Sigmund Freud – Sándor Ferenczi. Briefwechsel, Bd. 1: 1908–1914*, Wien 1993.

Breger, Louis: *Sigmund Freud. Darkness in the Midst of Vision*, New York 2000.

Brendon, Piers: *The Dark Valley. A Panorama of the 1930s*, New York 2000.

Brod, Max: *Franz Kafka. Eine Biographie*, Frankfurt a. M. 1963.

Brome, Vincent: *Ernest Jones. A Biography*, New York 1983.

Brook-Sheperd, Gordon: *Der Anschluss*, Graz 1963.

273

Bullok, Alan: *Hitler und Stalin. Parallele Leben*, Berlin 1991.

Churchill, Winston: *Der Zweite Weltkrieg*, Bd. 1, *Der Sturm zieht auf*, Frankfurt a. M. 2003.

Clare, George: *Letzter Walzer in Wien. Spuren einer Familie*, Frankfurt a. M., Berlin, Wien 1984.

Clark, Ronald W.: *Sigmund Freud*, Frankfurt a. M. 1981.

Clarke, Peter: *Hope and Glory. Britain 1900–1990*, London 1996.

Cocks, Geoffrey: *Psychotherapy in the Third Reich. The Göring Institute*, 2. Aufl. New Brunswick, NJ, und London 1997.

Dalí, Salvador: *Das geheime Leben des Salvador Dalí*, München 1984.

Davies, Erica: *20 Maresfield Gardens. A Guide to the Freud Museum*, London 1998.

DeLillo, Don: *Weißes Rauschen*, Köln 1987.

Doolittle, Hilda: *Tribut an Freud von HD*, Solothurn 2008.

Edmundson, Mark: *Towards Reading Freud. Self-Creation in Milton, Wordsworth, Emerson, and Sigmund Freud*, Princeton 1990.

Engelman, Edmund: *Sigmund Freud. Wien IX. Berggasse 19*, Wien 1993.

Evans, Richard J.: *Das Dritte Reich. Bd. 2: Diktatur*, München 2006.

Fest, Joachim C.: *Hitler. Eine Biographie*, 2 Bände, Frankfurt a. M., Berlin, Wien 1973.

Fine, Reuben: *A History of Psychoanalysis*, New York 1979.

Freud, Ernst L. (Hrsg.): *Sigmund Freud – Arnold Zweig. Briefwechsel*, Frankfurt a. M. 1984.

Freud, Ernst und Lucie Freud (Hrsg.): *Sigmund Freud. Briefe 1873–1939*, Frankfurt a. M. 1980.

Freud, Ernst L. und Heinrich Meng (Hrsg.): *Sigmund Freud – Oskar Pfister. Briefe 1909–1939*, Frankfurt a. M. 1963.

Freud, Martin: *Mein Vater Sigmund Freud*, Heidelberg 1999.

Freud, Sigmund: »Der Dichter und das Phantasieren«, in: ders., *Gesammelte Werke*, hrsg. v. Anna Freud, Bd. 7, Frankfurt a. M. 1999.

Freud, Sigmund: »Erinnern, Wiederholen und Durcharbeiten«, in: ders., *Gesammelte Werke*, hrsg. v. Anna Freud, Bd. 10, Frankfurt a. M. 1999.

Freud, Sigmund: *Die Frage der Laienanalyse*, in: ders., *Gesammelte Werke*, hrsg. v. Anna Freud, Bd. 14, Frankfurt a. M. 1999.

Freud, Sigmund: *Gesammelte Werke*, hrsg. v. Anna Freud, *Nachtragsband. Texte aus den Jahren 1885–1938*, Frankfurt a. M. 1999.

Freud, Sigmund: »Das Ich und das Es«, in: ders., *Gesammelte Werke*, hrsg. v. Anna Freud, Bd. 13, Frankfurt a. M. 1999.

Freud, Sigmund: »Die ›kulturelle‹ Sexualmoral und die moderne Nervosität«, in: ders. *Gesammelte Werke*, hrsg. v. Anna Freud, Bd. 7, Frankfurt a. M. 1999.

Freud, Sigmund: *Der Mann Moses und die monotheistische Religion*, in: ders., *Gesammelte Werke*, hrsg. v. Anna Freud, Bd. 16, Frankfurt a. M. 1999.

Freud, Sigmund: *Massenpsychologie und Ich-Analyse*, in: ders., *Gesammelte Werke*, hrsg. v. Anna Freud, Bd. 13, Frankfurt a. M. 1999.

Freud, Sigmund: »Der Moses des Michelangelo«, in: ders., *Gesammelte Werke*, hrsg. v. Anna Freud, Bd. 10, Frankfurt a. M. 1999.

Freud, Sigmund: »Selbstdarstellung«, in: ders., *Gesammelte Werke*, hrsg. v. Anna Freud, Bd. 14, Frankfurt a. M. 1999.

Freud, Sigmund: *Die Traumdeutung*, in: ders., *Gesammelte Werke*, hrsg. v. Anna Freud, Bd. 2/3, Frankfurt a. M. 1999.

Freud, Sigmund: *Das Unbehagen in der Kultur*, in: ders., *Gesammelte Werke*, hrsg. v. Anna Freud, Bd. 14, Frankfurt a. M. 1999.

Freud, Sigmund: *Die Zukunft einer Illusion*, in: ders., *Gesammelte Werke*, hrsg. v. Anna Freud, Bd. 14, Frankfurt a. M. 1999.

Friedrich, Otto: *Weltstadt Berlin. Größe und Untergang 1918–1933*, München 1973.

Gamwell, Lynn und Richard Wells (Hrsg.): *Sigmund Freud and Art. His Personal Collection of Antiquities*, London 1989.

Gay, Peter: *Freud. Eine Biographie für unsere Zeit*, Frankfurt a. M. 2006.

Gedye, G. E. R.: *Die Bastionen fielen. Wie der Faschismus Wien und Prag überrannte*, Wien 1950.

Gelfert, Hans-Dieter (Hrsg.): *Im Reich der Poesie. Fünfzig Gedichte englisch – deutsch*, München 2008.

Gilbert, Martin, *Kristallnacht. Prelude to Destruction*, London 2006.

Goggin, James E. und Eileen Brockman Goggin: *Death of a »Jewish Science«. Psychoanalysis in the Third Reich*, West Lafayette, 2001.

Graves, Robert und Alan Hodge: *The Long Week-End. A Social History of Great Britain, 1918–1939*, New York 1940.

Hall, Murray G.: »The Fate of the Internationaler Psychoanalytischer Verlag«, in: Timms, Edward und Naomi Segal (Hrsg.): *Freud in Exile. Psychoanalysis and Its Vicissitudes*, Yale 1988.

Hamann, Brigitte: *Hitlers Wien. Lehrjahre eines Diktators*, München 2008.

Hitler, Adolf: *Mein Kampf*, München 1942.

Huss, Pierre: *Heil and Farewell*, London 1943.

Janik, Allan und Stephen Toulmin: *Wittgensteins Wien*, München 1998.

Jones, Ernest: *Sigmund Freud. Leben und Werk*, 3 Bde., München 1984.

Jung, Carl G.: *Erinnerungen, Träume, Gedanken*, Zürich und Stuttgart 1962.

Keegan, John: *Der Erste Weltkrieg. Eine europäische Tragödie*, München 2000.

Kershaw, Ian: *Hitler 1889–1936*, München 1998.

Kershaw, Ian: *Hitler 1936–1945*, München 2000.

Koestler, Arthur: *Abschaum der Erde. Gesammelte autobiographische Schriften*, Bd. 2, Wien 1971.

Kubizek, August: *Adolf Hitler, mein Jugendfreund*, Graz 2002.

Marx, Karl, *Manifest der kommunistischen Partei.*, in: ders., *Die Frühschriften*, Stuttgart 1971.

Masson, Jeffrey M. (Hrsg.): *Sigmund Freud. Briefe an Wilhelm Fließ 1887–1904*, Frankfurt a. M. 1999.

McGuire, William und Wolfgang Sauerländer (Hrsg.): *Sigmund Freud – C. G. Jung. Briefwechsel*, Frankfurt a. M. 2001.

Miller, Jonathan (Hrsg.): *Freud. The Man, His World, His Influence*, Boston und Toronto 1972.

Milton, John: *Das verlorene Paradies* (hrsg. von Hans Heinrich Meier), Stuttgart 1968.

Molnar, Michael (Hrsg.): *Sigmund Freuds Tagebuch 1929–1939. Kürzeste Chronik*, Frankfurt a. M. 1996.

Moynahan, Brian: *Das Jahrhundert Englands*, München 2002.

Nietzsche, Friedrich: *Die fröhliche Wissenschaft*, in: ders., *Werke in drei Bänden* (hrsg. von Karl Schlechta), Bd. 2, München 1954.

Nietzsche, Friedrich: *Menschliches, Allzumenschliches*, in: ders., *Werke in drei Bänden* (hrsg. von Karl Schlechta), Bd. 1, München 1954.

Paskauskas, R. Andrew (Hrsg.): *Briefwechsel Sigmund Freud – Ernest Jones 1908–1939. Originalwortlaut der in Deutsch verfassten Briefe Freuds*, Frankfurt a. M. 1993.

Paskauskas, R. Andrew (Hrsg.): *The Complete Correspondence of Sigmund Freud and Ernest Jones 1908–1939*, Harvard 1993.

Payne, Robert: *The Life and Death of Adolf Hitler*, New York and Washington 1973.

Pfeiffer, Ernst (Hrsg.): *Sigmund Freud – Lou Andreas-Salomé. Briefwechsel*, Frankfurt a. M. 1966.

Phillips, Adam: *Darwins Würmer und Freuds Tod. Über den Sinn des Vergänglichen*, Göttingen 2007.

Porter, Roy, *London. A Social History*, Harvard 1994.

Rieff, Philip: *Freud. The Mind of the Moralist*, Chicago 1959.

Roazen, Paul: *Freud and His Followers*, New York 1975.

Roazen, Paul und Edoardo Weiss: *The House that Freud Built*, New Brunswick, NJ, und London 2005.

Romm, Sharon: *The Unwelcome Intruder. Freud's Struggle with Cancer*, New York 1983.

Rosenbaum, Ron: *Die Hitler-Debatte / Explaining Hitler. Auf der Suche nach dem Ursprung des Bösen*, Hamburg 1999.

Rosenzweig, Saul: *The Historic Expedition in America. Freud, Jung and Hall the King-Maker*, St. Louis 1994.

Said, Edward: *Freud und das Nicht-Europäische*, Zürich 2004.

Schmidt, Elfriede: *1938… und was dann?*, Thaur/Tirol 1988.

Schorske, Carl E.: *Wien. Geist und Gesellschaft im Fin de Siècle*, München 1994.

Schur, Max: *Sigmund Freud. Leben und Sterben*, Frankfurt a. M. 1973.

Schuschnigg, Kurt: *Ein Requiem in Rot-Weiß-Rot*, Wien 1978.

Shirer, William L.: *Berliner Tagebuch. Aufzeichnungen 1934–41*, Leipzig und Weimar 1991.

Smith, Dennis Mack: *Mussolini. A Biography*, New York 1982.

Taylor, A. J. P.: *English History 1914–1945*, Oxford 1965.

Toland, John: *Adolf Hitler. Biographie 1889–1945*, Bergisch Gladbach 1977.

Trevor-Roper, Hugh: *The Last Days of Hitler*, Chicago 1971.

Twain, Mark: *Über die Juden und andere Essays*, Hamburg 1994.

Van den Berg, Jan Hendrich: *The Changing Nature of Man. Introduction to a Historical Psychology*, New York 1961.

Weyr, Thomas: *The Setting of the Pearl. Vienna Under Hitler*, Oxford 2005.

Woolf, Leonard: *Downhill all the Way. An Autobiography of the Years 1919–1939*, London 1967.

Yeats, William Butler: *Die Gedichte* (hrsg. von Norbert Hummelt), München 2005.

Yerushalmi, Yosef Hayim: *Freud's Moses. Judaism Terminable and Interminable*, New Haven, CT, und London 1991.

Young-Bruehl, Elisabeth: *Anna Freud. Eine Biographie*, Erster Teil: *Die Wiener Jahre*, Wien 1995.

Young-Bruehl, Elisabeth: *Anna Freud. Eine Biographie*, Zweiter Teil: *Die Londoner Jahre*, Wien 1995.

Zaretsky, Eli: *Freuds Jahrhundert. Die Geschichte der Psychoanalyse*, Wien 2006.

Zweig, Stefan: *Die Welt von gestern*, Berlin und Weimar 1990.

Personenregister

A
Abraham, Karl 72
Amenhotep IV. 213
Andreas-Salomé, Lou
    71, 77, 87, 197
Athene 131, 179
Auden, Wystan Hugh
    49, 116, 140, 242

B
Balzac, Honoré de 236 f.
Bellow, Saul 215
Berg, J. H. van den 160
Bernays Eli 229
Bernays, Martha 24 siehe
    auch Freud, Martha
Bernays, Minna 22,27, 80,
    127, 221
Blake, William 11, 29, 35,
    217
Bonaparte, Prinzessin
    Marie 82, 86, 90,
    101 ff. 130 f., 180, 186,
    191, 194, 197, 210, 221,
    229
Bragg, Sir William 97
Breuer, Josef 25
Brod, Max 188
Buber, Martin 215

Bullock, Alan 113
Burlingham, Dorothy
    71, 102 f.

C
Chamberlain, Neville
    38, 122, 150, 193 f.
Charcot, Jean-Martin
    174, 197
Coleridge, Samuel Taylor
    204 ff.

D
Dalí, Salvador 179–183,
    186, 206, 246
Danimann, Franz 56 f.
DeLillo, Don 54
Demel, Hans von 128
Deutsch, Felix 187 f.
Dollfuß, Engelbert
    31, 50

E
Echnaton 213
Einstein, Albert 86, 95,
    123 f., 155, 233
Emerson, Ralph Waldo
    140, 174, 205,
    241 f.

Die Originalausgabe erschien 2007 unter dem Titel
The Death of Sigmund Freud. The Legacy of His Last Days
bei Bloomsbury, New York.

FSC
Mix
Produktgruppe aus vorbildlich
bewirtschafteten Wäldern und
anderen kontrollierten Herkünften

Zert.-Nr. SGS-COC-1940
www.fsc.org
© 1996 Forest Stewardship Council

Verlagsgruppe Random House FSC-DEU-0100
Das für dieses Buch verwendete FSC-zertifizierte
Papier *Munken Premium*
liefert Arctic Paper Munkedals AB, Schweden.

RUTH MAIER
»Das Leben könnte gut sein«
Tagebücher 1933 bis 1942

Herausgegeben von
Jan Erik Vold

DVA

Ein berührender Blick auf das Leben
in finsteren Zeiten

»Die Tagebücher der Ruth Maier sind ein Fund, eine Rarität. Denn hier schreibt eine Verfolgte keineswegs aus der Perspektive des Opfers, hier schreibt eine hochbegabte, eine wissbegierige und lebenshungrige Person. Es ist die lautere Radikalität, die besticht und berührt, die emotionale wie intellektuelle Dringlichkeit, mit der sich die junge Frau den existenziellen Fragen des Erwachsenwerdens, der Liebe, der politischen Entwicklung und der Verlorenheit stellt.«

Die Zeit

»Ruth Maiers Notate zeigen, dass die später Ermordeten nicht auf ihre Opferrolle reduziert werden dürfen; sie waren Individuen mit Hoffnungen und Ambitionen. Ein bemerkenswertes Denkmal.«

Der Spiegel

Ruth Maier
»Das Leben könnte gut sein«
Tagebücher 1933 bis 1942
Herausgegeben von Jan Erik Vold
544 Seiten mit zahlreichen Abbildungen
Gebunden mit Schutzumschlag
ISBN 978-3-421-04372-6

www.dva.de